校企合作财经商贸专业系列丛书
互联网+创新型“十四五”精品教材

跨境电子商务客户服务

（微课版）

主 编◎龚雪梅 李 娅 李金松
副主编◎刘昕雨 伍娅辉 曾靖雅
阮若颖 何涵聃 杜荣良
赵 秀

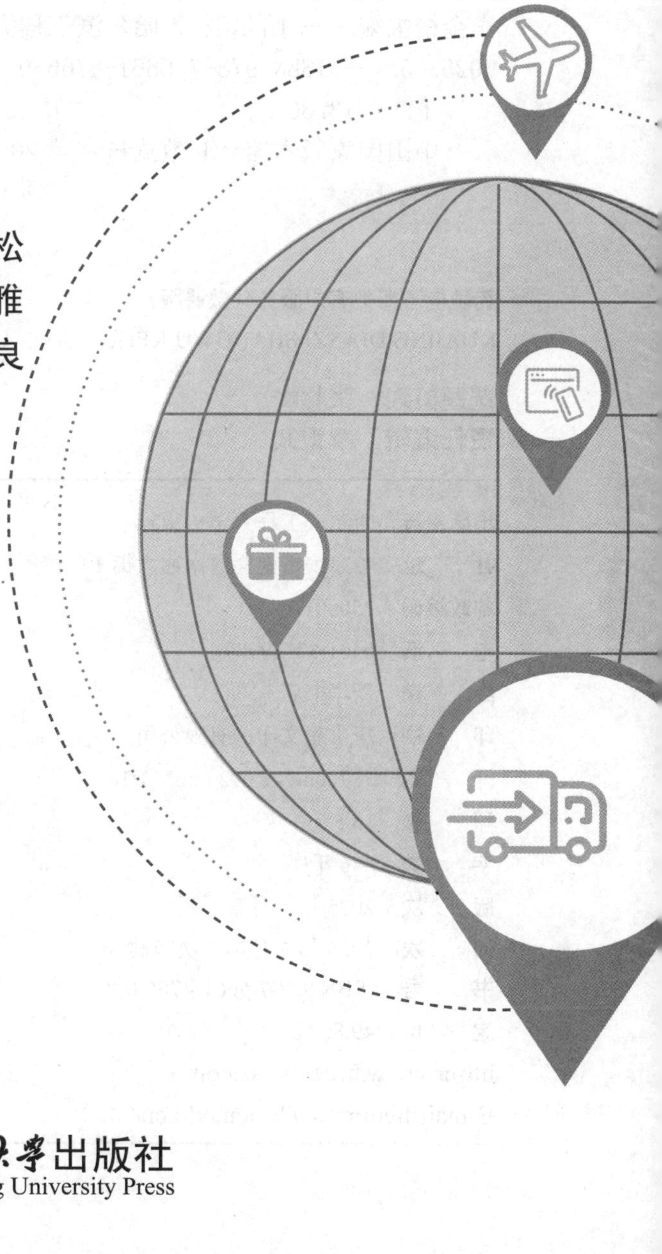

哈尔滨工程大学出版社
Harbin Engineering University Press

内 容 简 介

本书共有七个项目，系统地介绍了跨境电子商务客户服务导论、跨境电子商务客服工作准备、跨境电子商务客户分析与策略、跨境电子商务客户服务与沟通、跨境电子商务客户的满意度管理、跨境电子商务客户的维护与管理、跨境电子商务客户流失与挽回策略。

本书可作为应用型本科、职业院校电子商务相关专业的教材，也可作为跨境电子商务从业者作为知识补充参考书。

图书在版编目（CIP）数据

跨境电子商务客户服务 ： 微课版 / 龚雪梅， 李娅，
李金松主编. -- 哈尔滨 ： 哈尔滨工程大学出版社，
2025. 5. -- ISBN 978-7-5661-4766-0

Ⅰ. F713.36

中国国家版本馆 CIP 数据核字第 2025GX4886 号

跨境电子商务客户服务（微课版）

KUAJING DIANZI SHANGWU KEHU FUWU（WEIKE BAN）

选题策划 张林峰
责任编辑 章银武

出版发行 哈尔滨工程大学出版社
社　　址 哈尔滨市南岗区南通大街 145 号
邮政编码 150001
电　　话 0451-82519989
经　　销 新华书店
印　　刷 唐山唐文印刷有限公司
开　　本 787 mm×1 092 mm　1/16
印　　张 13.5
字　　数 346 千字
版　　次 2025 年 5 月第 1 版
印　　次 2025 年 5 月第 1 次印刷
书　　号 ISBN 978-7-5661-4766-0
定　　价 49.80 元

http://www.hrbeupress.com

E-mail:heupress@hrbeu.edu.cn

前　言

党的二十大报告指出，“坚持尊重劳动、尊重知识、尊重人才、尊重创造，实施更加积极、更加开放、更加有效的人才政策”“着力形成人才国际竞争的比较优势，加快建设国家战略人才力量”“深化人才发展体制机制改革……把各方面优秀人才集聚到党和人民事业中来”。

随着国家经济的发展和“互联网+”概念的提出以及“一带一路”倡议的实施，我国的对外贸易得到了空前的发展，跨境电子商务业务迅速发展，这为我国传统外贸及传统产业的升级转型提供了各种契机。我国的跨境电子商务企业通过对业务的不断拓展，正在成为全球跨境电子商务行业的领跑者。

跨境电子商务的发展推动了经济一体化、贸易全球化，拓宽了我国企业进入国际市场的路径，促进了多边资源的优化配置及企业间的互利共赢，突破了国家间的障碍，引发了世界经济贸易的巨大变革。跨境电子商务客户服务是跨境电子商务中不可或缺的一部分，值得各界深入研究和探索。本书特色如下。

（1）模块丰富，辅助理解。本书在每个项目均设置了学习目标、思政目标、国际视野等模块，这些模块既便于学生轻松学习，又能拓宽学生的知识面。

（2）通俗易懂，深入浅出。本书较生动形象地展示了相关知识点，为学生营造了一个直观的认知环境，便于理解。

（3）图文并茂，具有较强的可读性。本书设置了大量图片，学生可在欣赏美图陶冶情操中，轻松学习跨境电子商务运营知识。

本书由龚雪梅（江西交通职业技术学院）、李娅（成都光华技工学校）、李金松（菏泽职业学院）担任主编；由刘昕雨（聊城职业技术学院），伍娅辉（四川科华高级技工学校），曾靖雅、阮若颖（湖南科技职业学院），何涵聃（重庆理工职业学院），杜荣良（无锡城市职业技术学院），赵秀（济南市技师学院）担任副主编。本书的相关资料和售后服务可扫封底微信二维码或登录 www.bjzzwh.com 下载获得。

编者在编写本书的过程中参考了大量资料，在此向相关人员表示感谢。由于编者水平有限，书中难免存在不足之处，恳请广大读者批评指正并提出宝贵意见。

编　者

前言

目　录 CONTENTS

项目一

跨境电子商务客户服务导论

项目导读

随着跨境电子商务的快速发展，提供优质的客户服务已成为企业在竞争中脱颖而出的关键。本项目将探讨跨境电子商务客户关系管理的概念、客服需具备的业务能力、对客服工作的认知及如何提升客户服务水平。跨境电子商务客户服务是企业成功开展跨境业务的关键因素。企业应重视客户服务，不断提升服务水平，以满足消费者的需求，赢得市场份额，实现可持续发展。

学习目标

◎知识目标

1. 了解跨境电子商务客户关系的含义。
2. 掌握跨境电子商务客户关系生命周期及管理理念。
3. 熟悉跨境电子商务客服的知识能力与实操技能。
4. 熟悉跨境电子商务客服的素质能力。
5. 熟悉跨境电子商务客服的工作范畴与工作目标。
6. 掌握跨境客户关系管理的新思路。

◎技能目标

1. 能够履行跨境电子商务客服的职责与义务。
2. 能够有效地解决跨境电子商务客服工作中遇到的问题。
3. 能够有技巧地与客户沟通，并为客户提供恰当的服务。

◎素质目标

1. 培养读者诚实守信的品质和认真负责的工作态度，具备分析解决各种问题的能力。

2. 培养读者客户至上的服务观念，具备跨境电子商务客服的业务能力，增强客服意识。

思政目标

1. 引导读者树立诚实守信的职业道德观，保障贸易各方利益。

2. 增强读者责任心，为客户提供优质服务。

案例导入

跨境电商亚马逊卖家如何获取客户评价

对于电子商务行业，不论是在国内还是在国外，买家的评论系统都很重要，因为网购本身就是一个客户只能看到不能摸到的购物过程，很多的客户在看商品的时候都是抱着怀疑的心理去找寻商品的瑕疵，只要有一个瑕疵被客户看见，并且这个瑕疵是客户比较在意的，那么可能这个并不重要的小瑕疵就会被无限放大。

客户评论系统在客户观察店铺时是非常重要的考核因素，因为现在的广告营销很多样，很多诱导性广告让客户很抵触，所以很多客户在考察店铺时最重要的一个步骤其实就是看评价，故做好店铺的评价系统是经营店铺非常重要的一环，这样会让客户更加信任商家，也能给店铺带来直接的效益。

国内的卖家会用小卡片或者返现活动来激励客户留下好评，跨境电子商务吸引客户留下评价的方法有以下几点。

1. 利用亚马逊系统的客服工具

在商品发出之后，卖家会通过邮件知道商品的物流情况及客户的签收情况，在店铺比较大的情况下，手动发邮件给客户是一件低效率的事情，最为高效率的方式就是通过亚马逊平台提供的客服工具自动发送邮件。自动发邮件的运用方式是：在订单产生10天之后或者在确定客户收到货物的1～2天后给客户发送一封售后邮件，邮件内容主要询问一下客户收到的商品有什么问题，如果有问题，那么客户可以点击邮件下方的售后服务链接直接和卖家反馈；如果客户认为商品没有问题，那么邮件下方会有一个好评的链接。这样的方式不但可以增加评价，还可以减少差评，如果客户给出差评或者对商品有异议，卖家也可以第一时间了解和解决。

2. 自主创建一个客户邮箱清单地址

自主创建一个客户的邮箱清单是一项比较长期的任务，但这是非常有必要的，尤其是对于无货源的新手卖家来说，商家将在商品的出售过程中积累的客户邮箱信息都保存下来，当到达一定量的时候，就可以为后面商品的销售铺路，当新品上架之后，商家可以将商品的信息通过邮箱发送给客户，通知客户来购买。

任务一 跨境电子商务客户关系管理概述

跨境电子商务客户关系管理是企业赢得市场和客户的关键因素之一。企业需加强对客户需求和偏好的了解，提供多种语言服务和实时服务，并利用先进技术手段来提高客户关系管理的效率和质量。

一、跨境电子商务客户关系的含义

客户关系是指企业为达到其经营目标，主动与客户建立起的某种联系。这种联系可能是单纯的交易关系，可能是通信联系；也可能是为客户提供一种特殊的接触机会；还可能是为双方利益而形成某种买卖合同或联盟关系。客户关系不仅可以为交易提供方便、节约交易成本，也可以为企业深入理解客户的需求和交流双方信息提供机会。

二、跨境电子商务客户关系生命周期

客户关系生命周期通常指的是一个客户与企业之间从建立业务关系到业务关系终止的全过程，是一个完整的关系周期。它从动态角度研究客户关系，描述了客户关系从一个阶段到另一个阶段运动的总体特征。客户关系生命周期分为考察期、形成期、稳定期和退化期四个阶段。下面介绍客户关系生命周期各阶段的特征。

（一）考察期——关系的探索和试验阶段

考察期阶段，双方主要考察和测试目标的相容性、对方的诚意和绩效，考虑如果建立长期关系，双方潜在的责任、权利和义务。双方相互了解不足、具有不确定性是考察期的基本特征，评估对方的潜在价值和降低不确定性是这一阶段的中心目标。在这一阶段，客户会尝试性地下一些订单。

（二）形成期——关系的快速发展阶段

双方关系能进入形成期，表明在考察期双方相互满意并建立了一定的相互信任和交互依赖的关系。在形成期阶段，双方从关系中获得的回报日趋增多，交互依赖的程度也日益加深。双方逐渐认识到对方有能力提供令自己满意的价值和履行其在关系中担负的职责，因此愿意承诺保持一种长期关系。

（三）稳定期——关系发展的最高阶段

稳定期阶段，双方或含蓄或明确地对持续长期关系做出了保证。这一阶段的特征：双方对对方提供的价值高度满意；为能长期维持稳定的关系，双方都做出了大量的有形和无形的投入；进行高水平的资源交换。因此，在这一阶段，双方的交互依赖水平达到整个关系发展过程的最高点，双方关系处于一种相对稳定的状态。

（四）退化期——关系发展过程中关系水平逆转阶段

关系的退化并不总是发生在稳定期后，实际上，在任何一个阶段，关系都可能退化。有些关系可能永远越不过考察期，有些关系可能在形成期退化，有些关系则越过考察期、形成期而进入稳定期并在稳定期维持较长时间后退化。可能引起关系退化的原因有很多，如一方或双方不满意、发现了更合适的关系伙伴、需求发生变化等。退化期的主要特征包括交易量下降、一方或双方正在考虑结束关系甚至物色候选关系伙伴等。

国际视野

跨境电商 B2B 网站客户体验影响因素

随着跨境电子商务的蓬勃发展，越来越多的企业倾向于通过公司的网站来吸引客户进行交易。跨境电子商务分为 B2B（business to business）与 B2C（business to customer），B2B 主要针对的客户是企业或者经销商，它们不同于终端客户，对网站的要求会更加专业，客户体验也更细致。

1. 公司网站对于 B2B 企业的作用与意义

公司网站是企业形象的表现。跨境电子商务中，客户无法到公司现场考察，因此网站服务体验质量就成为公司服务竞争力的表现。因此，对 B2B 网站服务的客户体验展开研究有着十分重要的现实意义。

（1）充分展示公司，吸引成交

B2B 网站交互的独特之处在于需要参与其中的企业积极参与某些功能，如共享工作空间和信息交流，从而引导协作，而这在其他类型的电子商务活动中通常不存在。B2B 网站中提供的信息内容应该最大程度地满足用户对信息搜索的需求、对服务的了解需求。在公司网站中，公司的员工、供应商和业务买家在网上进行交易和在线互动，因此，信息搜索的结果将对用户的满意度产生积极或消极的影响。

（2）建立信任，提高客户忠诚度

当网站提供的信息足够让客户信任时，客户就有可能会产生合作意向，同时，网站还要按照承诺和预期流程运行，做到可以实现客户的预期，从而提高客户满意度。满意度的提高自然而然地可以提高客户的忠诚度，从而吸引更多合作伙伴。

2. 影响 B2B 客户体验的主要因素

（1）流程质量

B2B 跨境电子商务平台的使用效果取决于公司通过平台的哪些流程实现了对交易

的促进和与贸易伙伴的互动，包括服务如何实际执行和执行效果如何及如何塑造客户体验。另外，当网站出现流程失败和不够人性化的设计时，客户会感到不满。交易流程的质量是一个非常重要的因素，因为在任何电子商务交易中，客户都看重交易流程的清晰性及可操作性。B2B 跨境电子商务平台的实际操作过程对用户的满意度起着非常重要的作用，这意味着用户对流程质量的感知越好，他们使用系统的次数就越多，对系统的满意度也就越高。

（2）合作质量

跨境电子商务技术为企业之间更好、更有效地合作打开了大门。协作需要至少两个企业之间的联合和协调行动，这意味着跨境电子商务的整个交易过程需要双方的积极参与，而不像其他服务行业只需要单方面提供服务。这种协作系统的实际使用可以影响创造力和决策力，提高整体性能。这意味着用户对协作质量的感知越好，他们使用系统的次数就越多，对使用系统也会越满意。

（3）使用质量

网站使用质量是通过信息搜索的便捷性、客户转化率、付款和服务请求的便捷性、跟踪用户访问的次数、停留时间和完成的购买数量来衡量的。这一过程可以逐步提高客户的忠诚度。从这个角度来看，让用户发现网站有用是一个很有价值的开始。当用户发现一个网站是有用的，他们就会希望从使用系统中获得一些好处，这样就吸引了用户继续使用网站，从而提高了用户忠诚度。换句话说，越多的用户认为和感知 B2B 系统是有用的，他们就会越频繁地使用，从而培养用户对系统的忠诚度。

（4）服务质量

服务质量是指企业网站在整个交易过程中提供服务的好坏。良好的服务质量通常指企业的网站能做到快速反应、信息可靠和态度热情等。当在线客户感觉他们的需求得到了很好的满足时，即服务质量被认为是比较高的，他们会发现网站更多的用途，对网站更满意。具体来说，对于 B2B 跨境业务，服务质量主要反映在在线服务功能的有效性、技术能力、换位思考和系统对用户的吸引力等方面。因此，用户对商家网站的良好体验能够影响对网站有用性的评价和总体满意度。满意度在获得顾客忠诚度方面起着主导作用。客户不满意时，他们可能会寻找替代方案并对发展更紧密的业务关系犹豫不决。换句话说，为了发展和培养用户对 B2B 系统的忠诚度，应该能够让用户在使用该系统时获得满足感。用户越满意，忠诚度就越高。

总之，跨境电子商务 B2B 网站的建立是为了在企业之间实现更好的流程服务和更有效的协作。网站的流程质量、合作质量、使用质量和服务质量对交易都有较大的影响。B2B 企业应该不断加强网站建设及服务团队的建设，全面提高服务质量，加强客户管理，从而增大后续合作的概率。

三、跨境电子商务客户关系管理理念

（一）跨境电子商务客户关系管理类型

跨境电子商务客户关系管理类型可分为运营型客户关系管理和分析型客户关系管理两种。

1. 运营型客户关系管理

运营型客户关系管理建立在这样一个概念上的基础上——客户管理在企业成功方面起很重要的作用。它要求所有业务流程流线化和自动化，包括经由多渠道的客户接触点的整合，以及前台和后台运营之间的相互连接和整合。

运营型客户关系管理是基于 Web 技术的全动态交互客户关系应用系统，使企业在网络环境中以电子化方式完成从市场、销售到服务的全部商务过程。它主要有以下五个方面的应用。

（1）客户关系管理销售

客户关系管理销售为企业管理销售业务的全程提供了丰富、强大的功能，包括销售信息管理、销售过程监控、销售预测和销售信息分析等。客户关系管理销售套件将成为销售人员关注客户、把握机会和完成销售的有力工具并支持其提高销售能力。客户关系管理销售套件对企业的典型作用是帮助企业管理、跟踪从销售机会的产生到结束销售的全程信息。

（2）客户关系管理营销

客户关系管理营销是指企业由始至终发挥市场营销活动的信息管理、计划预算、项目跟踪、成本明细和效果评估等功能，帮助企业管理者清楚地了解所有市场营销活动的成效与投资回报率。

（3）客户关系管理服务

客户关系管理服务是帮助企业以最低的成本为客户提供包括服务请求及投诉的创建、分配、解决、跟踪、反馈和回访等相关服务环节的闭环处理模式，从而帮助企业留住老客户、发展新客户。

（4）客户关系管理电子商务

客户关系管理电子商务帮助企业将门户站点和各种商务渠道集成在一起，开拓新的销售渠道及商务处理方式。

（5）客户关系管理商务平台

客户关系管理商务平台是产品的基础核心平台，实现产品的基础数据维护、安全控制、动态配置与工作流程定制等功能。

2. 分析型客户关系管理

分析型客户关系管理的用户从运营型客户关系管理所产生的大量交易数据中提取有价

值的各种信息，进行如 80/20 原则分析、销售情况分析及对将来的趋势做出必要的预测。它是一种企业决策支持工具，具有大量客户的银行业、保险业及零售业等可以利用这种系统挖掘出重要的决策信息。

分析型客户关系管理的设计主要利用数据仓库、数据挖掘等计算机技术，其主要原理是对交易操作所积累的大量数据进行过滤，将结果抽取到数据仓库，再利用企业的各种关键运行指标及客户市场分割情况向操作型应用发布，达到成功决策的目的。它主要有以下四个方面的应用。

（1）客户分析

客户分析需要很多可以量化的信息，这些信息通常来自各种不同的数据源。对于这些信息，必须加以整合并以合理的方式放到客户数据仓库中，以便对其进行分段或挖掘处理。一个结构良好的客户数据仓库应能回答以下问题。

① 新客户是否比现有客户更有价值？

② 最重要的客户最关注的是什么？

③ 年龄低于 35 岁的客户是否更有价值？

④ 互联网技术是否有助于业务增长？如果答案是肯定的，如何做到这一步？

⑤ 是否吸引了客户的消费？

客户分析所需要的信息一般来自三个方面：企业与客户的主要接触点（客户服务中心、Web 和自动柜员机）、关键收益点（POS 机、电子商务）和外部数据（客户的地域分布、生活方式等信息）。客户分析阶段所需的关键信息包括客户服务历史信息、客户市场历史信息、销售信息、收益信息、客户的地域分布数据及生活方式数据等。

（2）市场区段

在客户数据仓库准备就绪之后，就可以对当前客户及预期的客户群进行区段分析，以明确不同区段的优势与劣势。以下为市场区段分析中常见的问题。

① 哪些客户购买产品 A 而不购买产品 B？

② 对某个特定的活动而言，最感兴趣的是哪些客户？

③ 对商家而言具有价值的是哪些客户？

④ 客户的价值是否因地域分布和人口特征的不同而不同？

对客户群实施区段分析时，可以利用客户数据仓库所积累的大量的有用信息。对这些信息的分析与数据挖掘有助于发现和评价各种可变因素的不同排列组合会导致什么样的后果。

（3）一对一的市场

在找到最具价值的市场区段后，就可以为不同区段设计并提交适应其特定需要的成套服务。进行有针对性的市场开拓工作可以促使企业瞄准更有前景和更有商机的领域。如果能够使企业的产品和服务被本来可能并不需要它们的客户所接受，就可能为企业赢得最具价值的客户。

通过对很多业务细节的分析可以对那些为不同领域所设计的做法进行全局性考察，将相似的处置策略集中起来并加以提炼，在条件成熟时，推广这些做法到新的用户群中。当将产品与服务也延伸到那些本来并不需要它们的用户群时，可以针对这个群体中那些最具可能和最有价值的客户的特定需要构建特定的市场策略。

（4）事件模型

事件模型是一种技术手段，旨在帮助企业使其市场活动与处理策略获得准确执行并最终取得成功。事件模型可以"刻画"客户的行为和客户的反应，还可以预见未来市场活动的后果。事件模型提供了一种可能，即让人们从客户生活中的某些事件（如生日、买房和买车等）中找到新的商机。这些事件不但有助于形成不同的市场区段，而且也是企业对客户实施评估并预期未来收益的有力工具。事件模型有助于发现使企业利润最大化的方法，如减少促销活动的次数、增加客户对促销活动的回应和控制及控制业务策划的费用等。以下为与事件模型有关的一些典型问题。

① 哪个年龄段的客户对降价处理最感兴趣？

② 哪些客户更喜欢通过个人渠道购物？

③ 针对高收入客户的市场策略是否达到了预期目的？

提出此类问题的目的在于发现影响客户反应的主要因素，然后将客户按照他们的特征加以标识与分类。在很多情况下，企业可以运用掌握的有关购买特征的新知识对各种不同的处置策略加以检验。如果对这方面的工作进一步细化，企业必然会因这些策略的正确运用而提高客户的满意程度。

客户关系管理有以下四项原则，如图 1-1 所示。

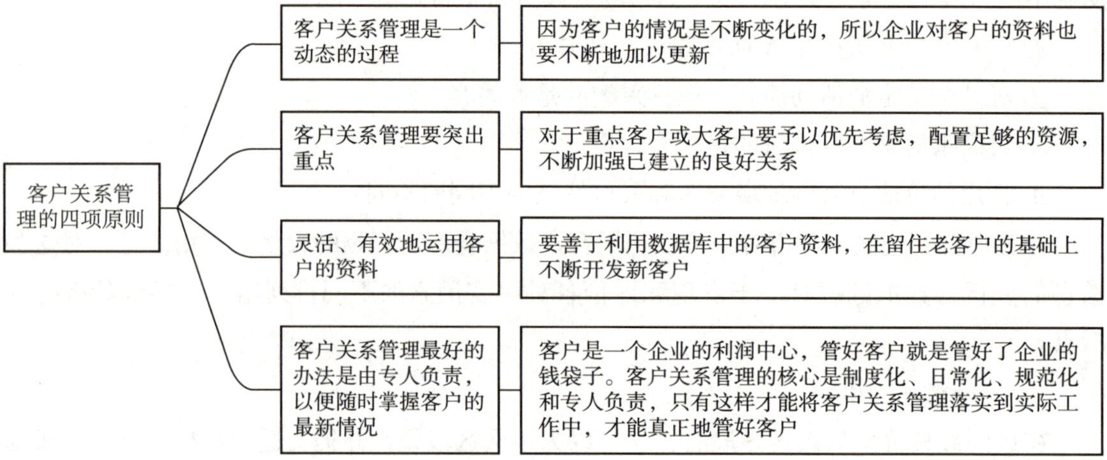

图 1-1　客户关系管理的四项原则

（二）熟悉客户关系管理的功能

1. 客户信息管理

客户信息管理需要记录客户的详细信息及以往与客户的联系情况，包括客户档案管理、联系人管理、联络记录管理等。其中，客户档案除包括客户名称、所属行业、地址等基本信息外，还应包括客户类型（大客户、中客户、小客户）、客户性质（黑客户、流失客户、风险客户等），以便对客户进行管理；联系人管理包括联系人的姓名、地址、联络方式等基本信息，同时还包括与联系人相关的信息（如价格、功能、爱好等）；联络记录详细记载每次与客户联系的时间、方式、情况、结果等，这些记录是为了与客户进一步联络时更加具有针对性，使专门与客户打交道的部门能够随时得到客户的资料，真实和全方位地了解客户。客户关系管理系统还能够对所有的客户资料进行整理，使企业既能够根据客户的特点提供服务，又能对客户的营利性进行评估。

2. 市场营销管理

市场营销管理使营销人员能够彻底地分析客户和市场信息，能够对营销活动有效地加以计划、执行、监视和分析。

3. 销售管理

销售管理模块涉及销售机会、客户信息及销售渠道等方面，它支持多种销售方式，确保销售团队能够把握最新的销售信息。

4. 服务管理和客户关怀

服务管理提供了多渠道的客户支持功能，支持售后服务的自动化。由于客户关系管理系统交流渠道的畅通，客户不论通过哪种方式与企业联系，都能在最短的时间内得到完整和准确的服务。

客户关怀就是通过对客户行为的深入了解，主动把握客户的需求，通过持续的、差异化的服务手段为客户提供合适的产品或服务，最终实现客户忠诚度的提升。客户关怀的目的是提高客户的满意度与忠诚度，为此，企业必须完整地掌握客户的信息，准确地把握客户需求，快速响应个性化需求。提供便捷的购买渠道、良好的售后服务，以及经常性的客户关怀。

（三）跨境电子商务客户关系管理的作用

随着网络的发展，客户关系管理给企业带来了前所未有的机遇和挑战，互联网上巨大的在线客户资源是企业未来赢得竞争的重要资源，对在线客户价值的管理势必成为企业未来的核心任务。在线客户价值的管理对企业的发展主要有以下三个方面的作用。

1. 在线客户价值管理能够给企业创造源源不断的利润

巨大的在线客户资源是未来企业价值的源泉，管理好与在线客户的关系将会为企业创造源源不断的利润。通过对客户信息的分析，企业可识别值得投资的高价值客户群并根据客户信息制定相应的策略。企业资源是有限的，根据管理中的 80/20 原则，即 20% 的客户为企业带来 80% 的利润，忠诚、持久而稳定的客户群是企业最宝贵的资源。企业经营管理活动的关键是争取留住客户，满足网络时代背景下客户的个性化需求，与在线客户建立互相信任的、稳定的、双向沟通的互动关系。

2. 整合在线客户资源

整合在线客户资源有助于企业为客户提供更快速、更周到的优质服务，从而提高客户满意度，吸引更多高质量的客户。

知识加油站

在线客户价值管理：提升客户满意度和忠诚度，实现企业盈利最大化

《哈佛商业评论》的一项研究报告指出，1 个满意的客户会带来 8 笔潜在的生意，其中至少有 1 笔成交；1 个不满意的客户会影响到 25 个客户的购买意向；争取 1 位新客户的成本是保住 1 位老客户的 5 倍。因此，如何使客户满意并成为忠诚客户是影响企业盈利的核心问题。

网络时代，客户的需求更加个性化，更加多变，企业面临着对产品与服务的快速更新换代，因为如果跟不上客户的需求就会失去客户。在线客户价值管理就是要对在线客户的信息进行全面整合，了解他们的需求，这贯穿于企业的各个部门、各个层次的各项管理活动中，目的是为客户提供更快速、更周到的优质服务。无论客户通过什么途径和企业联系，企业的各个部门都需要掌握客户的目标、购买习惯、付款偏好和最中意的产品等信息，通过区别化对待不同的客户来实现企业利润的最大化。

3. 降低企业的运营成本

实施在线客户价值管理后，企业将对客户需求和自身有进一步的了解，从而实现对企业资源的整合、企业管理过程的规范化、企业员工客户服务意识的增强及企业创新能力的提升。这些将大大提高企业的运作效率，降低企业的运营成本，扩展企业的盈利空间。

任务二　跨境电子商务客服业务能力

随着跨境电子商务的发展，客户对产品及服务质量的要求逐渐提高。作为一名专业的跨境电子商务客服人员，要了解产品的信息，挖掘产品的优势，具备销售能力。同时要培养良好的职业道德，牢记客户是第一位的，耐心讲解，能处理突发情况，并应对客户的投诉，尤其是解决产品的售后问题。还要具备相关电子商务知识，了解税率、跨境电子商务发货区别、平台规则、流程等信息。

一、跨境电子商务客服知识能力

（一）外语综合应用能力

各大主流跨境电子商务平台以外语为主，这里的外语主要指英语。当然，也有许多外贸企业正在开发俄罗斯、东南亚、拉丁美洲等国家和地区的市场。因此，跨境电子商务客服人员首先必须具备较好的语言综合运用能力，包括听说读写能力；其次要懂一些小语种，如俄语、西班牙语等，与使用相关语言的国家和地区的客户沟通时更方便。

扫一扫

跨境电子商务客服知识能力

外语的综合应用能力具体如下。

1. 读写能力

读写能力指能够读懂并理解外语门户网站及相关跨境电子商务平台网站，能够用准确、专业的外语传递商品特征、公司介绍等信息。

2. 听说能力

听说能力指能够使用流利的外语与境外客户进行有效沟通，尤其是在线沟通。

3. 跨文化交际能力

跨文化交际能力指熟悉境外客户的文化背景，尊重对方的文化习俗，避免因文化背景不同而产生矛盾。

知识加油站

一些跨境电子商务常用术语

在跨境电子商务客服业务沟通能力中，会应用到一些跨境电子商务常用术语，见表 1–1。

表 1-1　跨境电子商务常用术语（部分）

应用场景	术语	译文
退换货	refund	退款
	return	退货
	replacement	换货
折扣	discount	折扣
评价	positive feedback	好评
	neutral feedback	中评
	negative feedback	差评
交易相关	cancel the transaction	取消交易
	cancel the order	取消订单
	inquiry	询盘
	wholesale	批发商
	original supplier	源头供应商
商品属性	specifications	规格
	article No.	货号
	sample	样品
	quality	品质
物流相关	net weight	净重
	gross weight	毛重
	volume	体积
	length	长度
	weight	重量
	shipping weight	装运重量

（二）国际贸易能力

国际贸易与境内电子商务不同，跨境电子商务的交易受到国际环境等多种因素的影响。因此，企业的一线客服人员必须具备扎实的国际贸易知识与技能，国际贸易能力主要体现在国际贸易完整流程熟悉度和国际贸易法规两个方面。

1. 国际贸易完整流程熟悉度

国际贸易完整流程熟悉度包括国际贸易的相关规则、具体操作、交易先后顺序、国际快递流程等。

2. 国际贸易法规

客服人员要充分了解目标国（地区）和境内的法律法规，以保证企业店铺交易的合法性。这里要特别注意商品知识产权问题，很多跨境电子商务平台设有严格的规定来保护知识产权，如果商家被平台认定为商品侵权，店铺可能被冻结，甚至被追究法律责任。

（三）电子商务能力

本书的电子商务能力主要指对企业店铺及其网站的日常维护与运营的操作能力，包括以下四个方面。

1. 客服人员编辑能力

客服人员应熟悉网站的架构设计、电子商务网站的查找及推广信息的发布技巧。

2. 商品图片编辑能力

客服人员应掌握店铺商品拍摄的技巧，会用 Photoshop 软件修改图片，能够进行商品描述与设置及商品发布等。

3. 商品交易流程熟悉能力

客服人员应熟悉跨境电子商务平台商品在线交易流程、货物运输流程等。

4. 客户服务能力

客服人员能对客户在购买不同阶段提出的问题进行解答，并具备处理客户问题的服务能力，如售前的商品价格咨询，售中的商品销售、议价、售后的物流情况，以及纠纷等处理能力。

（四）市场营销能力

跨境电子商务客服人员的主要职责虽然不是市场营销，但客户服务是企业的市场营销、销售、服务与技术支持等与客户有关的工作，其作用是通过完善的客户服务和深入的客户分析来满足客户需求，故跨境电子商务客服人员也需具备相关的市场营销能力，包括以下两个方面。

1. 客户需求分析能力

客服人员熟悉客户实际需求，并能根据需求准确判断客户的购买意向，向其推荐相关商品。

2. 网络渠道营销能力

客服人员能够以互联网为载体，通过搜索引擎优化（search engine optimization，SEO）、搜索引擎营销（search engine marketing，SEM）、邮件营销、店铺推广等手段，帮助企业进行市场调研、商品销售、品牌宣传等营销活动。

（五）综合素养能力

优秀的客服人员除了要有相关的专业技能，还要具备“软技能”——综合素养能力，才能更好地胜任客服工作。跨境电子商务客服人员的综合素养能力一般包括以下三个方面。

1. 心理素质能力

由于跨境电子商务面对的主要是境外客户，为了及时回复客户，客服人员经常需要夜晚上班，以适应境外客户的工作时间。因此，客服人员要具有吃苦耐劳的精神，面对高强度的工作环境，要有较好的抗压能力。

2. 团队协作能力

客服人员应具备良好的团队协调能力，能与团队成员很好地共同开展工作，服从工作安排。

3. 商务谈判能力

客服人员需具备与客户开展有关商品销售的洽谈磋商的能力，如议价能力、交易条款谈判能力、纠纷处理能力等。

跨境电子商务客服人员只具备基本的工作技能是远远不能满足工作需求的。一名合格的客服人员，还需具有更加丰富的知识，以及熟练的操作技能。

（六）其他知识及能力

1. 专业的话术

因为客服最主要的目的是引导客户成交，所以要有一套友好的话术。但不建议套模板，这样可能起到反作用。要结合自己的工作经验准备话术。

2. 良好的沟通

有了话术还不够，还需要有较好的沟通能力。因为不是每个客户都是容易沟通的，当遇到客户不满或产生纠纷时，沟通能力显得非常重要。要尽可能地将问题化小，及时解决。

3. 抓住客户心理

客服人员是接触客户的第一人，要懂得抓住客户心理，刺激消费，给店铺带来更多转化。客服人员要有精准抓住客户“痛点”和市场需求的能力，这样才能更精准地提出建议，达到提升转化的目的。

4. 收集反馈

虽然客服人员主要通过电子邮件和站内信与客户沟通，但是客服人员可以通过其他渠道接收客户的反馈，如产品评价、功能需求等。将这些信息整理好，反馈给运营人员，针对反馈进行优化，对提升店铺运营水平是非常重要的。

5. 平台知识

客服人员要了解平台规则，否则很容易违规，给店铺带来不必要的负面影响。在沟通过程中，客户也可能咨询一些关于平台的问题，客服人员对平台知识越了解，越能快速地帮助客户解决问题。

国际视野

跨境电子商务涉及的产品编码规则

在跨境电子商务中，由于涉及不同国家和地区的语言、文化、法规等方面的差异，因此需要一种统一的产品编码规则来规范商品信息的描述和分类。这种编码规则通常是由国际组织或国家政府制定的，以确保商品信息的准确性和一致性。跨境电子商务涉及的产品编码规则见表 1–2。

表 1–2　跨境电子商务涉及的产品编码规则

缩写	英文全称	中文全称	简介
UPC	universal production code	通用产品编号（代码）	UPC 是最早大规模应用的条码，是一种长度固定、连续性的条码，目前主要在美国和加拿大使用，由于应用广泛，又称万用条码。UPC 仅可用来表示数字，故其字码集为数字 0 ～ 9； UPC 也有标准版和缩短版两种，标准版由 12 位数字构成，缩短版由 8 位数字构成； 标准版的 UPC12 的编码结构为：系统码（1 位）+ 厂商码（5 位）+ 商品码（5 位）+ 校检码（1 位）； 商品分类不同或同一分类中的商品类型不同，UPC 要求也有所不同。某些分类可能允许卖家申请 UPC 豁免
ASIN	amazon standard identification number	亚马逊商品编号	ASIN 是亚马逊自己的商品编号，由亚马逊系统自动生成，不需要卖家自行添加。ASIN 相当于一个独特的产品 ID，在亚马逊平台上具有唯一性，同一个产品、同一个 UPC 在不同站点对应的 ASIN 通常是一致的，即一个 ASIN 对应一个库存量单位（stock keeping unit，SKU）。在平台前端和卖家店铺后台，都可以使用 ASIN 查询产品； ASIN 显示在产品详情页面中，一般位于“product details”或“product information”一栏
EAN	european article number	欧洲商品编码	除了北美洲，全球其他地区的绝大部分商品上都有这种条形码； EAN 是国际物品编码协会制定的一种条码，已经遍布全球 90 多个国家和地区。EAN 有标准版和缩短版两种，标准版由 13 位数字构成，缩短版由 8 位数字构成。我国于 1991 年加入 EAN 组织
GCID	global catalog identifier	全球目录编码	如果亚马逊卖家在亚马逊平台进行品牌备案，亚马逊系统会自动为商品分配一个被称作 GCID 的唯一商品编码； 在亚马逊平台上传产品，卖家必须提供 UPC 或 EAN，但如果卖家品牌备案成功后分配到 GCID，则无须再购买 UPC 或 EAN

6. 商品专业知识

客服人员应该对商品的种类、材质、尺寸、用途、注意事项等都有所了解，最好对行业的有关知识，以及商品的使用方法、洗涤方法、修理方法等也有基本的了解。例如，客户在网上购买服装时，通常担心所选的服装不适合自己，穿上达不到想要的效果。客服人员需要利用自己对服装的品牌、款型、价格、质地等各类知识的灵活掌握，随问随答。在为客户提供信息时，简要、突出重点是最重要的。

7. 付款知识

跨境电子商务平台涉及多渠道、多币种支付，客服人员对于支付宝国际版、PayPal、Visa/Mastercard、T/T 银行汇款、西联（Western Union）汇款支付、Moneybookers 支付等要有所了解。

8. 物流知识

客服人员还应该了解不同物流方式的运作、价格、速度、联系方式、办理查询、包裹撤回、地址更改、状态查询、保价、问题件退回、代收货款、索赔处理等信息。

二、跨境电子商务客服实操技能

（一）及时处理问题

邮件回复要及时且有礼貌。迅速回复邮件会给客户一种被重视感，这样会得到客户的认可，交流起来会相对容易。邮件的开头可以用“Thanks for contacting us and sorry for keeping you waiting.”（感谢您的反馈，抱歉让您久等了。）、“Thank you”（谢谢）、“sorry”（抱歉）也是常用的开头。

另外，跨境电子商务企业经常遇到各种各样的问题，其中最令人头疼的就是纠纷。一旦纠纷增多，就很容易影响正常经营，所以客服人员需要了解跨境电子商务纠纷处理流程，掌握平台纠纷处理方法及应对措施。

以全球速卖通的纠纷处理流程为例。全球速卖通上的纠纷，一方面可以分为物流问题或与产品问题有关的纠纷；另一方面可以将不同物流条件下的纠纷看作与寄送、运输过程和签收有关的纠纷。全球速卖通平台的纠纷判定主要是对判决提取率和对卖方责任的判定。卖方责任判定率已纳入全球速卖通卖方等级考核指标，是影响全球速卖通卖方业绩的关键指标。此外，如果卖方提交平台裁决的争议比例过高，则处罚更严重。全球速卖通平台处理纠纷的原则是交易双方自行沟通解决，只有在双方无法继续协商时，平台才会介入，协助双方协商解决。

及时处理问题的方法包括以下三点。

1. 在发货时要和客户确认产品是否完好

搞清原因就可以对症下药，解决了问题之后，还可以适当地给客户送点小礼物，提高客户对店铺的认可度。

2. 应对发货错误

如果发货前没有检查产品是否完好，是否错发、漏发，且确认后确实是自己的问题，就要先安抚客户，提出解决方法，如赔偿部分金额，重新寄出产品等。

3. 处理售后纠纷

如果客户对产品不满意，此时最好的做法就是及时回邮件处理售后纠纷。这既能使客户情绪得到缓和，又能查明是不是自己产品的问题，并可将案例存档，避免以后再出现同样的失误，同时改进产品描述。

（二）建立同理心

同理心是一种能够识别并理解他人想法、情绪、动机和个性特征的意愿与能力。应围绕客户进行需求挖掘，建立与目标客户的同理心。处理问题的时候，无论是售前咨询还是售后问题处理，客服人员都要主动为客户提供答案，并引导其做出选择。

（三）重视客户的投诉

要善于从客户的投诉中发现需求。客服人员要学会分析客户的评价，通过客户的反馈发现自身的问题。真正有参考性的往往是客户的中差评，分析客户反馈的问题，积极主动地帮助客户解决问题。

（四）注重产品或服务品质

1. 小问题要及时处理

当客户收到产品，发现有小刮痕或一些不影响产品正常使用的问题时，有的客户会要求重发产品。这时客服人员可以提出退一部分货款（售价的 20% ～ 30%），并承诺客户下次来本店购物会有相应折扣。若客户答应了，则既解决了问题，又提高了客户的复购率。若不答应，可再选择重发。

2. 耐心回复客户提出的细节问题

当客户针对产品某些细节提问时，要善于利用图片为客户讲解，并配合适当的文字。图片可以给客户更直观地感受。同时，客户投诉的时候，也可以要求客户提供相应的照片，根据照片判断问题所在，并采取对策。

3. 缺货需主动沟通

当产品超卖，同时仓库又缺货的时候，建议和客户主动沟通，委婉地表示产品在仓库只剩下一件了，在出仓前检测到有些许问题，因此不能发货，可询问客户是选择取消订单，还是等待新的产品入库，并确定发货日期。这样处理，既能使客户觉得客服人员很负责任，又能尽量避免客户在平台投诉店铺缺货还在超卖。

跨境电子商务客服人员应该有一种觉悟，那就是通过优质服务留住客户。好的客服体验也是企业口碑传播的重要因素之一。

三、跨境电子商务客服素质能力

客服人员每天都直接面对客户，在接待客户时常常会遇到不同的问题。这就需要客服人员同时具备以下几种良好的素质和心态，迅速融入团队及工作中，适当发挥主观能动性，当出现问题时能够做出正确的判断，以积极、正面的角度处理问题。

（一）诚实守信

一些商家不仅存在违反平台规则销售，还雇用恶意卖家故意给竞品差评，这样的行为既影响消费者做出正确判断，也影响商家获得合理利润。只有市场合规，才能保障贸易中各方的利益。跨境电子商务企业之间的竞争应该采取光明的手段，拼品牌、拼产品、拼服务、拼质量。在跨境电子商务市场中，不正当竞争行为对成长中的品牌易造成极其严重的损害。

（二）服务意识

客服人员在与客户交流的时候，应该提供热情、细心、耐心的服务。客服人员要有主动服务的欲望和意识，积极帮助客户解决问题，给客户良好的购物体验。

（三）责任心

客服人员在工作中需要具备高度的责任感，对客户提出的问题和要求负责到底，直至给客户一个确切的结果。对岗位工作要本着负责任的态度认真完成。

（四）上进心

客服人员要具有很强的上进心，要通过学习不断地提高自己的业务技能，为客户提供更优质的服务，为团队和店铺创造更多的价值。

（五）团队意识

团队协作精神对客服人员来说是非常重要的。客服人员不但需要与客服岗位的其他同事合作，也需要和店铺内其他岗位的同事合作，共同发现问题、解决问题，为店铺的健康发展共同努力。

（六）沟通能力

由于线上交流的特殊性，线上客服人员要更加注意交流中客户的表现，以及字里行间传达的信息，通过提问等方式探寻客户的需求，以便更好地解决客户的问题，做到成功销售。当客户遇到售后问题时，客服人员更要谨慎处理，多倾听、给出解决方案，与客户在处理意见上迅速达成一致，让买卖双方的利益都得到保障。

（七）分享精神

一个优秀的团队不仅需要一个有良好领导能力的人作为核心，还需要每个团队成员都有自学能力、分享精神，学会弥补不足，把优秀的方面展现出来，分享经验，客服团队也如此。如果客服人员都愿意分享自己的经验，那么团队的人都会变得更强，能更快速、有效地解决问题。

（八）抗压能力

作为与客户直接接触、协助解决问题并销售产品的岗位，客服人员无疑面临着业绩压力和沟通压力。客户在购买产品时，既有默认下单也有咨询客服下单的方式，因此客服的接待转化率对于店铺的数据和销售额具有重要影响。为了确保店铺的良好运营，对客服转化率和销售额应有明确的考核要求，这也会使客服人员感受到一定的业绩压力。

在与客户沟通的过程中，客服人员可能会遇到各种挑战。有些客户可能会提出不合理的要求，甚至使用不友好的言语和行为威胁客服人员和店铺。特别是售后客服人员，在处理售后问题时，更容易遇到情绪不稳定的客户，导致自身承受巨大的心理压力。

因此，客服人员必须具备良好的抗压能力，积极面对各种困难。他们需要不断调整自己的心态，以专业、理性的态度面对客户，确保为客户提供优质的服务。

（九）应变能力

在与客户沟通时，若遇到客户对页面描述与实际收到的货物存在疑问的情况，客服人员应灵活运用对店铺产品和行业的专业知识，通过简明扼要的例子来解答客户的问题。这样做有助于让客户更易理解，避免问题复杂化，甚至无法解决。例如，当客户收到一件产品后，使用量尺测量产品边缘的厚度，发现与页面描述不符时，客服人员若仅强调产品的实际厚度如此，可能会引起客户的反感，甚至导致售后问题。因此，客服人员可提前准备一个正确的测量方式，如录制测量视频，并告知客户在刚收到货物时，由于某种原因，货物在短期内可能暂时无法恢复到实际厚度。这样能够有效地平息客户的情绪。

国际视野

跨境电子商务在线客户争议解决流程

跨境电子商务最大的“痛点”之一就是客户体验差，深层次原因包括跨境物流复杂、沟通成本高等。客户争议解决流程一般如图 1-2 所示。

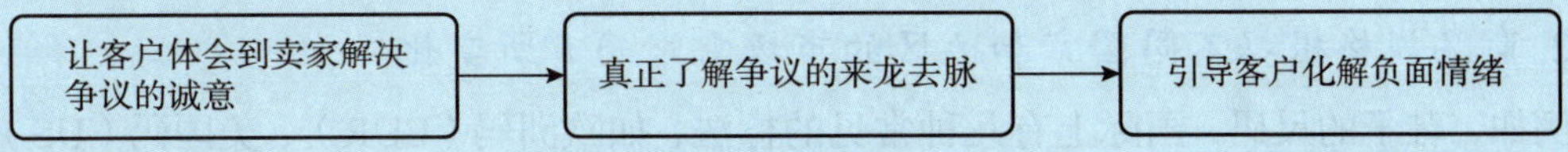

图 1-2 客户争议解决流程

跨境电子商务的争议最容易集中在物流环节，如丢件、产品破损等。遇到争议，应该冷静地分析事情的来龙去脉，注意电子证据，如聊天记录、物流记录，积极联系物流公司。如果客户误会，可以通过真实的电子证据与客户真诚沟通，请求客户理解。电子证据也是解决争议的核心工具。

客户对订单有争议，对产品不满意，肯定有很多负面情绪，表现形式包括给差评、在社交媒体曝光等，这是最考验在线客服人员的业务能力的时候。好的客服人员会运用自己的专业能力、语言能力，通过站内信、邮件、电话与客户充分沟通，并且理解、认同客户，最终让客户再次信任店铺，化解客户负面情绪，为争议的解决打下基础。

任务三　跨境电子商务客服工作认知

要提供出色的客户服务，在为客户提供支持和提出解决方案时，就要做到回复的专业性、准确性与一致性。分析大量的客户评价可以得知，除了客服响应速度，给予客户的回复真正有帮助也许更重要。

一、跨境电子商务客服的工作范畴

跨境电子商务客服的工作范畴可概括为四部分，包括解答客户咨询、解决售后问题、促进销售与管理监控。

（一）解答客户咨询

跨境电子商务客服人员要做好解答工作，先要了解客户咨询问题的类型。尤其是B2C平台的跨境电子商务，以全球速卖通为代表，其平台运营的特点是订单碎片化、小型化、多频次，客户会对卖家的商品或服务提出大量的问题。因此，客服人员主要对“商品”和“服务”提供优质的答疑服务。

1. 对商品咨询进行解答

目前，我国境内从事跨境电子商务的企业主要有贸易公司、生产销售一体化企业、电子商务平台代运营服务公司等。尤其是贸易公司和电子商务平台代运营服务公司，它们一般同时经营多种商品，种类繁多，从3C商品到玩具、服装、箱包、珠宝等。这些商品类目涉及许多行业，所需的商品专业知识跨度大、专业度高，这使客服工作变得更加复杂。

2. 商品规格根据不同国家和地区的市场需求而有所变化

例如，鞋子的尺码，国际上有几种常见的标法，如欧洲码（EUR）、美国码（US）、英国码（UK）、日本码（JP）。我国采用毫米数或厘米数来衡量鞋的尺码大小，如230 mm或23 cm。这些因各国不同的商品规格标准产生的问题，使客服人员在解答商品咨询时面临着不少难题。

知识加油站

部分国家的电压标准

世界各国民用电使用的电压大体有两种，分别为 100 ～ 130 V、220 ～ 240 V。100 V 与 110 ～ 130 V 被称为低压，在美国、日本等国家使用，因此相关设备都是按照这样的低电压设计的，注重的是安全；220 ～ 240 V 则称为高压，在中国及很多欧洲国家使用，注重的是效率。一般来说，同属一种电压体系的普通电器带到国外去用，大多不会有问题，因为大部分的电器都有 20% 的电压浮动范围。

世界各国的电源插头、插座、电压、电流频率都不尽相同，如图 1–3 所示；部分国家插头 / 插座类型见表 1–3。

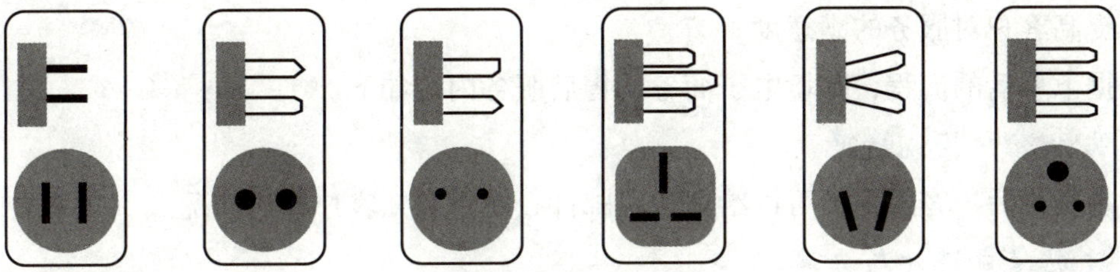

图 1–3　世界各国电源插头 / 插座类型

表 1–3　部分国家插头 / 插座类型

国家	电压 / V	电流频率 / Hz	插头 / 插座类型
中国	220	50	图 1–3（a）、图 1–3（c）、图 1–3（d）、图 1–3（e）、图 1–3（f）
韩国	110/220	60	图 1–3（a）、图 1–3（c）、图 1–3（e）
泰国	220	50	图 1–3（c）、图 1–3（d）
新加坡	230	50	图 1–3（b）、图 1–3（c）、图 1–3（d）
印度	230	50	图 1–3（b）、图 1–3（c）
美国	120	60	图 1–3（a）
加拿大	120	60	图 1–3（a）
俄罗斯	127/220	50	图 1–3（a）、图 1–3（c）
英国	240	50	图 1–3（d）
法国	127/220	50	图 1–3（d）
德国	220	50	图 1–3（c）
西班牙	127/220	50	图 1–3（a）、图 1–3（c）

3. 对服务问题进行解答

由于跨境电子商务的交易流程、服务内容比境内电子商务更复杂，跨境电子商务客服人员需要回答客户有关商品的物流方式、运输时间、通关清关、退换及安全性等问题。为了减少客户线上购物体验不佳问题，降低跨境交易的复杂性，提升客户购物体验，提高服务满意度，客服人员需主动联系客户，如发邮件询问客户的 WhatsApp 联系方式、确认发货地址、催付款等，力求让客户满意。

（二）解决售后问题

由于客户在下单前不能看到实物，而且货物跨境销售，因此整个销售过程比境内电子商务更复杂，销售完成时间更长。为减少纠纷，客服人员应该主动联系客户，而且可以根据下单后的流程主动与客户沟通，让客户及时掌握订单最新动态，也让客户感受到卖家的重视，提高客户对服务的满意度。

根据下单后的流程，跨境电子商务的售后服务内容如下。

1. 告知客户物流情况

货物发出后，客服人员可以给客户发邮件，及时告知客户物流情况。

2. 鼓励客户好评与分享

客服人员应在客户收到货物后发送邮件，邀请对方到电子商务平台上对商品做出好评。需要注意的是，邮件发送的频率和数量应适中，以免引起客户反感。此外，请求好评的邮件内容应与客户购买的商品相关。客服人员不得向客户有偿索要好评，否则一些跨境电子商务平台会对卖家进行处罚。

3. 对客户的不良评价或差评及时跟进解释，若出现纠纷，妥善处理客户纠纷

如果客户对商品做出了一些负面评论，或有纠纷出现，客服人员应立即跟进，并客观地分析客户的评论，查询客户差评的原因，并提出解决方案，最后诚恳地请求客户修改对商品的负面评论。

（三）促进销售

通常线上的商品都是通过图片或视频展现的，客户无法真实了解商品的情况，在购物过程中会出现各种问题，而优秀的客服人员不仅可以回答客户的提问，还能让客户更好地了解商品，减少客户对商品的疑虑，促成交易。特别是在跨境电子商务领域，很多境外客户喜欢在一些 B2C 跨境电子商务平台上寻找商品价格低廉、质量好、品种丰富的中国供应商。

鉴于境内供应商数目众多，同类型商品也存在一定的相似性，境外客户一般会购买数量较少的商品作为样品，在检查过样品的样式、质量和价格后，着重考虑供应商的服务水平，如在沟通过程中客服人员回答问题的及时程度、专业程度、服务态度等。而且，境外

客户往往先接触的是在线客服人员，而不是销售人员。境外客户一旦锁定企业为主要供应商，则会增加订单的数量和金额，逐渐将双方的关系发展为稳定的“采购－供应”关系。因此，客户服务水平与质量很大程度上成为订单成交的关键因素。

（四）管理监控

所有行业的客服都要求对闭环中各个岗位的工作流程有全面地了解，尤其是在情况更加复杂的跨境电子商务行业。无论是开发、采购、包装、仓储、物流，还是海关清关等环节，往往更容易出现情况混乱、管理无力等问题。客服人员作为最先接触市场，同时熟悉全套业务流程的人员，天然适合充当管理监控角色。客服人员需要对销售过程进行管理监控，还需要进行数据资料的收集与整理，主要包括以下内容。

1. 维护老客户

对老客户的资料进行收集整理，即对于已经完成购买的客户，记录他们购买的商品、购买数量、“回头”购买次数、所处地区、评价（无论是好评还是差评），然后做出总结与分析报告，并对客户进行归档与分类。

2. 负责整理工作日志

及时进行反馈信息的统计、分析和汇报，如销售额情况、库存情况、商品情况等，发现问题及时汇报。

知识加油站

跨境电子商务客服的未来职业方向

1. 运营主管

跨境电子商务客服到后期会逐渐接触店铺运营相关的工作内容，所以，同学们可以往店铺运营这方面发展，可以在业余时间学习店铺运营方面的知识。在日常工作中，可以多了解店铺数据等，积累自己的运营经验。

2. 客服主管

跨境电子商务客服的工作并非一成不变，越到后期，接触的内容越多。例如，客户的资料收集、客户的反馈整理等，这些都是重要的工作。而且越到后期，客服越需要懂得该如何抓住客户心理，因此可以往客服主管方向发展。

对新手客服来说，先要做好回复客户、售前售后等工作，同时要思考怎么能更好地留住客户，从心理层面突破，促进成交。工作到了一定阶段，会开始接触店铺产品上架、维护等操作，并逐渐接触运营的工作，积累经验。未来，同学们可以向自己的目标发展，选择是比较多的。

二、跨境电子商务客服的工作目标

（一）保障账号安全

由于面向海外市场经营，世界各国的法律要求和标准不同，跨境电子商务卖家的信用及服务能力要求高于国内电子商务。以亚马逊为例，关于账号安全问题，亚马逊官方网站早就给出了卖家行为准则及销售政策。跨境电子商务客服人员需要特别注意以下九点。

1. 不得操纵评论

不得试图影响或夸大买家的评分、反馈和评论。客服人员可以采用中立的态度请求买家提供反馈和评论，但不能通过支付费用或提供奖励（如优惠券或免费商品）来请求买家提供或删除反馈或评论；不能要求买家只给好评或要求对方删除或更改评论；不能仅向获得良好体验的买家征集评论；不能评论自己的商品或竞争对手的商品；此外，产品售后卡中不能包含好评返现。

2. 不得滥用买家信息

如果收到用于配送订单的地址或电话号码等买家信息，只能将该信息用于配送订单，且必须在处理订单后将其删除。不得使用买家信息联系买家（除非通过买家与卖家消息服务联系），也不得将买家信息分享给任何第三方。

3. 不得发送站内营销邮件

不得发送未经请求或不恰当的消息。与买家的所有沟通信息必须通过买家与卖家消息服务发送，并且只能涉及订单处理或提供客户服务必需的信息。禁止进行营销类沟通。

4. 不得绕过销售流程

不得试图绕过亚马逊销售流程或将亚马逊买家转移到其他网站。这意味着客服人员不能提供提示用户访问任何外部网站或在别处完成交易的链接或消息。例如，在商品详情页（Listing）中鼓励买家关注商家的第三方独立站以获取优惠，在站内信中发送第三方网址，输入商家的个人邮箱等。总之，亚马逊官方严禁一切可以将站内流量带离亚马逊平台的行为。

5. 不得给亚马逊客户发送站内营销邮件

即使店铺在亚马逊上有促销活动，也不要通过站内信给店铺的亚马逊客户发送促销站内信。

6. 防止网络 IP 关联

关联是大家最熟悉的问题，也是亚马逊账号关停中最需要注意的一点。尽量确保登录亚马逊卖家账号的网络纯净，没有跟其他卖家账号登录同一网络。在操作中，要注意以下两点。

（1）同套资料内容不要注册多个店铺（如手机号、公司资料、邮箱，甚至注册密码）。

（2）不要使用同一硬件设备或网络登录不同店铺。

综上所述，最妥善的方法就是使用一套干净设备、干净网络和只登录一个账号，如果同一设备想登录多个账号，可以使用云服务器。

7. 防止知识产权侵权

防止知识产权侵权，需要注意以下三点。

（1）Listing 中不要添加其他卖家的商标名称。

（2）对于想使用的商标，要先去美国专利及商标局进行查询，确定这个商标是否已经被注册。

（3）在选定产品后，完成产品是否存在侵权风险的调研。

8. 不要在 Listing 中夸大产品销量历史

不要刻意夸大累计销量历史，如本来每月只能销售 100 件产品，但在 Listing 中加入类似于“自上架以来广受消费者喜爱，累计已销售 5 万件产品”这种描述。

9. 以代理商或品牌保护机构的身份提交侵权通知

亚马逊了解许多品牌可能选择让品牌保护机构或代理商代为举报知识产权侵权行为，并接受授权代理商提交的通知。但是，亚马逊不允许拥有有效销售账户的个人作为品牌代理商提交侵权通知，因为提交此类侵权通知可能使提交者本人的销售账户受益（如移除其竞争商品）。对于任何以代理商身份提交通知来为个人牟利的卖家，其销售账户都可能被终止。

（二）降低售后成本

众所周知，客服人员在开展售后工作时涉及各项成本。在电子商务领域中，解决售后问题涉及的成本高低与解决方案有直接关系。跨境电子商务的退货是很难处理的，不仅要退款给客户，还涉及物流费用、关税等问题。客服人员要灵活处理，才能有效降低卖家的售后成本。

1. 卖家要保证服务质量

好的服务可以大大减少退货，从而达到降低退货成本的目的。主要从以下三个方面入手。

（1）货不对版

针对货不对版这一问题，卖家在发货前一定要检查货物的颜色、尺寸及数量，然后仔细对比所发货物与买家下单产品是否完全一致，这样就能保证发出的货物是买家想要的。

（2）质量问题

质量问题是最基本的问题，卖家一定不能销售假货，因为假货问题是各个平台最忌讳的问题，也是买家最厌恶的问题。销售假货一旦被发现，不仅面临着平台的处理，还面临着买家提出的纠纷问题，所以质量是卖家最需要保证的。另外，卖家在发货前还要做好质量检查工作，看产品是否出现破损、刮伤等。对于这些小细节，卖家一定不能忽视，因为细节往往决定成败。

（3）无法正常工作

无法正常工作一般出现在电子数码产品上，其原因主要是国外客户不知道怎么操作产品，或者产品本身需要充电或装电池。所以，卖家需要在发货时给客户详细的说明书及操作说明。另外，卖家给客户发货时要注意国内和国外的插头及电压是否不同，要提醒客户注意这些细节问题。

2. 可以选择海外仓

随着跨境电子商务的火热，很多平台或卖家选择海外仓，因为海外仓不仅可以减少关税、物流费用，还方便买家调换和退货。但是海外仓需要支付一定的仓储费，所以卖家可以根据自身和产品情况合理选择。

3. 不要忘记补救

在买家要求退货的时候，客服人员可以给买家一定的折扣、小礼品、优惠券或部分金额退款，尽量打消买家退货的念头。

（三）促进二次销售

店铺的客服人员作为直接与客户沟通的人员，直接或间接影响客户购买商品的成交行为。调查数据显示，好的售前客服对店铺成单率有 30% 以上的影响。客户进店铺浏览至下单的过程中，售前客服代表着店铺的品牌形象。优质的服务不仅是一个品牌的诚信保证，还可以形成二次销售机会。针对网店老客户使用的一些营销手段称为二次销售手段，也指为了留住老客户所必须采取的方式。

1. 收集客户资料，建立客户数据库

收集、整理老客户的信息。老客户的信息包括客户的性格、脾气、爱好，最重要的是之前浏览过哪些产品，这些都是可以了解客户喜好的“蛛丝马迹”，跨境卖家一定不要忽视这些细节。后期可以依此为客户提供个性化的服务。

2. 定期问候老客户

为了和客户保持良好的“交往”，很多跨境卖家会在客户生日或一些节日的时候发一封邮件，或者寄出问候卡片等，这样做可以很好地将交易关系转变成朋友关系，有助于后续跟进。

3. 及时回复老客户

老客户的邮件一定要在当天给予回复，如果有些问题比较复杂，需要多方配合解决，在当天没办法回复，也一定要告知客户“邮件收到，正在处理中”。特别强调，即使如此，对于客户的回复，一定不要超过三天。

4. 保证产品质量

必须对产品进行严格的质量检验，保证品质。只有把质量这个环节抓好了，企业才能更好地发展，客户买到质优价廉的商品，才会复购，久而久之就形成了一个良性的“生态圈”。

5. 定期回访老客户

回访就是对老客户进行有计划地跟踪服务，可以是邮件方式的回访，询问老客户对近期的产品质量和服务有什么反馈，以及改进意见等。总之，要让客户知道我们真正在做实事，目的就是在了解客户的想法后对产品进行改进，方便以后提供更好的优质服务。

国际视野

Shopee 客服工具 Chat++

Chat++（乐聊）多客服接待工具，由 Shopee/Lazada 官方认证，可实现多平台、多店铺统一管理，集中处理客户消息，实时退单、评价；跟单助手自动追踪履约全流程，AI 机器人全天在线接待，减轻接待压力，提升店铺转化，让每次接待都形成销售转化。Chat++ 网站界面如图 1–4 所示。

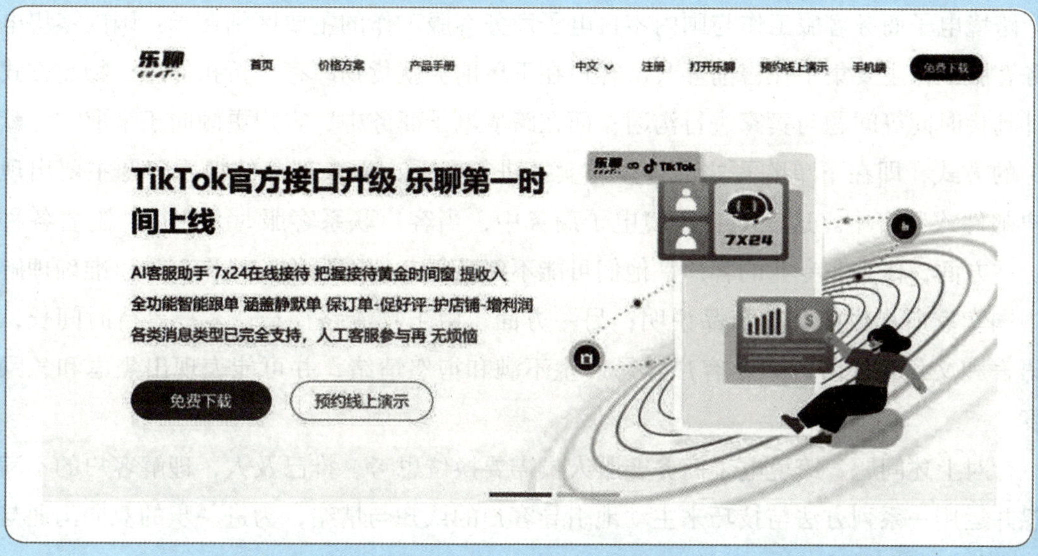

图 1–4　Chat++（乐聊）网站界面

Chat++ 功能如下。

1. 翻译功能

Shopee 有很多小语种的站点，因此 Chat++ 具备自动翻译功能（暂时只支持网页版），覆盖了多个小语种的站点，支持的语言有印度尼西亚语、泰语、越南语、葡萄牙语等，可以帮助卖家与买家打破语言障碍。

2. 客户消息功能

客户消息功能可以让卖家更快找到买家消息，直接通过筛选框发现未读消息和被标记的消息，让卖家不轻易错过任何潜在的订单。

3. 窗口功能

聊天窗口可以让买卖双方自由沟通，还可以方便卖家通过买家的个人档案查看买家的信息和订单情况，方便卖家了解客户，追踪订单。

4. 聊天设置功能

聊天功能可以设置快捷消息回复、自动回复等，帮助卖家与买家提高沟通效率。

任务四　跨境电子商务客户关系管理的新思路

一、换位思考

跨境电子商务客服工作与国内零售电子商务客服工作的主要区别在于：国内零售电子商务客服工作主要集中在售前环节，客户在下单前会就货物库存、折扣优惠、物流方式和预计到货时间等问题与卖家进行沟通；而在跨境电子商务中，客户更倾向于采取“静默下单”的方式，即在下单购买之前很少与卖家进行联系，而大部分的售后问题主要出现在客户邮件或留言中。这表明在跨境电子商务中，当客户联系客服时，往往伴随着各种问题。一方面，作为非专业的客户，他们可能不熟悉复杂的国际物流操作，难以准确理解某些中国卖家所提供的英文产品说明；另一方面，由于物流路径长、客户等待时间长，以及语言和文化差异等因素，客户容易产生不满和抱怨情绪，并可能表现出焦虑和急躁的态度。

针对上述问题，跨境电子商务客服人员需要换位思考、推己及人，理解客户的不满与抱怨并运用一系列方法与技巧来主动地引导客户的认知与情绪，为进一步的双向沟通与问题解决打下良好的基础。

（一）给客户吃“定心丸”

跨境电子商务客服人员首先需要做到的就是在沟通过程中，特别是在与客户第一次接触中想办法弱化事件的严重性，将事件导致的不良后果降到最低程度。客服人员应在第一时间向客户保证能够帮助其顺利地解决问题，从而稳定客户的情绪，这就是所谓的给客户吃“定心丸”。

（二）对客户怀抱感恩之心

跨境电子商务卖家的销量、利润等全部来自客户，因此，客服人员理应对客户怀抱感恩之心。在实际的客服工作中，客服人员要从细节里向客户呈现感恩的态度，这对顺利解决投诉或其他问题、说服客户接受解决方案，甚至对降低解决问题的成本都是非常有效的。

（三）从专业的角度解决问题

在跨境电子商务的实现过程中，客户往往不专业或缺乏相关的知识，这就要求客服人员在面对客户时要从更专业的角度来解决问题。

首先，在明确问题发生的原因时，客服人员需要清楚明了地向客户解释问题产生的真实原因；其次，无论是对物流还是对产品中涉及的专业术语或行业专用概念，都需要适当地简化，用通俗易懂的方式简洁地向客户进行说明；最后，在提出解决方案时，需要基于问题产生的真实原因提出负责而有效的解决方案。

从长远来看，客户就所遇到的问题提出投诉对客服而言并非坏事，因为问题得到顺利而彻底地解决能够有效地增加客户对卖家的信任感，进而形成“客户黏性”。在心态上，客服人员应把每一个客户反映的问题都作为展示自己专业能力的机会，用专业的方法与态度来解决问题，将偶然下单的客户转化为长期客户。

（四）重视最后一封邮件的回复

在绝大多数情况下，跨境电子商务客服人员都使用站内信、电子邮件或留言的方式与客户沟通。从商务礼仪的角度讲，买卖双方文字沟通过程中的最后一封邮件理应由卖家客服人员发出，这对增加客户对卖家的好感有一定的积极作用。从技术的角度讲，许多跨境电子商务平台都会在后台系统中做出一个自动设置系统来“扫描”所有站内信或留言的平均回复时间，平均回复时间越短，时效越高，这个细节也能反映出商家的服务水平。

在实际操作过程中，客服人员往往会遇到以下情况：经过沟通后，客服人员顺利地帮助客户解决了问题，而客户往往会回复一封简单的邮件，如 Thanks 或 OK。许多客服在操作时不甚精细，对这种邮件可能不做任何回复。由于各个跨境电子商务平台的后台系统无法真正地识别出客户发出的信息内容是否需要回复，故这些简短的客户信息如果没有得到及时回复是可能影响系统对“卖家回复信息时效”的判断的。从长期来讲，这对卖家来说是没有好处的。

因此，跨境电子商务客服人员要做到无论在何种情况下，与客户进行互动的最后一封邮件一定要出自客服，这既是出于对礼貌的考虑，也是出于对技术角度的考虑。

二、以诚相待

在面对客户的抱怨时，客服人员首先要用真诚的态度对客户表示歉意，然后要在了解具体情况后，快速对事件做出反应，主动承担责任并给予有效地处理。客服处理售后问题动作迅速可以让客户感受到应有的尊重和卖家解决问题的诚意，这样可以有效地遏制客户对产品负面信息的传播，防止对店铺信誉造成更大的伤害。

（一）了解问题的来龙去脉

当客户提出售后问题时，客服人员应在第一时间联系客户，了解问题的来龙去脉，这样可使客户产生被重视的感觉，还有可能使其放下心中的偏见，愿意心平气和地沟通。在弄清问题的事实及本质后，客服人员要主动、真诚地向客户道歉，因为一个小小的道歉行为不但能表明卖家勇于承担责任的态度与解决问题的决心，而且能够给客户留下专业、负责任的印象，有利于消除客户的不满情绪，强化客户对卖家的信任，最大程度地降低处理问题的成本和难度。

（二）寻找合适的理由

面对客户投诉，客服人员需要找到一个合理的、客户能够接受的理由，并且这个理由最好是由第三方（客户和卖家之外）或不可抗力引起的。

（三）为客户提供解决方案

需要注意的是，客服寻找合理的理由并不是不去承担责任，只是为了让客户更容易接受客服提出的方案，出发点是为了服务客户。也就是说，商家把错误合理地归责到第三方身上并表明“即使错误不在我们，我们仍然愿意为客户解决问题”的方法往往能平息客户的怒气，使其更顺利地接受解决方案。在提出方案时，客服人员一定要对客户的问题进行客观分析，找准问题“对症下药”，切不可随意提供解决方案，以免出现新的问题，导致客户更加不满意。建议一次性提供多个方案供客户选择，既能让客户充分体会到商家对他们的尊重，也能让客户更有安全感。

从长远来讲，卖家只有把客户当成自己的朋友，以诚意相待，以最快捷、最彻底的方式帮助客户解决问题，才有可能在一次次的实践中积累客户对卖家的信任。有了矛盾不要紧，只要客服人员能够让客户感受到卖家的诚意，完美地为他们解决问题，客户就更容易成为卖家的长期客户。

国际视野

CRM 系统

客户关系管理（customer relationship management，CRM）是指企业用 CRM 技术来管理与客户之间的关系。CRM 最早产生于美国，由 Gartner Group 首先提出。20 世纪 90 年代以后，CRM 在互联网和电子商务的大潮下得到了迅速发展。

不同的学者或商业机构对CRM的概念有不同的看法。CRM概念的原创者认为，CRM是一种商业策略，它按照客户的分类情况有效地组织企业资源，培养以客户为中心的经营行为，以及实施以客户为中心的业务流程，并以此为手段来提高企业的赢利能力、利润和顾客满意度。以客户为中心正在成为企业经营管理的核心，这使得CRM成为当前应用得最广泛的管理系统。从整体发展态势来看，中小企业对CRM系统的需求正在上升，这使得CRM软件产品在中小企业市场中的竞争越来越激烈。

下面介绍几款比较好用的CRM系统软件。

1. 金蝶CRM

金蝶是国内知名软件厂商，作为金蝶产品多元化战略的一部分，金蝶CRM在CRM市场风头正劲。金蝶CRM属于操作型系统，由销售、市场和服务三个子系统组成，应用架构主要是协作型CRM和分析型CRM两大部分。协作型系统的目的在于支持各种客户交互方式；分析型系统以使用数据、挖掘数据仓库和复杂的分析功能为基本特点，透视客户的需求、消费习惯、行为模式等，代表着那些能够真正理解客户行为、期望、需要、历史和与企业全面关系的CRM功能。两者可以集成运作，以满足不同行业的直销和分销这两种销售模式。金蝶拥有雄厚的研发实力，其CRM系统适用于成长型、成熟型和稳定型企业的客户管理。当然，好的产品能卖出更好的价格，金蝶CRM售价一般在15万元～45万元。

2. 用友CRM

用友CRM产品主要包含基础管理、客户管理、市场管理、销售管理、服务管理、客户自助、系统管理七大模块。该软件从业务层面、管理层面对企业相关的业务进行支持，使客户由从前的被动参与企业的营销活动转变为主动参与企业的营销活动，较大程度地实现了客户的价值。在技术特点上，用友CRM基于Java技术的BS架构面向的用户是大中小型工商企业，特别是区域分支机构较多，需要集中管理客户资源的企业。该系统能帮助用户建立集中的数据平台，这样，用户、总公司/分支机构间数据可以实现统一管理、共享、上报/下达的集团级应用并避免客户资料的重复录入、重复跟单。

3. 总管家CRM

总管家CRM是一个成立逾十年的软件公司，主要服务于中小微企业。总管家CRM系统属于C/S架构，数据保存在客户公司的计算机，以保证用户数据的安全。不同于其他的租用软件，总管家CRM系统可一次付费、永久使用，而且客户可以享受终身服务和免费升级。总管家CRM系统界面清晰美观，使用比较简单，容易上手，而且这款软件的功能十分强大，能够管理客户和销售，实现仓库、财务管理一体化。另外，总管家CRM系统还有一些人性化的服务，如生日提醒、手机短信、快捷便签等，其唯一不足的是不能自动升级，用户需要联系总管家的客服人员进行一对一升级。

4. 售宝 CRM

售宝 CRM 是专为中小企业量身打造的集在线客户管理、销售管理、市场管理、服务管理为一体的管理工具。它通过全方位地管理客户资源，多角度查询、挖掘和分析客户特征、客户业绩贡献、客户获取和客户维持的成本等相关信息，真正实现完全管理客户生命周期，可有效地提升销售业绩。售宝 CRM 即租即用，购买流程少，具有强大的个性化自定义控制管理功能，可最大化地满足企业的个性需求，实现企业的精细化管理。

5. 销帮 CRM

销帮 CRM 面向成长型中小企业，以客户为中心，主要面向企业营销、销售、服务及管理人员，其通过将销售自动化、营销自动化、服务自动化全面集成，整合、优化企业业务流程，使业务运作协同进行，为营销部、销售部、服务部等部门提供了统一的客户平台，保证各个部门可及时、完整地了解客户，消除客户信息孤岛，使各个部门真正做到信息共享、业务协同，从而能够帮助企业建立一个规范、准确、即时的客户数据库，实现轻松、规范、细致的销售管理工作，提高管理效率，掌握及时、准确、全面的销售动态。

三、巧妙沟通

在跨境电子商务行业中，虽然并不要求每一个岗位的工作人员都需要具备高超的外语技能，但是对跨境电子商务客服岗位而言，学会巧妙地沟通，熟练掌握主要客户的语言是必需的技能。

（一）扎实的语言基本功

跨境电子商务客服人员需要不断地加深对语言的学习，具备扎实的语言功底，特别需要熟练地掌握所售产品的相关专业词汇。另外，还要注重细节，尽量避免低级的拼写与语法错误。交流时正确使用客户的母语一方面展示了卖家对客户的尊重，另一方面也可以有效地提高客户对卖家的信任感。

（二）避免成段大写

我们在浏览商品描述时常会见到这种情况：某些卖家为了在较多的邮件文字中突出展示重点信息（促销、打折等优惠信息）而采用成段文字大写的方式。这样做虽然可以有效地突出重点，让客户一眼就看到卖家所要表达的核心内容，但也会产生一些副作用——成段大写往往与愤怒、暴躁等激动的情绪联系在一起，因此是一种缺乏礼貌的书写方式。客服人员需要在日常工作中注意这一细节。

（三）简化语言表述

在与客户沟通的过程中，为了方便绝大部分客户阅读，客服人员应当使用结构简单、用词平实的短句，语言要尽量通俗化，少用专业术语。因为通俗性的语言可以在最短时间内让客户充分理解商家所要表达的内容。当前在跨境电子商务平台中使用得最多的语种是英语，但跨境电子商务的客户来自全球多个国家和地区，很多国家和地区的客户并没有使用英语，因此客户需通过在线翻译工具来阅读产品页面与邮件的情况很常见。由此，跨境电子商务平台卖家就更需要简化自身的书面语言，以提高沟通效率。

（四）巧用分段与空行

多数客户在阅读卖家邮件、促销信息等文字资料时都会采取“略读”的方式。“略读”是指读者有选择地进行阅读，通过跳过某些细节，以求抓住文章的大意，从而加快阅读速度。

针对这种情况，客服人员在撰写邮件时，需要特别注意按照文章的逻辑将整篇邮件进行自然分段并在段与段之间添加空行。这样做有利于客户简单地浏览不重要的段落，快速跳至重点信息。这个技巧一方面可以有效地缩短客户的阅读时间，增加客户与客服沟通的耐心；另一方面通过清晰地按逻辑进行分段，可以给客户以专业、有条理的印象，增加客户对卖家的好感。

四、积极主动

作为卖家，通常希望每个客户都成为店铺的回头客，但是跨境电子商务平台有数量众多的同类店铺，客户为什么要选择在你的店铺长期购买呢？这不仅与产品的专业性、客服人员的努力程度密切相关，还要求卖家与客户形成互动，增强与客户之间的黏性。如果某卖家与客户具有很强的黏性，则当客户下次有需求时，第一个想起的就是该卖家。所谓增强客户黏性，就是构建客户的忠诚度，具体可以从以下三个方面入手。

（一）加强互动性沟通

加强互动性沟通即要注意沟通方式尽量与客户保持一致。在初始阶段，卖家与客户一般通过站内信和留言建立联系，当普通客户成长为重点客户时，卖家想要与客户保持及时、畅通的联系，务必要注重运用邮件、短信、电话或辅助软件（Skype、What ' s App、VK、Facebook、Twitter）等工具。

（二）重视客户反馈

在经营店铺时，卖家通常比较关注客户评价，其主要原因是中、差评会影响产品的质量得分和卖家服务等级，从而影响产品的排名和销量。由于各种因素，卖家往往很难让客户百分之百满意，因此卖家一定要重视重点客户的反馈。当客户收到货后，卖家应积极主动地征求客户的意见，如包装是否变形、产品设计是否有缺陷、客户是否满意等，从而让客户有更好的购物体验。

（三）预测客户需求

卖家应对客户所处国家或地区的风俗习惯、地理概况、气候状况等做到了如指掌，从而根据客户的这类隐性信息分析其经常购买的产品类别及购买能力。此外，卖家还应通过日常沟通了解大客户的销售渠道、销售对象及当前的流行趋势和元素，并且主动提供定制或相匹配的产品营销及精细化的服务，以提升客户的忠诚度。

项目小结

本项目首先介绍了跨境电子商务客户关系管理的相关概念；其次介绍了跨境电子商务客服业务能力；再次介绍了跨境电子商务客服工作认知；最后介绍了跨境电子商务客户关系管理的新思路。通过本项目的学习，帮助读者全面了解了跨境电子商务领域的客户服务管理，并掌握了提升客户满意度和拓展销售的关键策略和技巧，将有助于读者将所学知识应用于实际工作中，持续提升个人能力，为跨境电子商务领域的发展和企业的成功做出积极贡献。

巩固与训练

思考练习

1. 跨境电子商务客户关系生命周期包括哪几个阶段？
2. 跨境电子商务客服需具备哪些知识能力？
3. 跨境电子商务客服需具备哪些素质能力？
4. 简述跨境电子商务客服的工作目标。
5. 跨境电子商务客服与客户沟通过程中，需掌握哪些技巧？

拓展实训

1. 假如你在eBay英国站开了一家手工饰品的店铺，需要招聘一名客服，请以如何招聘跨境电子商务客户服务人员为主题写一篇报告。

____

____

____

2. 假设你从事跨境电子商务客服工作，你的客户 Ms.Suky 在签收从你公司网店中购买的陶瓷碟子时，发现有一个碟子破损了，因此在产品页面评论区里给予差评。请你撰写一封英文邮件，提出解决方案，并恳请她将差评修改为好评。

____

____

____

3. 有客户在你的网店中购买了一件产品，但是迟迟未做评价。请你用英文撰写一封站内信，提醒对方做出好评，要求包含以下内容。

（1）感谢客户购物支持。

（2）引导客户做出好评。

（3）如有问题，随时联系。

____

____

____

项目二

跨境电子商务客服工作准备

项目导读

随着国家“一带一路”倡议的构建和推出，跨境电子商务行业进入战略发展期，助力我国传统商贸结构转型升级。近年来，中华人民共和国国务院（以下简称国务院）发布了《关于实施支持跨境电子商务零售出口有关政策的意见》等一系列涉及跨境电子商务的政策性文件，支持我国跨境电子商务企业发展，推动我国外贸发展方式从“制造驱动”向“服务驱动”转型升级。

学习目标

◎知识目标

1. 了解跨境电子商务目标市场。
2. 熟悉主要跨境电子商务市场客户特点。
3. 了解跨境电子商务客服沟通常用工具。

◎技能目标

1. 能够理解不同跨境电子商务市场的差异。
2. 能够灵活运用所学知识应对来自不同跨境电子商务市场的客户。
3. 能够掌握各种跨境电子商务客服沟通常用工具的注册和使用方法。

◎素质目标

1. 通过对不同跨境电子商务市场文化差异的学习，培养读者求同存异的思想观念。
2. 培养读者文化自信心，遵循各民族文化平等的原则。

思政目标

1. 增强读者文化自信心，在跨境电商工作中展现中国文化的魅力。

2. 增强读者政策敏感度与行业使命感，鼓励读者为行业发展贡献力量。

案例导入

跨境电子商务平台中美购物网站店铺主页的跨文化比较

阿里巴巴国际站是我国领先的跨境电子商务平台，而亚马逊是美国最大的跨境电子商务平台之一。二者店铺主页图片内容存在差异。阿里巴巴国际站店铺主页倾向于展示企业的实力，企业获得的荣誉和表彰、领导视察照片等频繁出现在店铺主页中。通过展现企业在行业内的优势地位和专业形象，让消费者感受到企业的可靠与实力，从而建立信任关系，促进业务合作。亚马逊平台的店铺主页图片内容展现出独特风格。在一些商品展示中，会出现带有创意、诙谐元素的图案，这些图案以一种轻松有趣的方式呈现商品特点或品牌形象。

亚马逊平台店铺采用浅层次平行结构，使用水平的菜单，减少访问障碍。阿里巴巴国际站店铺主页导航高度结构化，使用垂直的菜单。这是因为，在不确定性规避高的社会，网站的设计者会尽量减少不确定性，避免网页浏览者在浏览、寻找需要的信息时产生焦虑情绪。

亚马逊平台店铺倾向使用灰色的背景，搭配明快的颜色和色彩鲜艳的图片；阿里巴巴国际站店铺倾向使用白色的背景，搭配黑色字体，多用浅蓝、灰、黑等色，协调整体色彩，这也体现出我国倾向集体主义，强调和谐共存的文化。阿里巴巴国际站店铺也会突出显示工人在厂房工作的场面，同样反映出集体主义文化价值观。

通过以上两个平台的比较可以看出，我国电子商务平台店铺与西方国家电子商务平台店铺的主页设计有相似之处，但在颜色、布局、导航、图片等方面都存在一定的文化差异。电子商务企业应重视文化因素对网页设计的影响，在设计网站或特定的网页时，不但要考虑本民族文化，而且要考虑网购者的个人文化和网购文化，这可能影响网购者的个人文化价值观。

任务一 认识跨境电子商务市场

跨境电子商务市场是指在国际范围内通过电子平台进行商品和服务交易的商业活动。随着全球贸易和互联网的发展，跨境电子商务市场逐渐成为全球商业活动的重要组成部分。跨境电子商务市场凭借打破地域限制、降低交易成本的优势，不仅让中小企业得以跨越国界拓展客户群体，也为消费者带来了来自世界各地的特色商品与服务。其蓬勃发展催生了支付结算、国际物流等配套产业的革新，同时也面临着政策法规差异、文化冲突、物流时效等诸多挑战，而这些既是机遇也是行业持续进化的驱动力。

一、中国跨境电子商务市场分析

（一）跨境电子商务市场规模

根据商务部、海关总署统计数据显示，2022 年中国跨境电子商务行业交易规模达 15.7 万亿元（人民币），较 2021 年的 14.2 万亿元同比增长 10.56%。2018—2021 年我国跨境电子商务行业交易规模分别为 9 万亿元、10.5 万亿元、12.5 万亿元、14.2 万亿元。我国跨境电子商务交易规模仍保持高速增长态势。多维度因素驱动了跨境电子商务行业的发展：从需求端来看，全球电子商务渗透率加速提升，我国跨境电子商务进出口需求强劲；从政策方面来看，我国跨境电子商务监管政策不断完善，制度体系逐步成熟，推动跨境电子商务行业规范发展；从技术方面来看，跨境电子商务通过形成更加数字化的销售网络，大大降低了生产者与全球消费者的交易成本，使更多企业享受到全球化红利；从战略层面来看，跨境电子商务的发展不仅有利于中国制造业的升级，还与国家稳定外贸的重要战略紧密相关，是我国外贸增长的有力支撑点。

作为贸易发展的“新业态”，跨境电子商务与传统贸易模式在市场交易结构上具有一定的相似性。近年来，跨境电子商务零售模式发展迅猛，政策助力等也带来了在跨境电子商务中模式占比的提升。根据 eMarketer 统计数据显示，2022 年中国跨境电子商务 B2C 交易占比 24.4%，2023 年约增长至 25.1%。跨境电子商务的发展带动了整个产业链条发生变化，将给传统外贸及产业带来深远的影响。

（二）跨境电子商务市场发展前景

随着全球贸易增速整体放缓，我国进出口贸易的发展也进入了中高速增长的新常态，对外贸易面临的形势较为严峻。近年来，跨境电子商务迅猛发展，改变了传统商品交易的组织方式，成为跨境贸易领域中极具竞争力的新业态、新引擎。跨境电子商务作为外贸新业态，是产业转型升级、创新驱动的重要助推器。

1. 国家政策支持跨境电子商务行业发展

跨境电子商务政策和规范的建立，以及开放程度的规定是跨境电子商务发展的重要基础。我国跨境电子商务政策发展经历了三大阶段：政策萌芽期、政策发展期和政策爆发期。近十年来，国务院、海关总署、商务部、发展和改革委员会、国家税务总局等各个相关部门陆续出台了多项政策，这些政策是我国跨境电子商务市场发展的强大推动力。

2. “中国制造”商品具有竞争优势

得益于我国配套齐全的轻工业体系、完善的基础设施、较高的劳动力素质与相对低廉的劳动力成本，我国制造业在全球产业链中成本、技术、质量等方面综合优势明显。我国出口贸易规模常年稳居世界第一，是当前全球最大的家具生产国、出口国。

3. 跨境电子商务出口品牌化成为趋势

近年来，跨境电子商务供应链越来越完善，行业竞争不断加剧，从单纯追求性价比向品牌升级方向转型，跨境电子商务出口品牌化已成为未来企业发展的核心竞争力。受益于我国强大的供应链能力和外贸产业区域聚集优势及海外市场互联网流量红利，我国正成为全球最大的跨境电子商务出口商贸中心之一，形成中国品牌出海的新模式。如今，随着中华文化的广泛传播，先行优质中国品牌在海外树立起良好口碑，国际消费者对中国品牌的认知和购买意向也在逐渐增加。

4. 小语种地区将成为未来跨境电子商务发展的新增长点

根据近些年国际经济发展趋势，各电子商务乘势构建起了完善的电子商务供应体系，网购也成了各国民众习以为常的一种购物方式，尤其是拉丁美洲和东欧等发展中地区，电子商务的发展速度已经领跑全球。随着欧美地区市场的逐步饱和及政策性合规风险的加剧，小语种地区将成为未来中国跨境电子商务发展的新增长点。然而，无论是部分小语种国家基建完善度较低，还是企业对当地政策、社会人文和消费习惯不熟悉，跨境电子商务企业都需要借助服务商的力量对市场进行探索和开拓，这也让小语种市场成了跨境电子商务下一个亟待耕耘的掘金之地。

知识加油站

我国跨境电子商务相关政策

目前，对于跨境电子商务，我国的支持政策密集出台，跨境电子商务市场与交易的制度建设和体系逐步建立并成熟，各项配套服务不断完善，见表 2–1。

表 2–1 我国跨境电子商务相关政策

时间	部门	政策	说明
2020/03	海关总署	《海关总署关于跨境电子商务零售进口商品退货有关监管事宜的公告》[海关总署公告 2020 年第 45 号]	延长退货操作时间、明确退货场地等、优化跨境电子商务零售进口商品退货监管

续表

时间	部门	政策	说明
2020/05	国家外汇管理局	《国家外汇管理局关于支持贸易新业态发展的通知》[汇发2020年第11号]	拓宽贸易新业态结算渠道、提升跨境结算效率、满足个人对外贸易结算需求、推动更多外汇业务网上办理、提高贸易外汇收支便利化水平
2020/06	海关总署	《关于开展跨境电子商务企业对企业出口监管试点的公告》[海关总署公告2020年第75号]	增列海关监管方式代码“9710”和“9810”，即“跨境电子商务B2B直接出口”和“跨境电子商务出口海外仓”，为跨境电子商务出口申报、通关提供便利
2021/07	国务院办公厅	《国务院办公厅关于加快发展外贸新业态新模式的意见》[国办发2021年24号]	推广数字智能技术应用、完善跨境电子商务发展支持政策、推进跨境电子商务综合试验区建设、培育一批优秀海外仓企业、完善覆盖全球的海外仓网络等
2021/10	商务部、网信办、发改委	《“十四五”电子商务发展规划》[商电发2021年第191号]	规划到2025年，中国跨境电子商务交易额达2.5万亿元人民币、培育跨境电子商务配套服务企业、继续推进跨境电子商务综合试验区建设、加快重点市场海外仓布局等
2023/01	财务部、海关总署、税务总局	《财政部 海关总署 财务局关于跨境电子商务出口退运商品税收政策的公告》[财政部 海关总署 税务总局公告2023第4号]	自公告印发之日起1年内，在跨境电子商务海关监管代码(1210、9610、9710、9810)项下申报出口，且自出口之日起6个月内因滞销、退货原因原状退运进境的商品（不含食品），免征进口关税和进口环节增值税、消费税；出口时已征收的出口关税准予退还；出口时已征收的增值税、消费税，参照内销货物发生退货有关税收规定执行。其中，监管代码1210项下出口商品，应自海关特殊监管区域或保税物流中心(B型）出区离境之日起6个月内退运至境内区外。已办理的出口退税按现行规定补缴

二、跨境电子商务目标市场分析

中国是世界上重要的产品出口大国，在整体出口总量较稳定的情况下，出口跨境电子商务逐步取代一般贸易，成长性良好。近年来，受政策扶持、行业发展环境的逐步完善。在跨境电子商务沟通中，每个国家（地区）都有自己的商业偏好，客服人员要想与境外客户沟通融洽，必须对他们的商业偏好、禁忌、爱好及思维方式有切实的了解，并予以充分尊重。

从出口目的地选择看，跨境电子商务出口目的地与传统贸易方式下出口目的地分布一致。在传统贸易方式下，美国、欧洲联盟（以下简称欧盟）和东南亚国家联盟（以下简称东盟）是我国三大出口目的地，随后依次为日本和韩国。根据亿邦智库的调研结果，北美洲和欧洲作为跨境电子商务企业最传统的市场，仍然是超过五成跨境电子商务卖家的选择；同时，东南亚市场近年来十分火爆。

下面依据我国出口跨境电子商务主要目的地的客户特点，分不同市场展开分析。

（一）北美洲市场

北美洲是中国跨境电子商务的主要市场，全球约 37% 的跨境客户集中在加拿大，美国则拥有 1.84 亿在线购买者，使得以此两国为代表的北美洲市场成为世界上最大的电子商务市场之一。

北美洲地区的客户习惯并熟悉各种先进的电子支付方式。网上支付、电话支付、邮件支付等各种支付方式对北美洲客户来说都不陌生。信用卡是常用支付方式之一。一般的美国第三方支付公司都可以处理和支持 150 多种货币的维萨（VISA）卡和万事达（Master）卡，支持 70 多种货币的美国运通（American Express）卡等。同时，贝宝（PayPal）也是美国客户熟悉的电子支付方式。与北美洲客户做生意的商家必须熟悉这些支付方式，习惯并善于使用各种各样的电子支付工具。

以下介绍美国和加拿大的经济和电子商务概况。

1. 美国

由于历史的原因，美国人来自不同的国家和地区，拥有不同的文化习俗。因此，对市场上的商品拥有很强的接受度，非常愿意尝试和购买新产品，只要商品的质量和品质确实不错，他们就会记住这个品牌，以后有需要的时候进行重复购买。据调研显示，超过半数的美国电子商务用户都从国外接收订单，88% 的美国网民都在网购，并且这一数字还在上升。虽然最活跃的客户大多都在 25 ～ 45 岁，但是不需要旅行就能进行购物的舒适性还是会吸引超过 55 岁以上的客户群体，并且这部分人群正变得越来越习惯于网购。

2. 加拿大

加拿大是典型的移民国家，由于人口稀少，人口数和民族构成处在不断变化中，作为一个多元文化的社会，彼此之间的沟通都需要“磨合”，更何况在面对仅图片和文字的跨境电子商务领域，跨境电子商务卖家难免会有不少细节方面需要注意。

（二）欧洲市场

欧洲的8.2亿居民中有5.3亿互联网用户，2.59亿在线购物用户，移动电话渗透率超过了100%，这意味着每个人至少拥有一部以上的手机，欧洲地区的电子商务交易主要是通过移动设备进行的。可以说，欧洲将成为世界上最有潜力的跨境电子商务地区和最有希望成为增长较快也是较大的跨境电子商务区。

由于欧洲国家比较多，下面介绍与中国商家经济交往较多的欧洲国家市场。事先对这些境外客户的特点、采购习惯和谈判风格有一些了解，有助于跨境客服人员在谈判沟通中应对自如。

1. 德国市场

说到德国，我们都会想到德国人的工匠精神，以及他们的严谨和专业。正是由于这些优秀的品质，德国才出现了2 000多个世界名牌。德国本土的产品已经足够优质了，所以外国的产品要想在德国市场立足，就需要在品质上精益求精。

德国处于电子商务的最前沿。与欧洲其他国家相比，德国的电子商务市场发展良好，网民比例高达96%。由于英国退出欧盟，更多的消费者开始将目光投向了德国。德国消费者更倾向在亚马逊平台购物，其次是eBay。

在购买偏好上，德国消费者钟爱购买服装和鞋，其次是医药产品。德国的退货率很高，这与德国的法律和消费行为习惯有关。德国法律规定，网购时，客户可以将没开封的商品在14天内退回，而德国客户经常购买多个颜色或尺码的商品，在使用过后将不满意的商品退回。德国客户的消费观念相对理性，相对于外在的追求，德国人更注重生活的品质。此外，德国客户很重视节日，每当重大节日时会和亲朋好友互赠礼物，联络和增强感情。

2. 法国市场

法国电子商务市场是世界上增长最快的市场之一，消费者以创纪录的速度接受数字支付和在线购物。法国消费者一般会在网站上直接搜索自己想要的产品，准确、全面和富有吸引力的产品信息能够更有效地吸引他们。他们网购的目的性相对而言比较强，很多时候都是确定了想要购买什么产品才去网上购买的。

法国网上购物的客户群年龄主要集中在25～40岁，女性客户多于男性客户。因为法国旅游业很发达，所以很多法国客户购买的产品都与旅游、文化和服务有关，当然也有一些法国客户购买3C、服装、美容类的产品。

在法国，银行卡支付是主流的在线支付方式，其他支付方式使用得比较少。当然，PayPal是个例外，它在法国在线支付市场大行其道，是除银行卡支付以外的第二大支付方式。

3. 英国市场

英国是世界上主要的贸易国家之一。英国人的计划性很强，特别看重礼仪，在产品上则比较关注细节，追求产品的质量和实用。近几年来，英国电子商务快速发展，网络下单和支付规模不断刷新以往的纪录。大部分英国网民都在网络上有过多次购物行为，这个比例在 G20 国家中是非常高的。

英国是欧洲第一大电子商务市场，其规模在世界范围内仅次于中国和美国。英国的网购人数比例非常高，且人均网购消费额也为欧洲最高。有趣的是，英国人喜爱网购的一个重要原因是英国极其发达的物流运输系统——“当日送达”在英国是一件十分普遍的事，最快甚至可以实现 4 小时同城送达。美国电子商务巨头的早期进入，是催生英国电子商务市场成熟的一个重要驱动力——早在 20 世纪 90 年代，亚马逊就开始在英国使用本地域名进行销售。如今，也有几个强大的国内市场参与者，如 ASOS、Argos 和 Next。得益于英国“脱欧”，这些平台正变得越来越受欢迎。

瞄准英国市场的中国跨境商家，可以按照英国消费者的习惯、喜好、风俗文化、消费特征等条件进行本地化运营，了解英国的历史和节日，在这方面策划相应的活动，或许能获得意想不到的效果。

4. 俄罗斯市场

俄罗斯市场和中国市场是一个高度互补的市场，他们对日常消费品的进口需求很大，这其中包括服装、鞋子、电子产品、配饰等。俄罗斯横跨亚欧大陆，在“一带一路”倡议的实施中占有重要的地位，是“一带一路”倡议中地区最大的电子商务市场之一。俄罗斯本土电子商务网站用户体验较差，且价格较贵。在俄罗斯，大多数电子商务网店的网页并不好用，几乎没有响应式网页设计，加载速度也是一个大问题。

目前，对中国卖家来说，最熟悉的俄罗斯电子商务平台便是全球速卖通。全球速卖通是阿里巴巴旗下的跨境电子商务平台，是一个全球性的电子商务购物网站，中国卖家超过 30 万户。热销的类目有服装服饰、鞋子衣帽、电脑配件、数码 3C、家居生活用品、小家电等。俄罗斯人比较喜欢“DIY”，所以跟家庭生活有关的“DIY”产品销量也是非常不错的。

根据全球速卖通统计数据显示，俄罗斯用户喜欢客单价低的商品，52% 的俄罗斯用户平均订单价值不超过 26 美元，仅 21% 的俄罗斯用户平均每单消费达 60 美元。大部分的网购者年龄在 25 ～ 34 岁，主要集中在莫斯科和圣彼得堡。女性网购者较多，并且男性和女性的购物习惯有所不同。最受欢迎的产品类别是服装、化妆品和小家电。超过一半的俄罗斯人懂英语，但习惯于用母语购买商品，并且有可能过滤掉需要翻译的购物网站。外国卖家要进入俄罗斯市场，需要尽量达到本土化。

由于俄罗斯轻工业不发达，因此很多日常生活用品都依赖进口，这也为跨境电子商务的发展提供了巨大的成长空间。俄罗斯市场是欧洲市场上互联网渗透率较高的国家，受到国际形势的影响，俄罗斯消费者掀起了囤货潮，使电子商务购物需求一直上涨。目前，俄罗斯的电子商务市场中还没有出现绝对的品牌领航者，市场可开发空间大，因此也为中国跨境商家的入局提供了契机。

目前，中国在俄罗斯已有 30 多家海外仓，商品以服装和家电为主。在俄罗斯的海外仓建设，不仅可以有效解决中俄跨境物流发展中遇到的问题，还可以减少商品配送时间，降低物流成本。这也会在一定程度上提升消费者的购物体验，促进中国跨境商家的销售转化。

知识加油站

俄罗斯主要购物节

俄罗斯主要购物节见表 2-2。

表 2-2 俄罗斯主要购物节

时间	购物节
每年 1 月 1 日	俄罗斯新年
每年 2 月 14 日	俄罗斯情人节
每年 7 月 8 日	全俄家庭、爱情和忠诚日（传统情人节，俄罗斯国家杜马提议，2008 年开始）
每年 2 月底至 3 月初	俄罗斯谢肉节，俄罗斯送冬迎春活动
每年 6 月 12 日	俄罗斯日 / 独立日
每年 11 月 11 日	俄罗斯“双十一”购物狂欢节

（三）日韩市场

越来越多原本主打欧美市场的跨境电子商务卖家开始加快布局日韩及东南亚市场。毗邻我国的日本、韩国及东南亚地区，因为地缘的关系，在物流时效和物流费用上相较欧美市场有很大的优势。尤其是日韩市场，已经有越来越多的卖家在布局。原因有几个方面：一是市场规模足够大，日本、韩国是全球第四大、第五大电子商务市场；二是距离中国很近，备货风险比欧美市场小很多；三是市场成熟，电子商务渗透率非常高，而且市场消费能力比较强，对卖家来说容易产生利润，并且日本、韩国市场目前中国卖家较少，日韩市场存在巨大的机会。

1. 日本市场

谈起日本，首先想到的是严谨的“工匠精神”和发达的线下零售，加上严重老龄化的人口结构，这似乎会给人留下“日本电子商务行业不发达”的印象。而实际却恰恰相反，日本互联网普及率极高，即使在老龄化极其严重的情况下，网购者比率也比较高。日本电子商务无论是规模还是成熟度，都名列前茅。

日本的跨境电子商务在发展过程中，逐步建立了多样化的跨境电子商务平台，并以平台作为交易媒介，使其产品竞争力逐步增强，产生了优质的品牌传播效应。首先，大型B2C跨境电子商务平台，如亚马逊（日本）、雅虎（日本）等，为海外销售提供了重要渠道。其次，日本跨境电子商务平台中还包括美妆、药品及保健品等平台，在多样化的竞争环境中得到发展，竞争优势极其明显。

在物流方面，日本的海外仓增量，一方面来自亚马逊的贴标换标、转运等服务，另一方面来自独立站、乐天、雅虎卖家使用海外仓进行一件代发。日本目前暂未出现太多海外仓巨头，更多的是一些“小而美”的海外仓企业。

2. 韩国市场

韩国是发达国家，且电子商务市场相对比较成熟，市场消费水平和电子商务渗透率较高，高客单价接受能力较强，所以总体电子商务销售额也相对较高。韩国有超过80%的人口使用互联网，是亚太地区继中国和日本之后的第三大电子商务零售市场。韩国互联网用户的比例高，且平均电子商务支出高，因此，对希望增加其国际收入的卖家而言，韩国是一个重要的市场。尽管韩国电子商务已经十分发达，但仍保持较高的增长率。

韩国目前主要的电子商务平台有Naver、Coupang、Gmarket、11街、G9、eBay等。各大平台都有其特色，例如，Coupang平台以火速配送出名；Naver smart store以搜索引擎出名；eBay属于综合性平台。线上平台与线下百货一体的百货（如新世界百货）备受高端消费人群欢迎。建立在社交媒体基础上的新生购物平台SNS mall发展快速，独立女装设计的品牌独立站深受年青一代喜爱。

日韩市场存在巨大机会的同时，同样存在门槛，以及各种各样的运营难题。日韩市场平台众多，主流平台就有15～20个，单平台占据的市场份额较小，每个平台入驻需要提供的材料不一样，想要开启多平台销售困难重重。

知识加油站

部分日韩市场主流跨境电子商务平台

部分日韩市场主流跨境电子商务平台见表2-3。

表2-3 部分日韩市场主流跨境电子商务平台

平台名称	简介
Starday	Starday成立于2015年，总部设在日本，是专注于日本市场的电子商务平台，也是日本TOP级跨境电子商务平台之一。在Starday平台上，3C产品、服饰、户外用品、办公用品、宠物用品尤其受欢迎
雅虎（日本）	雅虎（日本）是由雅虎（日本）公司运营的一家门户网站，其在日本的搜索引擎和门户网站市场中位居第一。雅虎（日本）是一家集购物和资讯于一体的平台，是类似于中国淘宝和新浪合体的销售信息一体化平台

续表

平台名称	简介
Gmarket	Gmarket 成立于 2000 年，是 Interpark 的子公司，并于 2009 年被 eBay 收购。作为韩国排名前列的在线购物网站，Gmarket 拥有韩国最高的电子商务成交总额，以及最高的成交量，并处于持续增长状态；韩国有 64% 的人口使用 Gmarket，其消费者众多，且覆盖韩国的优质流量
11 街	11 街成立于 2008 年，总部在韩国，是韩国移动通信巨头 SK 旗下知名电子商务平台
UNIT808	UNIT808 是韩国三大专业跨境电子商务平台之一，专注海外商品，在其平台上销售的商品可以同时在 we make price、Naver 两家韩国本土平台上展示。其中，韩国最大流量门户之一 Naver 日均 UV 达 3 000 万人以上
Coupang	Coupang 是一家成立于 2010 年的韩国电子商务公司。Coupang 是韩国最大的在线零售商之一，其 Rocket Delivery 网络可在当日或次日交付超过 500 万件独特商品。Coupang 声称其订单的 99.6% 在 24 小时内交付
Auction	Auction 成立于 1998 年，是韩国首个拍卖类电子商务平台，也是韩国首个电子商务平台，引进了所有人都可以自由销售、购买的 OPEN MARKET，目前作为韩国主流综合性电子商务平台，覆盖韩国 48% 的人口。Auction 现在是 eBay 旗下的平台

（四）东南亚市场

东南亚位于亚洲东南部，包括中南半岛和马来群岛两个部分，包括 11 个国家，分别是缅甸、泰国、柬埔寨、老挝、越南、菲律宾、马来西亚、新加坡、文莱、印度尼西亚、东帝汶。

东南亚地区线下零售欠发达，为东南亚电子商务提供了广阔的发展空间。由于东南亚地区人口和市场都高度分散，导致线下零售难以深入郊区和农村，零售商必须与多层次的分销商合作，而复杂的分销网络和高昂的物流成本又进一步阻碍线下零售的发展。

近几年，在东南亚地区，跨境电子商务呈现出迅猛发展的态势。一方面，以阿里巴巴、京东为首的中国跨境电子商务企业纷纷布局东南亚市场；另一方面，以亚马逊、eBay 为代表的欧美电子商务企业也不断加大投入。东南亚地区电子商务目前以 Redmart、Shopee（虾皮）、阿里巴巴旗下 Lazada、京东印度尼西亚站和泰国站、亚马逊新加坡站、eBay 等为主流平台，天猫出海、网易工厂店等电子商务也纷纷“试水”东南亚地区消费市场。中国跨境电子商务企业在东南亚地区以平台卖家为主，也有企业尝试独立建站、社交媒体分销及线上到线下（online to offline，O2O）等不同形式。

东南亚地区电子商务市场消费者具有年轻化、移动化、上网时间长、品牌信任和社交化、价格敏感等特点。支付方式主要有信用卡支付、银行转账、货到付款和线下 POS 等，在跨境平台上主要使用信用卡支付。《区域全面经济伙伴关系协定》带来的利好发展趋势为外贸人拓展东南亚电子商务市场带来了新机遇，而东南亚主要贸易国的市场特征便是跨境电子商务从业人员的首要了解对象。

1. 越南市场

伴随电子商务产业的高速发展，越南市场电子商务占零售总额的比例持续增长。该市场主要电子商务平台有 Shopee VN（虾皮越南）、The Gioi Di Dong、Dien May Xanh。Shopee VN 是目前越南最大的电子商务平台；The Gioi Di Dong 和 Dien May Xanh 隶属于 Mobile World Group，前者是越南本土的最大手机零售品牌，除在线电子商务外，还拥有 400 多家手机店和近 40 家大型消费电子产品商店。

越南消费者对进口商品持开放和接受态度。与其邻国相比，越南消费者对国外产品的偏好程度更高。某些特定行业如奢侈品行业，越南消费者尤其青睐外国品牌。此外，越南消费者喜欢依靠口碑推荐购买产品。对大多数越南消费者来说，价格和声誉是最重要的。

2. 泰国市场

泰国是仅次于印度尼西亚的东盟第二大经济体，互联网渗透率较高，是东南亚互联网普及率最高的国家之一。Facebook、YouTube、LINE、Instagram 和 GooglePlus 都是该国主流的社交网络。泰国也是直播和直接面向消费者的商业的领先者，是东南亚地区最大的社交电子商务市场。

泰国市场买家的消费习惯总体上与东南亚其他国家类似，网购支出主要集中在电子产品、时尚美妆、家居家具等方面。跨境电子商务占泰国整个电子商务市场的 30%，泰国电子商务市场发展速度已经领先全球。30 岁以上的人群是泰国购买力最强的消费群体。消费者的购物活动在周中达到高峰，一般在下午和晚上下订单。泼水节和水灯节等是非常重要的节日，也是电子商务销售高峰之一，尤其适合售卖家居装饰、户外用品和美妆服饰等商品。

此外，“双十一”“黑色星期五”这些购物节也逐渐融入了泰国消费者的购物活动中。价格、质量和服务是泰国消费者看重的购买因素，而且他们更愿意为自己喜欢的品牌支付更高的价格。

3. 印度尼西亚市场

印度尼西亚是仅次中国、印度、美国的世界第四人口大国，也是全球最有前途的东南亚电子商务市场之一，这主要得益于其人口组成高度年轻化，40 岁以下人口占比较高。由于印度尼西亚岛屿众多，该市场电子商务最大的挑战是物流，物流成本相对比较高。相对来说，生活用品、服装、美容个护类产品是消费者最喜欢的品类。语言体验极大地影响着消费者的购物体验，消费者表示希望电子商务购物平台的界面语言是本土语言。对于大多数电子商务平台和卖家，货到付款和银行转账仍然是主流付款方式。电子商务公司提供的各种在线支付返现服务极大地提高了消费者使用电子钱包的热情。

4. 马来西亚市场

马来西亚是一个多民族国家，且年轻人众多，互联网渗透率较高。据 NoxInfluencer（聚星）统计，到 2025 年年底，马来西亚电子商务市场规模将达 190 亿美元。消费品类主要有电子产品、服装、美妆、家居、母婴等。社交媒体营销是马来西亚电子商务市场的核心。聚星报告显示，23% 的网购消费者会受到社交媒体平台推荐的影响，84% 的消费者在下单购买前，会通过至少一个社交媒体平台查看产品评论。不仅如此，70% 的马来西亚消费者表示，他们在社交媒体平台看到一款产品后，如果有兴趣会直接下单，无论是广告还是朋友推荐。另外，“网红”营销也越来越兴盛。众多广告主开始接触并使用“网红”营销，利用“网红”的影响力宣传品牌和产品。

5. 新加坡市场

新加坡华人占总人口比例非常高，人口密度居世界第二，人均 GDP 居世界第三。作为东南亚地区唯一的发达国家，新加坡消费者在社交媒体方面非常活跃。据聚星统计，新加坡社交媒体用户约 530 万个，渗透率为 89%。新加坡网民平均每天花 7 小时上网，每天浏览社交媒体超过 2.5 小时，人均拥有 8.8 个社交平台账户。新加坡消费者最喜欢的社交媒体平台为 YouTube、Facebook、Instagram、LinkedIn，TikTok 等。

电子商务是新加坡最有活力的行业。2021 年，新加坡电子商务市场规模为 59 亿美元，预计到 2025 年年底将达到 107 亿美元。据聚星统计，新加坡通过网络购买商品和服务的用户高达 73%，网上购物习惯已经建立。新加坡移动设备非常普遍，30% 的网购者表示，他们一周至少用移动设备网购一次。

新加坡主要购买人群为 18 ～ 29 岁的消费者，占 46%；其次是 35 ～ 44 岁的消费者，占 22%。其中服饰鞋帽、娱乐、美容个护、电子设备等类别十分受欢迎。值得一提的是，新加坡消费者消费水平高，热衷于购买国外的商品，品牌意识强，跨境电子商务占比高达 55%。

6. 菲律宾市场

菲律宾的互联网用户，在东南亚地区排名第二。菲律宾的人口组成年轻化，年轻人对移动互联网的使用率偏高，国民的英语普及率非常高。由于菲律宾贫富差距较大，所以人均 GDP 并不算高。菲律宾的网上购物人数仅次于印度尼西亚和越南。

菲律宾虽然不像马来西亚的电子商务市场那么成熟，也不像印度尼西亚的电子商务市场那么繁荣，但菲律宾超过 1 亿的人口让这个国家的电子商务市场非常有吸引力。菲律宾的零售电子商务市场快速增长，最受欢迎的平台包括 Lazada、Shopee、Zalora、eBay 和 Kimstore，热销品类主要有手机配件、女装、配饰、母婴产品、家居用品等。

（五）其他新兴市场

据 eMarketer《2022 年全球电子商务预测报告》显示，2022 年全球电子商务销售额首次突破 5 万亿美元，占整体零售总额的 1/5，预计 2025 年年底将突破 7 万亿美元，电子商务市场继续保持增长态势。在电子商务市场发展最快的前 10 个国家中，巴西排在第四位，在它前面的只有菲律宾、印度和印度尼西亚。下面以巴西为例进行分析。

巴西是金砖国家之一，拥有丰富的自然资源和完整的工业基础，GDP 位居南美洲第一，为世界第七大经济体。足球是巴西的主流运动，因此巴西享有“足球王国”的美誉。

1. 巴西市场潜力大

巴西作为南美洲的第一大经济体，毫无疑问是南美洲地区跨境电子商务的领跑者。巴西互联网渗透率较高，大量涌入线上的消费者促使巴西电子商务迅速发展。巴西作为南美洲地区唯一位列全球前十零售电子商务市场的国家，发展潜力不容小觑。

2. 社交媒体繁荣兴盛

半数以上的巴西消费者在过去 4 ～ 6 个季度进行过社交电子商务购物，互联网和智能手机普及率的提高正在推动巴西社交电子商务市场持续增长。此外，向数字渠道的转变也进一步提高了巴西社交电子商务渗透率。2022 年年底，巴西实现近 40% 的社会电子商务渗透率，在所有拉丁美洲国家中是最高的。

3. 亚洲电子商务平台备受青睐

大多数巴西消费者都喜欢在亚洲的跨境电子商务平台购物，这些平台包括 Shopee、Shein（希音）及全球速卖通等。

4. 巴西消费者情况及礼仪

巴西消费者很注重售后服务，同时关注产品的耐用性。同样情况下，如果你的产品耐用性比同行的好，就会受到他们的欢迎。巴西消费者比较喜欢有色彩冲击力、色彩搭配好及多 SKU 展示的产品，卖家的主图设计可以主动迎合巴西消费者的喜好。巴西消费者还喜欢在 Facebook 等社交媒体平台分享商品。

巴西当地有一些特殊的忌讳是不容触犯的，在选择产品和提供服务的过程中一定要注意。在巴西，黄色代表绝望，紫色被认为是不吉利的颜色。巴西人认为人的离世好比黄叶落下，所以忌讳棕黄色，还认为深咖啡色会招来不幸。与巴西人打交道时，不宜向其赠送手帕或刀子。英美人使用的表示“OK”的手势，在巴西人看来是非常不礼貌的。

5. 巴西电子商务市场“痛点”

（1）清关难，关税高

巴西海关清关要求严格，流程烦琐。资料不全、没有税号、缺少证书，或者超过个人购买数量都可能成为清关失败的原因。此外，巴西本土工业基础薄弱，尤其关乎日常消费的生产近乎萎缩，意味着电子商务平台无法从本土直接获得商品，必须进行跨境贸易。为保护本国的工业生产，巴西对国外进口的货物采取了征税贸易保护政策。因此，寄往巴西的包裹，不论价值和重量是多少，当地海关都要征收关税，并将原来 100 美元的跨境电子商务产品的门槛降至 50 美元。通过巴西邮政清关进口的货物，价值在 50 ～ 3 000 美元的货物，必须缴纳固定统一的进口税 CIF（成本加保险费加运费）价格的 60%。

（2）物流慢，丢件率高，退货率高，导致成本上升

巴西除了清关“痛点”令人诟病，尾程配送也难以令人满意。巴西物流基础设施不完善，当地的物流派送比较慢，降低了末端派送效率。巴西物流的丢件率非常高，运货中货物被偷窃的概率为 3.6%，是全球第七高，仅次于深陷战乱的叙利亚、利比亚和南苏丹等地。物流丢件，货物被偷，导致了极高的退货率。巴西市场尽管订单多，但超过 20% 的退货率无疑使跨境电子商务增加了额外的成本。

综上所述，虽然巴西的电子商务平台入驻极其困难，但由于巴西具有强大的发展潜力、广阔的市场和巨大的利润空间，跨境电子商务的发展已经不可阻挡。

国际视野

中国假发“掘金”非洲跨境电子商务市场

在我国，假发的需求量没有那么大，但是在非洲，假发被称为“黑色黄金”。非洲人的头发以微小螺旋的方式生长，很难打理。非洲女孩打理头发常常需要耗费一整天的时间，费时费力。因此，非洲的假发店遍布大街小巷，一顶优质的假发在非洲价值很高。在非洲人的圈子里，假发甚至已经成了一种地位和财力的象征。

非洲女孩逛街，假发常常是必买的产品。据说，一个时髦的非洲女孩，一周要换三四顶假发，金色卷发、黑色直发、灰色长发……假发是爱美女孩们必备的收藏品。

近年来，真人假发与国产手机、游戏电脑并列为国货“出海”的三大“顶流”。根据“全球速卖通中国产业海外热销榜 TOP10”，许昌假发在一众智能家电及服饰产品中脱颖而出，位居榜单的第三名，全球每卖出 10 顶假发，就有 6 顶来自许昌。阿里巴巴旗下跨境电子商务全球速卖通的负责人表示，许昌假发是全球速卖通平台上的明星产品，平均每 2 秒就有一顶许昌假发被买走。

许昌市有发制品生产企业 280 多家，相关从业人员达 30 万人，拥有上千个产品种类，逐步形成了建安区、国家许昌经济技术开发区、魏都区和禹州市四个发制品产业集群。通过跨境电子商务，许昌市已成为世界上最大的发制品集散地和出口基地。

任务二 认识跨境电子商务客服沟通常用工具

我国跨境电子商务发展迅猛，主要的跨境电子商务平台（网站）有亚马逊、全球速卖通、Wish、eBay、天猫国际、洋码头、考拉海购、蜜芽等。不同的平台有不同的沟通工具，本任务将介绍几种常用的沟通工具。跨境购物时，国外客户一般不喜欢过多寒暄和交流。由于习俗和时差，与外国客户的沟通主要通过电子邮箱、站内信和订单留言等进行。部分平台还开发了自己的即时通信工具实时交流。

一、境外常用电子邮箱工具

（一）Gmail 邮箱

Gmail 邮箱是谷歌（Google）提供的电子邮箱服务，是一款直观、高效、实用、流行、好用的电子邮件应用服务。它免费为用户提供 15 GB 存储空间，接收的垃圾邮件更少，支持移动端、PC 端、智能设备端的访问。Gmail 邮箱在国外比较常用，在国内，由于谷歌于 2010 年 3 月 23 日退出国内搜索市场业务，导致 Gmail 邮箱不太常用。但是一些有跨国子公司、跨境业务的公司，与国外客户交流时，是需要使用 Gmail 邮箱的。

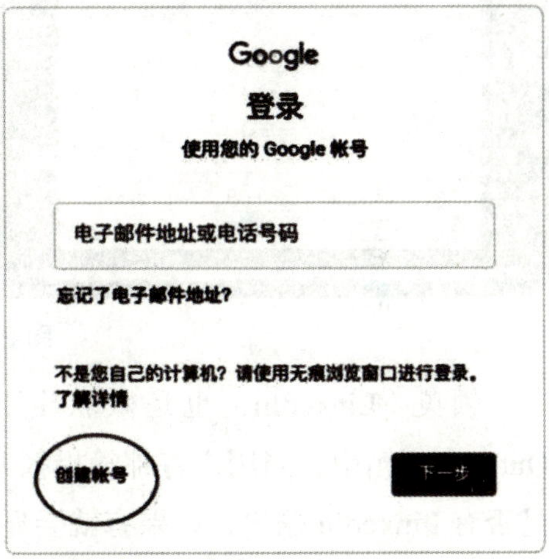

图 2-1 注册谷歌账号

谷歌旗下有很多实用工具，除了外贸常用的 Gmail 邮箱，还有谷歌搜索引擎优化（SEO）经常用到的谷歌站长、谷歌分析、谷歌关键词规划师等工具。所以，申请注册一个谷歌账号对外贸人或谷歌 SEO 从业者来说是很有必要的，注册谷歌账号如图 2-1 所示。

国际视野

Gmail 邮箱使用情况统计

Gmail 是世界上最受欢迎的电子邮件服务提供商之一，拥有超过 18 亿个用户。2020—2021 年，Gmail 拥有电子邮件服务 43% 的市场份额。Gmail 邮箱用户的平均年龄为 31 岁。Gmail 邮箱在年青一代中非常受欢迎，61% 的美国人在 18 ～ 29 岁使用该服务。Gmail 邮箱也很受企业欢迎，美国大约 60% 的中型企业将 Gmail 作为电子邮件服务提供商。Gmail 是美国初创公司首选的电子邮件服务提供商，超过 90% 的初创公司都在使用 Gmail 邮箱。

每个 Gmail 账户平均包含超过 17 000 封邮件。Gmail 的机器学习每天拦截大约 1 000 万封垃圾邮件，最终进入 Gmail 收件箱的所有电子邮件中只有大约 0.1% 是垃圾邮件。在美国，人均拥有的 Gmail 账户数量约为 1.7 个。

（二）Outlook 邮箱

微软公司提供的邮箱产品有两个，即 Outlook 和 Hotmail。Outlook 是跨平台化产品，无论是 Windows 还是 Mac，无论是 PC 端还是移动端（手机或平板电脑），都支持下载和安装。微软的办公软件有个特点，就是登录账号和密码一次，所有软件都自动登录，这与数字化设计巨头公司 Adobe 很像，免除了用户频繁登录的烦恼。Outlook 邮箱网页版除了收、发邮件功能，还内置邮件查看翻译、日历、To Do，便签等好用的功能，还有 OneNote 和 Skype 的快速连接按钮，如图 2-2 所示。

图 2-2　Outlook 邮箱下载

领英（LinkedIn）也是微软旗下的公司，如图 2-3 所示。微软将 LinkedIn 集成在 Outlook 邮箱中，当用户将邮箱授权并绑定当前 LinkedIn 账户时，系统会自动识别联系人是否有 LinkedIn 账户，如果有就会显示。这对外贸公司来说非常实用，通过 Outlook 邮箱就能连接客户。

图 2-3　LinkedIn 账户登录

二、跨境电子商务平台沟通工具

（一）阿里系平台沟通工具

阿里系平台常用的沟通工具是阿里旺旺国际版（TradeManager）。它是一款在线即时通信软件，拥有在线沟通、联系人管理、消息管理、登录记录查询等基本功能。另外，还有旺铺、网站快捷入口、定位沟通对象及文件图片互通等强大功能。阿里系平台具有如下特色。

扫一扫

跨境电子商务平台沟通工具

1. 旺铺

所有阿里国际站卖家可在即时聊天的过程中随时查找并发送旺铺产品，无须切换到网站。

2. 网站快捷入口

阿里国际站的各种网站常用功能入口一览无余，可免登录打开。

3. 定位沟通对象

点击阿里国际站上任意产品旁边的立即聊天（chat now），都会记录为沟通对象，该沟通对象在阿里旺旺对话框右侧展示，帮助快速了解用户需求。

4. 文件图片互通

阿里旺旺 PC 客户端与网页版可进行图片和文件传输，不同版本间无限沟通。

（二）虾皮平台沟通工具

虾皮平台使用的沟通工具是知虾多店聊聊。知虾多店聊聊主要致力于解决虾皮商家客服对接麻烦的难题，全面支持多端同时登录，老板、客服可以同时在线，无须“翻墙”和破解包，只要安装就可以聊天；支持多语言翻译，消息提示音可以让回复更及时；支持多店铺咨询同时在线，无须切换账号。它具有如下特色。

1. 多个店铺统一管理

虾皮用户使用知虾多店聊聊，可以实现不同站点店铺的统一管理，多店铺同时在线。此外，可以同步每个客户沟通的订单。还有店铺的专属优惠券发送功能，可以对意向客户发送优惠券以促进交易。及时的沟通和贴心的服务能够快速促成订单转化。

2. AI 智能语言翻译

知虾多店聊聊一键转换多种语言，能够帮助翻译平时交流中遇到的电子商务专业名词，帮助用户解决语言不通的难题。

3. 无须虚拟专用网络（virtual private network，VPN），随时随地回复虾皮信息

使用知虾多店聊聊登录虾皮店铺，无论什么站点的店铺都不需要 VPN，真正实现了随时随地管理多店铺。收发信息及时提醒，不用担心错过信息而导致回复率下降，避免店铺扣分。

4. 其他功能

大批数据选品分析功能，分析热销商品，随时跟卖“爆款”。自有 IP 接入，实现多店铺 IP 智能隔离，预防多店铺关联封店。

（三）其他平台沟通工具

亚马逊和 eBay 并没有独立开发沟通工具。用户在这两个平台上的联系沟通主要通过站内信和电子邮件进行。

1. 亚马逊沟通相关知识

亚马逊（美国）推出了让品牌卖家与消费者沟通的新工具，即与留下 1 星、2 星或 3 星产品评论的消费者联系。此工具可在消费者不满意或失望的情况下，让卖家选择如何与消费者互动，并提供解决问题的方式，如申请全额退款或要求提供有关订单的其他信息。

品牌卖家可以通过前往卖家中心页面并单击“品牌选项卡”的客户评论来使用此工具，还可以按星级或品牌进行筛选，查看自己店铺的任何产品下的所有评论。

亚马逊提示，卖家不得询问消费者的个人信息，包括电子邮件或电话号码，并且提醒消费者不应该因为这次沟通或卖家提供的任何潜在解决方案而去更改评论。

2. eBay 沟通相关知识

（1）eBay 主要通过电子邮件联系消费者

可以在“浏览订单详情”（view order details）页面中消费者的“消费者 Alias 邮件地址”（buyer alias email address）中找到 @members.ebay.com 后缀的邮箱，联系消费者。也可以向物流公司提供该电子邮件地址别名，安全地与消费者共享派送更新信息。卖家使用 eBay 电子邮件地址别名发送的消息通过安全服务器转发到消费者注册的电子邮箱及 eBay Messages，最大可以添加 10 MB 的文件。

通过电话、电子邮件及在线客服反馈，退货等售后问题一般都是可以处理的。

（2）eBay 用户联系客服的方式

eBay 电话客服：（866）540-3229 或（800）322-9266。eBay 在线客服：先进入 eBay 的联系中心页面，找到在线客服，然后将自己遇到的问题描述清楚，反馈给平台客服。电话客服的上班时间：周一至周五上午 9：00 到下午 18：00（GMT+8）。在线客服的上班时间：任意时间都可以发信息，但一般要 1 ～ 2 个工作日才会得到回复。

知识加油站

微信与 WeChat 的拆分对海外用户的影响

虽然微信与 WeChat 的拆分导致了数据迁移，但就算海外用户从微信换到了

WeChat，日常发信息、发语音、刷朋友圈、看公众号都完全没有问题，微信里的好友和内容都还在。

WeChat 多了一个用 Facebook 登录的功能，不过减少了微信游戏中心和钱包等综合服务。WeChat 禁用功能如图 2-4 所示。

⊘ 微信钱包功能：
–用北美电话注册的WeChat将无法使用钱包功能；
–中国手机号换绑成北美手机号，钱包功能可以继续使用。
⊘ 网页版微信
⊘ 微信游戏中心
⊘ 摇一摇
⊘ 视频号（某些地区）
⊘ 游戏（某些地区）
⊘ 健康码和其他需要人脸识别信息的小程序
⊘ 儿童手表
⊘ 直播
⊘ 青少年模式
⊘ 微信豆

图 2–4　WeChat 禁用功能

绑定海外手机的 WeChat 用户也有不少“全新体验”，如完全无广告的朋友圈，恢复的 CallKit（iPhone）和新推出的 WeChat Out。

1. CallKit

CallKit 是苹果公司从 iOS 10 开始提供的一项功能，允许用户使用的第三方应用接受语音呼叫时可以直接调动来电画面。当用户接收到应用内的语音呼叫时，可以像 iOS 原生来电一样全屏显示，并且可以保留通话记录，和系统来电有同样的最高优先级。有了 CallKit，即使在锁屏、应用后台关闭等情况下，用户无须打开应用，就能像接听普通电话一样接听语音呼叫。

2. WeChat Out

WeChat Out 是腾讯推出的一个网络电话功能，类似于 Skype，可以向全球多个地区拨打电话。从目前的资费表来看，WeChat Out 的资费较为低廉，从中国大陆向美国拨打电话，资费为每分钟 0.05 元人民币。此外，还可以选择包月的时长套餐，只需 6 元人民币就能给国内拨打 150 分钟长途电话。

（三）WhatsApp

WhatsApp 全称为 WhatsApp Messenger，是 Facebook 旗下的一款聊天软件。WhatsApp 是全球范围内在线率最高、回复率最高的聊天软件之一，是联系客户、开发客户的好工具。使用 WhatsApp 的人数比较多，其中大部分用户都是中东和南美地区的，也有部分中国人。

WhatsApp 的初衷是完全取代手机的短信和电话。它提供了一种可以有效触达客户的手段，这就是 WhatsApp 营销。对比传统的短信、电话、邮件等，WhatsApp 具有独特的优势和特点。

第一，WhatsApp 直接用手机号码、验证码注册，除非切换设备，否则以后就直接和手机、手机号码绑定在一起；可以向陌生人发送信息及向陌生人拨打语音电话、视频电话；用户接收的消息，只要不删除，就永远留存在 WhatsApp 中，用户可以随时查阅。

第二，WhatsApp 支持发送文字、链接、图片、视频、音频、位置、联系人、文件等，传递信息更直观，也支持一对一直接视频、语音聊天。作为即时沟通工具，其功能是完整、齐备的。

第三，接收消息自动弹出提示，同时未读消息放置于消息列表的首页，并有明显的未读标识。可以显示对方最后上线时间。可以了解对方的阅读状态，消息是否发送、消息是否已经到达对方、对方是否已读都有标识。

第四，每天可发送多条状态，用户对状态进行评论，可直接跳转对话与状态发布者互动。

第五，根据用户的上一次登录时间、头像、状态，可以得到用户的更多信息。

第六，WhatsApp 用户活跃度高，消息到达率接近 100%，而用户查看率达到 80% 以上。

（四）Skype（网络电话）

Skype 是一款通信应用软件，可通过网络为计算机、平板电脑和移动设备提供与其他联网设备或传统电话 / 智能手机进行视频通话和语音通话的服务。使用者也可通过 Skype 收发即时通信信息，传输文件，收发多媒体信息，举行视频会议。Skype 支持 Windows、Mac 和 Linux，也支持 Android、Blackberry、iOS 和 Windows 10 Mobile 等系统。Skype 服务大部分免费，但当使用者需要拨打固定电话或手提电话时，需要购买 Skype 点数或订购套餐。相比其他软件，Skype 具有自身独特的优势。

1. 极强的穿透防火墙能力

Skype 可以与所有防火墙、网络和路由器一起使用，且无须进行任何配置。在其他同类产品不能正常连接时，Skype 通常比较稳定，如语音通话、文件传输等，所以无论在什么地方，都可以接到 Skype 号码来电。

2. 免费多方通话

使用 Skype 号码，可以从全球各地通过当地的 Skype 号码呼入，进行清晰的多方会议呼叫。不同于目前的网络会议，使用真实、有效的 Skype 号码举行多方会议，操作简单，所有通话都采用端对端加密，任何人都无法截取信息。

3. 快速传送超大文件

Skype 强大的文件传输功能采用了点对点（peer-to-peer，P2P）技术。文件在传输过程中进行了加密，所以安全性高。传输的文件大小无限制，支持断点续传（如果传输过程因网络原因或关机等中止，下次启动可在原来的基础上继续进行）。文件传输可跨平台进行，即可以在不同的操作系统 Windows、Mac 和 Linux 平台间进行。

4. 无延迟即时消息

和普通的即时通信软件一样，开通了 Skype 号码后也可以给好友发文本消息，速度更快。采用端对端加密，更保密、更安全。

国际视野

跨境电子商务智能客服：AI 技术赋能跨境电子商务客服智能化升级

AI 技术开发正由感知智能向认知智能发展，智能客服在跨境电子商务领域的应用成为当前认知智能领域的火热赛道。跨境电子商务智能客服可以极大地提高企业与用户的沟通效率，为企业带来更多收益。跨境电子商务卖家销售环节相似，客服、智能推荐等功能定制化需求低，可最大限度实现标准化。

当前，在跨境电子商务行业，智能客服取代人工客服、客服机器人、智能设备交互、企业智能化服务等细分领域仍有较大提升空间，头部卖家纷纷在不同电子商务平台、社交平台、独立站平台和多个营销场景下利用 AI 技术赋能其业务发展，助力“出海”。在 AI 技术的快速发展下，跨境电子商务智能客服渗透率将持续增加，这是时代发展所需。

项目小结

本项目首先介绍了我国跨境电子商务市场规模、交易结构和发展前景、主流的跨境电子商务目标市场，分析了各个市场的规模、发展潜力、消费者情况等信息，并以此作为读者的知识储备，便于在以后的学习和工作中进行实际比较和运用；又介绍了境外常用电子邮箱工具、跨境电子商务平台沟通工具、海外社交媒体工具在跨境客服沟通中的应用，使读者能够灵活地根据实际情况选择不同的沟通工具，辅助完成工作任务，提高工作效率。

巩固与训练

思考练习

1. 简述跨境电子商务市场发展前景。
2. 阿里系平台沟通工具有哪些特色？

拓展实训

1. 登陆 Facebook 实训平台。

登录海外社交实训平台 Facebook（v1.0.0）实训平台，了解以下内容。

（1）个人账号。首页、资料展示（个人资料 / 好友 / 照片）、发帖子、浏览帖子、设置简介内容。

（2）个人账号主页顶部通用功能。封面设置、编辑资料、设置头像、设置个性签名。

（3）公共主页首页。左侧边栏、封面设置、编辑按钮、资料展示、浏览帖子。

（4）公共主页店铺。查看已有商品、新增商品。

（5）公共主页简介。简介信息填写、简介信息展示。

2. 假设你在全球速卖通平台上经营一家服装网店，通过数据分析，你发现店铺的巴西客户和俄罗斯客户数量最多。你将如何分别针对这两国的客户进行店铺营销和客服沟通？（请说明你将选择什么样的店铺营销手段，在沟通过程中应注意哪些问题，并说明原因。在写案例分析报告时，注意使用合适的案例分析报告格式。）

3. 请任意选择一个跨境电子商务市场，调查该市场跨境贸易常用的沟通工具是什么，尝试注册并使用这些工具，然后分析它们之间的异同点，整理成表格。将以上内容制作成 PPT，与同学分享。

项目三

跨境电子商务客户分析与策略

项目导读

在跨境电子商务领域中，各大跨境电子商务平台拥有高质量、多维度的数据，记录了大量客户的网络行为。为了更好地满足消费者的需求，提高企业的竞争力，跨境电子商务企业需要对客户进行深入分析，并制定相应的营销策略。通过精准营销、个性化服务、高效物流等手段，企业可以提高竞争力，实现可持续发展。

学习目标

◎知识目标

1. 了解跨境电子商务客户画像的内涵。

2. 掌握跨境电子商务客户心理分析分类及应对策略。

3. 掌握跨境电子商务客户的开发与分类。

4. 掌握主流跨境电商平台的客服体系

◎技能目标

1. 能够运用客户个性分析方法进行客户识别。

2. 能够使用工具进行客户数字化管理。

4. 能够合理有效地在主流跨境电商平台进行客户服务活动。

◎素质目标

1. 通过对客户信息的数字化分析，达到精准服务的目的，培养读者数据思维能力。

2. 培养读者创新和学习精神，能够不断优化跨境电子商务客户信息管理体系，提高系统效率和客户满意度。

思政目标

1. 增强读者数据思维与精准服务意识，提高客户满意度。

2. 激发读者创新与学习精神，不断提升自身能力，以适应行业变化。

案例导入

扎堆儿的初创企业如何通过 B2B 平台开发新客户

中小企业的发展道路并不一帆风顺，需要企业主有强大的定力，才能在商业浪潮中稳稳地站住脚跟。B2B 平台是助力中小企业发展的一剂良药，要怎么使用才能发挥其最大的效果？

1. 找准自身需求，量力而行

做过 B2B 平台推广的公司一定知道这种平台所占据的权重通常会更高，从各种现实当中的例子中也的确能够得出这个结论。在 B2B 平台资源选择方面，要选择大型的、排名靠前的 B2B 平台，如黄页 88、云集 B2B 网、一百万采购批发网等，每个平台都有自己的侧重点，建议企业可以选择最适合自己的 B2B 平台。例如，机械设备类企业选择一些机械类 B2B 网站的效果会更好，如万国机械网；对于五金行业，可以选择行业中专业的电子商务平台，如通用五金网。关键要找准 B2B 平台并深度利用。

2. 做好品质优先的信息内容

在 B2B 平台发布的信息通常分为两类：第一类是常见的供求信息，这类信息可以是纯粹的广告文，也就是产品的介绍，现在分为两种，一种是长尾词，另一种是直接体现在标题上或直接发布“长尾词＋品牌”“长尾词＋型号”等；第二类是企业资讯，可以是新闻或产品资讯，目前百度等搜索引擎对优质原创内容较为“友好”。所发资讯不能是单纯的广告文，具有经验性或故事性文字更受用户的青睐。

3. 持续更新内容

更新内容是指每周定期重发、更新已发布内容，使之处于最新发布状态；根据 B2B 网站站内最新规则调整内容，避免被封号或者因触犯规则而下线。

企业利用 B2B 网站做好推广是需要懂一些方法的，利用 B2B 建立多个顶级商铺，能良好地部署核心和长尾关键词，布局大量企业信息，“霸屏”企业品牌和行业相关的关键词。在 B2B 的企业店铺增加官网外部链接，提升官方网站权重，总的来说就是提升企业在行业内的曝光率。

B2B 平台目前是国内企业都会光临的地方，有所应就有所求。企业一定要有一个核心的 B2B 推广平台，能够发挥展示和销售企业产品的作用，B2B 平台对于资金不够充足的中小企业无疑是个不错的选择，加上一些其他的推广渠道，企业能够获取自己的心仪客户群体。

任务一　跨境电子商务客户画像

一、海外社交媒体工具

（一）Facebook

Facebook 作为全球最大的社交媒体平台之一，热度居高不下。截至 2025 年第一季度，其月活跃用户数超 30 亿，日活跃用户数达 21.1 亿。用户年龄主要集中在 25～34 岁，这部分核心消费群体占比 44%。其中，25～34 岁年龄段男性占比 18.4%，女性占比 12.6%。从消费能力看，虽缺乏全球统一数据，但以美国为例，超 68% 收入超 10 万美元的人群使用 Facebook，为其数字营销筑牢基础。在 Facebook 上，卖家既能查看客户动态，洞察消费偏好，也能通过即时通讯与客户直接对话，还可创建群组开展营销活动，提升客户粘性。

（1）个人用户

Facebook 的使命在于赋予用户在线建立社区的能力，让世界各个角落的用户更紧密地团结在一起。在 Facebook 上，用户可以创建个人主页以承载其需要分享的照片及内容。他们可以添加家庭成员、朋友和其他联系人。当用户登录 Facebook 时，用户会先来到自己的个人主页，展示内容包括最新状态、照片、视频及关注的人的信息等。用户还可以通过 Facebook 分享和表达意见，找到与他们志同道合的人。

（2）企业用户

企业可以创建 Facebook 主页，作为 24 小时产品展厅，添加企业的基本信息，方便与客户联系。企业通过内容分享和产品更新，帮助客户便捷地了解产品。企业可以在线突出产品，并通过 Facebook 自带的支付流程完成在线购买闭环。企业可以使用 Facebook ads Manager 创建和管理广告。Facebook 的销售渠道包括 Facebook 的商业页面（business page）、Facebook 广告、Facebook 群组、Facebook Marketplace 联合营销。

（二）WeChat

现在，很多国外用户也在使用腾讯的软件。不少人认为 WeChat 就是国际版的微信，但实际上微信和 WeChat 现在已经正式分割成两家公司了。分割是因为 2020 年 9 月 15 日美国颁布的一条行政令：45 天内，任何美国境内的个人和实体，都禁止和微信、腾讯及腾讯旗下的任何子公司发生任何交易。虽然“微信禁令”最终被叫停，但为了避免再次被“封杀”，微信决定彻底将国际用户迁移至独立的 WeChat，以符合各国的互联网数据规定。虽然 WeChat 和微信都是腾讯公司开发的，二者界面 UI 一致，大部分功能互通，但是运营主体不一样。微信的签约实体是深圳腾讯公司，而 WeChat 在不同地区的运营方不同。WeChat 官网首页如图 3-1 所示。

图 3-1　WeChat 官网首页

二、跨境电子商务客户画像认知

消费者固有的特性是分散的、碎片化的，他们会根据自己的兴趣爱好和需求选择不同的平台和购物渠道。例如，喜欢运动、美妆的人，很有可能出现在 Instagram、YouTube、Pinterest 及 Facebook 等社交媒体平台上。客户画像在互联网领域经常使用，在 B2C 领域被称为“Persona”，在 B2B 领域则被称为“customer profiling”。

（一）客户画像的内涵

客户画像又称用户角色形象，是指根据客户的代表性购买属性、行为与期待，进行数据化联结，并用简洁语言概括性表达的客户形象定位。清晰的客户画像是精准服务与营销的前提。客户画像的本质是通过大数据算法，标签化客户的信息与行为特征，通过数字化客户行为，做出信息化呈现。它的价值在于描述我们的客户到底是谁，并且同步认知。

建构客户画像有利于更精准地定位客户，精细化服务与营销，使商家的行为具有更明确的目标。以服装产品为例，建构有效的客户画像能更精准地分析客户的商品品类，如男装、女装、休闲、运动、轻奢等。

（二）客户数据的来源

客户数据的来源是多种多样的，主要包括如下几种。

（1）曾发生过交易的历史采购数据，这是普通客户关系管理（customer relationship management，CRM）数据。

（2）地推（面对面推广）或营销获取的客户反馈数据（可以通过参加展会或国外市场开发获取）。

（3）社交媒体数据。

（4）电子商务平台数据。

（5）营销管理收集的客户行为数据。

（6）“蜘蛛”收集的互联网开放数据。数据收集后需进行整合，建立标签，这样更能深度了解客户。

知识加油站

跨境电子商务寻找客户的十大方法

（1）客户推荐

很多客户在交流的过程中会引荐一些潜在客户，企业利用这些机会，就可以找到更多客户。当然，这需要一定的客户基础。老客户介绍的新客户相对容易成交。

（2）外贸展会

尤其比较大型的展会，是企业非常好的找到客户的途径，在展会上找到的客户相对比较可靠，且信任度高。

（3）搜索引擎

企业通过搜索引擎，如谷歌，可以找到有相关产品需求的客户网站和展示页，从中找到客户的联系方式，与之沟通，促进合作。

（4）海关数据

海关数据是一种可靠且有效的途径。用户可以通过国内或国外的海关数据库查到相关的企业信息，这些数据有的收费，有的免费。

（5）B2B 平台

B2B 外贸类网站平台，如环球资源、阿里巴巴等，平台多，资源丰富，可以成为充分发掘客户的有力武器。

（6）行业论坛

各个行业都有自己的论坛，企业可以到相关的行业网站和论坛寻找客户的信息。这样能比较精准地获取客户。

（7）外贸软件

专业的外贸软件可以根据产品关键字、行业关键字、目标客户产品关键字等，企业可以通过全球各大搜索引擎、国家区域引擎、行业引擎、社交引擎搜索全球潜在商机。外贸软件的搜索可以为外贸企业提供源源不断的商机数据。

（8）线下拜访

线下拜访客户是最直接、最传统的方法，也是相对有效的方法。企业主动上门找客户，能直观地让客户看到产品、了解产品，人与人之间的当面交流沟通也更能加强信任感。

（9）自建站

自建站可以更好地推广、宣传企业和产品，扩大企业知名度，发掘更多商业机会。自建站不受平台规则约束，相对灵活、自由，有利于跨境电子商务的长期发展。

（10）国外 SNS 平台

国外著名 SNS 平台如 Instagram、Twitter（推特）、Linkedln、Facebook 等，流量广，曝光率高，有利于多地区同时推广，与客户的互动性也更高。

（三）客户信息收集工具

可以利用跨境电子商务客户信息收集、分析工具进行客户信息收集，具体内容如下。

1. 客户公司官网

客户公司官网包含了非常多的有价值的信息。

（1）在公司官网的“About us”栏目，可以了解到这家公司的过去；他们引以为豪的文化，如注重质量和服务、经营哲学；有的还显示他们是某地最大的某类公司。

（2）根据公司官网，也可以判断出客户公司的性质，如是批发商、零售商，还是网店。如有的网站上有公司办公环境、员工团队的照片。

（3）多数客户会把经营的产品放在公司官网上，通过产品，可以迅速判断客户的产品类别和目标定位是否与你相符。如果确定相符，则进一步深度调研。

（4）有的公司官网还有客户留言评论栏目，仔细寻找和自己产品相关的评论，能大致分析出目前客户的供应商可能存在什么潜在问题，目前客户还存在哪些改善需求，以及从产品的哪个角度着手更能打动客户。如果在后续的客户跟进沟通中，你能给出客户关切点的解决方案，能大大增加成交概率。

2. Whois 域名 / 网站年龄调查工具

Whois 可以分析客户网站域名的历史变迁情况，也能查询该域名注册人的电话、地址、电子邮箱、名下注册域名、注册年限等，从而判断客户公司成立时间等。

例如，通过 Whois 查询“ponbell.cn”这个网站，可以看到这个网站的联系人的名字。再通过 Whois 的联系人名字反过来查询其名下的注册域名，可以查看客户名下有多少域名，这些域名有没有上线网站，如已上线，各个网站又都有什么内容等。

3. Similarweb 国外域名 IP 查询网站

Similarweb 是一个提供网站排名和竞争性数据分析的网络平台，用户只需要输入相关信息，就可以评估网站的人气，分析域名的整体流量情况，从而判断对方的主要市场、流量来源、用了哪些关键词等，如图 3–2 所示。

4. Amfibi 网站查公司基本信息

可以登录 Amfibi 网站了解客户公司成立时间和规模，如图 3–3 所示。

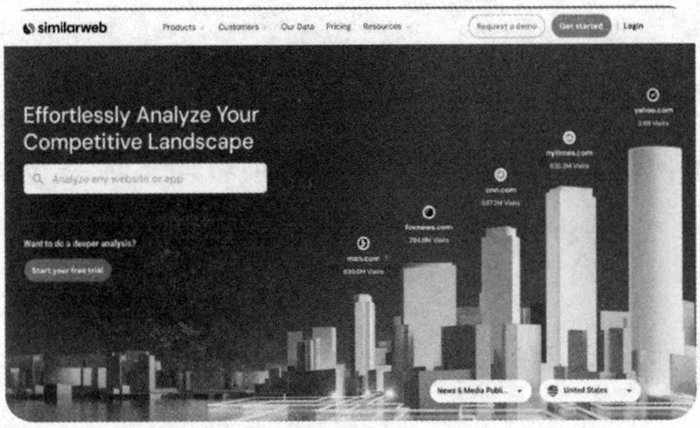

图 3–2　Similarweb 网站首页

图 3–3　Amfibi 网站首页

5. 邮箱反查工具

使用福步邮箱的懒人工具，输入邮箱，单击相应搜索引擎，可以获取客户在 B2B 平台、社交平台等曾经发布的询盘信息和相关公司资料。

国际视野

人工智能跨境电子商务客服平台对比分析

1. Seamless.AI

Seamless.AI 跨境电子商务客服平台是高新技术企业开发的动态平台，用户可以利用它获得潜在的流量，并与决策人员联系。该平台精准提取了如电子邮件、公司电话号码等信息，甚至可以提取 Linkedln 上的个人资料，准确率超过 80%。对于那些在全球范围内经营业务的公司和企业，与他们联系的客户不计其数，因此追踪每个联系人的情况是比较困难的。

价格：免费套餐适合小企业和个人。包含多种功能的订阅套餐起价为 125 美元。

优点：人工智能跨境电子商务平台，可以存储 8 亿多个联系人的联系方式；可以联系到全球广大客户；无须输入详细的信息来存储联系方式。

缺点：该平台只适合联系人分类。

2. Morphl

Morphl 对于那些想要分析客户偏好并喜欢对营销过程进行预测的企业是一个福音。该动态人工智能跨境电子商务客服平台可以追踪客户，预测客户流失情况，还可以与其他营销工具相结合。例如，它可以与谷歌分析工具和亚马逊网站服务（Web Services）相结合，以改善投资回报率。它的机器学习模块可以用于营销分析，还可以和独立站的跨境电子商务托管服务商兼容。

价格：数据存储较小的情况为 149 美元，还有 499 美元和 999 美元的高级套餐。

优点：实时对销售情况和客户进行分析，可以与全球云数据连接。

缺点：该平台每月在线用户数量偏少，普及性有待提升。

3. Qubit

Qubit 跨境电子商务客服平台可以深度了解客户，预测客户要做的选择和动作，还可以展示相关的服务和产品。Qubit 可以为不同的跨境电子商务企业提供帮助。该平台适用于跨境电子商务领域的产品分析、流行社交标签的使用，还能通过提升内容质量来改善企业的 CRM 水平。

价格：免费试用套餐中没有固定的费用。如果想使用越多的功能和资源，价格就越高。

优点：针对不同的店铺提供个性化解决方案；利用人工智能技术开发出交互式跨境电子商务平台。

缺点：使用比较复杂，在导航方面更是如此。

4. Zeta Global

Zeta Global 长期对客户的偏好进行研究，可以帮助用户搭建一个更具有吸引力的网站，从而产生更多流量，还可以将访问用户转化为长期客户。在所有人工智能跨境电子商务客服平台中，这个辅助平台是最有竞争力的平台之一。它可以与媒体渠道完美兼容，具备定制电子邮件、创建网站演示视频或链接其他视频和电视频道等功能，以满足客户的需求。

价格：供应商不针对用户推出用户自用的应用程序，而单独跟客户合作。因此，不存在购买和试用之说，但客户可以自己申请观看演示。

优点：推出了多个全渠道营销资源；推出了开发邮件和广告的个性化项目。

缺点：这些应用程序大多是针对高级企业的。

（四）客户画像的作用

根据客户画像，可以对客户进一步细分。客户画像最大的意义在于识别客户，判断客户的价值，如果数据运营得好，这些财富是无尽的，见表 3-1。客户画像建立的过程是一个长期积累的过程。制定建构客户画像的标准，保证公司内部的各部门对于同一客户的描述标签有相同的理解。

表 3-1　企业增长率与识别客户的关系

指示属性	高增长率公司	低增长率公司
清楚哪些客户最有价值	38%	22%
来自最有价值的前十位客户的年收入	46%	32%
强化客户识别的表现指数（1～10）	7.0	5.7

（五）建构客户画像的步骤

1. 确定应用场景

客服工作所处的情景为应用场景，该应用场景决定收集数据和运营的方向，如售前场景、售后场景中，客户的需求是不同的。此外，客户画像的过程需要投入大量资源，为了高效利用这些资源，确定应用场景是十分重要的。

2. 确定标签精确度

标签是明确区别客户的标识。并不是所有的标签都像性别标签男或女一样那么简单，标签越精确，投入的资源就越多。找到资源和精确度的平衡点至关重要。

3. 资源数据共享

数据来源是广泛的，一般客户不会只在一个平台采购商品，其社交媒体平台一般也不止一个。同时，公司不同部门之间可能不会进行数据的交流，这种情况就会导致数据内部障碍。公司内需要进行数据对接，把各个工作种类、各个岗位收集到的数据资源整合在公司服务器或云端服务器中，所有公司员工都能调用或补充。资源整合可以建构更完善的客户画像。

4. 数据清洗

数据被收集后需要进行标准化处理。这是一个对数据进行重新审查和校验的过程，目的在于删除重复信息，纠正存在的错误，并提高数据一致性。

5. 定义标签

公司在成立初期就需要设置好客户标签库，同时明确定义标签，客服人员在工作中能明确使用标签对客户进行区别化识别。在资源数据共享时，定义标签对公司内其他岗位也有实际的参考意义。

6. 建立模型

客服人员筛选出潜在客户后，建立客户潜力模型及客户兴趣图谱。通过模型选择客户服务策略，就可以达到精准营销与服务的目的。

7. 反馈和完善

经过以上六个建构客户画像的步骤，对客户的数字化定义已经比较精确，但毕竟100%精确是做不到的，在后续使用过程中需要不断地反馈与补充，这是一个长期的理论与实践相结合的过程。

三、跨境电子商务客户心理分析

很多电子商务品牌都致力于有效识别消费者的需求，并以一种最合适的方式满足他们。因此，任何能够帮助人们识别消费者需求的方法都比较受欢迎。客户心理分析就是常用的一种方法，能够有效帮助公司识别目标受众的需求，理解客户的购物决策。在跨境电子商务活动中，根据客户心理，按照客户购买欲望，可以对客户进行以下分类。

（一）目标型客户

目标型客户一般很少多平台浏览，因为其目标非常明确，在浏览、询盘后，如果商品符合其心理预期，即可成交，交易过程比较果断。如图 3–4 所示，客户想再次购买一款特色苹果耳机，直接表明意图和询价。

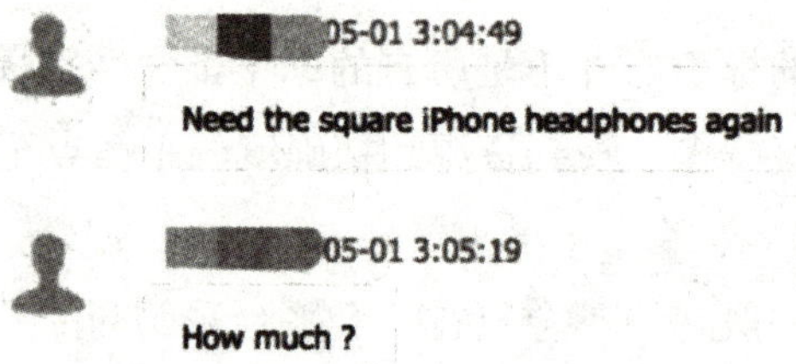

图 3–4　目标型客户对话案例

目标型客户的应对策略：在面对该类客户时需要准确了解客户业务需求，准确理解客户心理预期，做到精准推广，将其定为引流目标客户群体。

（二）“货比三家”型客户

“货比三家”型客户浏览、询盘比较细致，通常货比三家，对价格、质量、服务、款式、运费、交易方式等进行全方位考查后才能做出最终的购买决定。如图 3–5 所示，客户想采购一批苹果手机壳，经过对比后进行询价。

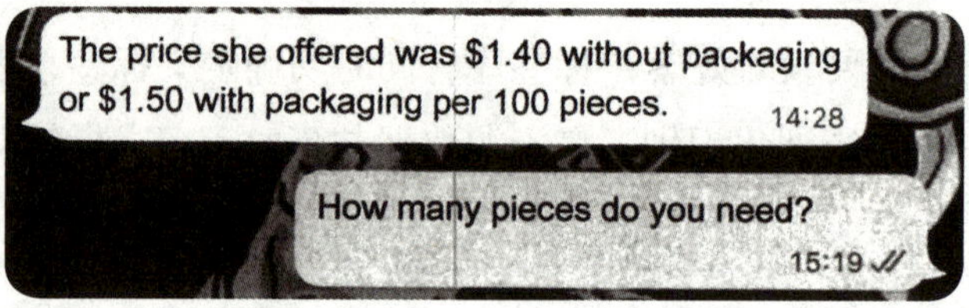

图 3–5　货比三家型客户对话案例

该类客户的应对策略：在力所能及的范围内为客户提供需要了解的信息与服务，紧抓客户核心关注点（核心关注点可能是价格，也可能是质量、服务、款式等因素，需要在实际中了解与把握），以产品与服务打动客户。

（三）浏览型客户

浏览型客户没有明确目标，时间相对充裕，通常在各种平台中浏览，同时寻找心仪的产品，是否下单取决于产品的吸引力及生活中的偶发性所需。例如，客户看到某店铺的一款产品后发来询盘：“欧洲市场 123 型数码相框或具有专利设计的数码相框产品目录”（“Model 123 digital photo frame in European Market，or product catalog of digital photo frames with patented designs.”）。这个询盘内容表明客户想了解某种型号产品的具体信息。

浏览型客户的应对策略：精细化运营，如优化产品标题、主图、套图、主图视频、客户评价等，刺激客户的购买欲望，增加额外销售。

国际视野

可持续发展是影响消费者购物的关键驱动因素

报告显示，过去6年，全球范围内“可持续发展”在线搜索量的增幅高达71%。过去1年，全球约44%的消费者表示，在购买产品前会明确品牌的属性，只会购买承诺走可持续发展路线的品牌的产品。许多品牌正在制订可持续发展计划，以迎合消费者这一需求。46%的品牌表示会生产可以让客户轻松回收的产品，35%的品牌表示会测量或跟踪排放。为了保证产品运输安全，商家在物流环节往往过度包装，给消费者留下缺乏环保意识的印象。因此，跨境电子商务卖家应该选择绿色派送服务，降低货物运输过程中的碳排放，彰显品牌可持续发展的调性，从而获得客户的青睐。

四、跨境电子商务客户个性分析

个性就是个体独有的并与其他个体相区别的整体特性，即具有一定倾向性的、稳定的、本质的心理特征的总和，是一个人共性中凸显的部分。通过销售心理学分析客户个性，有助于客服人员正确看待市场经济现象，掌握科学的销售心理策略，调节商品供求，不断满足消费者的心理需要，并促进企业产品销量增加和品牌价值提升。通常情况下，根据销售心理学，可以把跨境电子商务客户分为以下类型。

（一）暴躁型

暴躁型客户的特点是对服务或产品一旦有一丝不满，就会立即表现出较大的情绪反应，忍耐性极差；喜欢通过侮辱和教训别人来抬高自己，唯我独尊。与这种客户打交道时要特别谨慎，否则随时都会闻到火药味。所有事情都要求极致快速，“fast”“quickly”等常出现在字里行间。例如，某客户紧急需要一批产品，说话直接且不容置疑，客服人员的回应也应体现紧急与周密。

暴躁型客户的应对策略：及时回复客户咨询是建立好印象的敲门砖，同时明确自己的立场，在沟通中要把前提条件都交代清楚，不给自己留下纰漏，事无巨细地在合同中再三明确合作条款。

（二）傲慢型

傲慢型客户的特点是对任何事情都会表现出“我知道”，不管产品有多好，都会觉得产品很普通；同时缺乏谦卑，自我感觉良好，用高傲的姿态对待人和事。

傲慢型客户的应对策略：多赞美客户；不能直接批评、挖苦客户；采用推荐式销售替代引导式销售，让客户觉得自身在卖家之上，满足客户的心理需求。

（三）老练型

老练型客户的特点是对市场行情、发展、产品分布都了解透彻，并且形成自己的采购理论，对市场及销售都有一套圆滑的应对策略。该类客户一般在购买计划中已经有明确的消费意向，不在购买计划中的产品较难打动他们。

老练型客户的应对策略：首先，过硬的产品质量、贴心的服务是打动客户的关键；其次，诚信经营、务实做人会在客户心目中加分不少；最后，要用真诚打动客户。

（四）谨慎型

谨慎型客户的特点是对客服人员的什么话都用心听、用心想，稍微有一点不明白，他们都会询问，生怕稍有疏忽而上当受骗。他们的心思也比较细腻，疑心较大，反应速度比较慢。如客户想采购某款产品，交流中把基本细节都明确发来，担心搞错货物，心思细腻。

谨慎型客户的应对策略：跟着客户的思维节奏走，尽量将自己要表达的东西讲清楚、讲透，多掺杂分析性的话语，在讲解产品时最好能配合辅助工具或图表证据，多引用例子说明，能做到旁征博引最好，这样可以增加客户的信心。要多强调产品的附加值及可靠性，这样就可以与客户建立信任。

（五）节约俭朴型

节约俭朴型客户的特点是对价格比较敏感，经常货比三家，还喜欢讨价还价。客服人员需要了解背后的原因，是个人习惯问题还是公司经济状况问题，找到原因才能更好地对症施策。如图 3-6 所示，客户想采购手机壳，与客服人员议价。

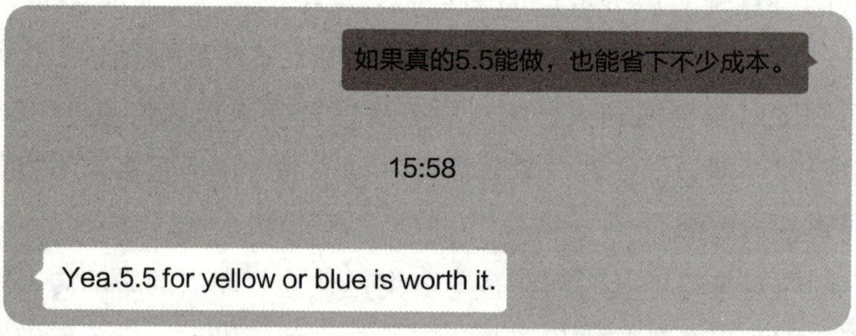

图 3-6　节约俭朴型客户对话案例

节约俭朴型客户的应对策略：适时为客户提供折扣，经常站在客户的角度为客户考虑，这样有利于加强客户与卖家之间的信任；同时向其推荐性价比高的产品，替代高价格的产品，这样或许更能受到客户青睐。

（六）争辩型

争辩型客户的特点是喜欢与人唱反调，以显示其能力。他们喜欢搬出理论，讲大道理，有时明知自己是错误的，也要和人争辩，直到实在辩不过去，嘴上还是不服输。

争辩型客户的应对策略：多认可客户，态度一定要诚恳，让客户觉得客服人员乐于听他的辩解。当客服人员做到倾听、认可客户后，大多可以博取该类客户的好感。当客户觉得在客服人员面前有优越感，又对产品有一些了解时，常常就会购买。与之交流时要少说多听，要说就切中要害，一针见血。

（七）虚荣型

虚荣型客户的特点是认为面子最重要，虚荣心较强。这类客户通常比较自大和自负，想法单一，心里放不下一点自己不喜欢的意见。

虚荣型客户的应对策略：多讲解产品的特点，并且明确指出该产品最适合高层次人物使用，多给他成就感和肯定。该类客户比较喜欢别人的奉承，顺着他的心理，多一份认同，他就会把客服人员当作知己。要多讲解选择产品后带来的感受和优越感，这样产品才有可能让该类客户接受。

五、客户背景调查与管理

（一）客户背景调查

在跨境电子商务客户开发工作中，对客户背景的调查分析不可或缺，其重要性体现在以下几个方面。

1. 确认客户真实性

调查客户所在行业、主营产品是否与本企业相关，对于不相干客户尽快排除，避免在无效客户身上花费大量时间。

2. 挖掘客户价值

调查客户个人或所在公司的购买能力、是否有决策权、是否有可持续性的采购需要等。

3. 判断潜在竞争对手

调查客户采购过的国家市场、过往采购历史等，分析客户供应商的优势与劣势，总结对比自身优劣势，并调整企业策略，以应对潜在竞争对手。

4. 成为客户的“知己”

站在客户的立场，了解客户关注点和需求点，以帮助客户解决困难为己任，有针对性地跟进客户，做到有的放矢。

通过对客户背景的调查分析，企业能有效地了解客户的企业文化、发展历程、经营模式、受众群体类型、真实的采购实力等。客户资料背景调查见表 3–2。

表 3–2　客户资料背景调查

客户资料背景调查								
基本信息	公司名称		国家 / 详细地址		客户来源		询盘时间	
	联系人		邮箱		其他联系方式		富通编号	
深度剖析								
公司实力	成立时间		经营模式		员工人数		官网链接	
	品牌名称		营业旺季		财务状况		主要销售市场	
产品	主营产品		询价产品		销售渠道		价格定位	高 中 低
联系人	联系人职位		性格特点		回邮速度		是否有采购决定权	
付款	付款方式	付款速度	快 延迟 为难 喜欠尾款 不定	资信状况		资信红绿灯风险评定		
发展潜力	年度采购额次数		年度采购金额		相关产品		严格程度	
客户定制	包装方式		合同中的特殊要求		检验要求		其他要求	
客户跟进	当前供应情况，我公司占据采购份额情况							
	谈判跟进中的难点、问题点（客户最关注的问题是什么？在客户现有产品中，你的产品是否有足够的竞争力，如价格、质量、交货期？客户的产品是自己品牌找人代工，还是卖别人的品牌？）							
	产品的使用情况，满意度（稳定性、优势、问题点、需求），联系人对我公司的态度，项目配合实施情况，优势、劣势							
	验货要求和售后服务要求							
	客户的建议、意见或我公司纠正、预防措施（模拟客户现有产品线或背景，你能否提供更好的创意解决方案？）							

（二）客户管理

1. 初期客户管理表格

在公司成立初期或业务发展初级阶段，可以借助 Excel 表格整理归纳客户资料等，见表 3–3。

表 3–3 客户管理信息

Country（国家）		Telephone（电话）	
Company Name（公司名称）		Mobile（手机）	
Contact Person（联系人）		Fax（传真）	
Email（邮件）		Website（网址）	
Address（地址）			

2. CRM 系统

发展到一定规模后，成熟的公司会有相对应的 CRM 系统，使公司能更好地对客户进行数据化管理及建构客户画像，如孚盟、小满 OIKI、聚水潭等。

（1）整合销售渠道

客户可以通过网站在线客服、电子邮件等方式与工作人员沟通，CRM 系统能够直观地展示所有沟通记录。不仅如此，CRM 系统通过内部的工作流，还能对每条记录自动跟进，监测业务各环节。同时，所有跟进记录都作为客户资料留存，便于售后人员及时了解每个业务、客户的情况，快速响应，也为客户管理提供依据。

（2）提供个性化服务

电子商务环境下，客户需求的个性化日益凸显。CRM 系统恰好以每位客户（个人或机构）为一个独特的区域，对客户行为的追踪或分析都以单一客户为单位，挖掘其行为方式与购买偏好。公司依托 CRM 数据分析，制订营销方案和销售策略。公司为客户提供个性化服务，最终目的是提升客户满意度；个性化服务能够让客户的使用和消费体验尽可能高于期望值，从而达到持续购买的目的。

（3）保证信息即时性

电子商务环境下，消费者快速地接收大量信息，所以消费者的偏好也不断改变。公司必须不断观察消费者行动的改变，并立即产生应对策略，才能掌握先机、赢得客户。

（4）建立客户数据库

CRM 系统是一个完整的收集、分析、开发和利用各种客户资源的销售工具。这种新型的系统应该与数据库营销相结合，客户与公司交往的各种信息都能在客户数据库中得到体现。

任务二 跨境电子商务客户的开发与分类

对于许多企业来说，开发跨境电子商务客户已经成为一个重要的战略方向。开发跨境电子商务客户需要深入了解目标市场和客户需求，制定有效的开发策略和客户关系管理方案，以提高客户满意度和忠诚度，实现企业的可持续发展。

一、跨境电子商务客户的开发

（一）跨境电子商务客户开发认知

1. 潜在客户必须具备的要素

潜在客户必须具备两个要素。

（1）对产品的需求

不是所有的人都需要商家的产品，需要的是一个具有一定特性的群体，如大型交换机的用户对象是集团、社团、企业等组织。

扫一扫

跨境电子商务客户的开发

（2）买得起

若潜在客户缺乏相应的支付能力，即便对产品有强烈需求，交易也难以达成。例如，向月薪 3000 元的职场新人推销售价 20 万元的高端奢侈品腕表，尽管其可能十分喜爱该产品，但受限于经济实力，基本不会产生实际购买行为。

2. 识别最佳客户的流程及方法

（1）识别最佳客户的流程。最佳客户是从推销人员或企业的角度来进行分析的，识别最佳客户的流程如下。

① 确定本企业的盈利产品和服务，包括那些以后将会盈利的产品和服务。

② 尽可能多地找出购买这些产品和服务的人。

③ 找出最有可能成为潜在客户的一类人。

④ 找出使企业不盈利或亏本的产品，特别是那些价格高、生产周期长且不符合市场需求的产品，这些产品往往是已超过其实际利用价值的老产品。

⑤ 找出会购买那些不盈利产品或服务的人并且停止对他们的营销活动或者将不盈利产品变为更加有利可图的产品。这样虽然企业可能会离开一个较为舒适的市场，却可以转向一个有利润的市场，在可接受的利润基础上创造并满足最佳客户。

（2）识别最佳客户的方法

识别最佳客户的一个最直接的方法是将最盈利产品的资料与购买这些产品的客户资料进行比较，若能分析出客户购买的原因并能找到具有类似特征且有足够数量的其他客户群体，那么这些新的客户群体就最有可能成为潜在客户；再经过企业的一番努力，他们就极有可能成为最佳客户。这是一个不间断的过程，目标市场随时都在变化，产品线和产品组合也将随之变化，因此业务也就一直在变化。

（二）跨境电子商务客户开发策略

1. 以营销为导向的跨境电子商务客户开发策略

开发跨境电子商务客户的过程中利用的营销策略要突出企业的吸引力，依靠企业自身的产品、价格、渠道和促销优势吸引客户。此外，还要调动跨境电子商务客户的主动性，由客户完成开发并使其主动或自愿地被开发。开发的过程既是客户享受企业服务的过程，也是企业产品或服务被消费的过程。因此，以营销为导向的开发策略是境外客户开发的理想途径。

（1）以有吸引力的产品或服务吸引跨境电子商务客户

产品或服务是企业以跨境电子商务客户为中心并满足其需求的载体，因此吸引客户需要企业提供能够吸引客户的、恰当的产品或服务，这些产品或服务要满足甚至超越客户的需求。产品或服务不仅涵盖功能效用、质量、规格、外观、品牌、包装、物流、结算等，还要适合跨境电子商务客户的消费习惯，符合其审美观，顺应消费文化等。

知识加油站

以有吸引力的产品或服务吸引跨境电子商务客户的方式

利用产品或服务本身的功能效用、性能质量、个性特色、附加服务、品牌效应和精美包装等是吸引跨境电子商务客户的常见方法。企业应根据客户的使用体验调整产品或服务的市场方向，以客户的需求为目标，以客户的体验为中心，准确地将产品或服务传递给目标客户。

1. 以功能效用吸引客户

功能效用是跨境电子商务客户对产品或服务产生需求的最基本的出发点。功能越强、越稳定，效用越大、越出众的产品对客户的吸引力也就越大，客户在做购买决策时倾向于选择此类有吸引力的产品。

2. 以质量吸引客户

以客户为中心就要求企业不断地提升客户体验，而满足客户体验的是产品或服务，衡量产品或服务满足客户体验能力的指标则是产品质量。

3. 以特色吸引客户

在工业化大生产时代，产品或服务的生产成本得到了控制，但大生产的结果是产品或服务的严重同质化。追求个性和颇具特色的产品在竞争激烈的全球市场上展现出了独特的竞争力，通过精准定位企业优势资源和市场细分而打造的特色产品在保证了企业原有经营优势的前提下，很好地对市场进行了细化分割，从而形成一种市场标准，最大程度地占领细分市场并获得收益，这也给企业吸引客户提供了渠道。

4. 以服务吸引客户

服务是企业在产品销售活动过程中为客户提供的各种附加劳务的总称。企业向客户销售产品时总要伴随着一定的劳务付出，这些劳务付出是围绕着为客户提供方便、满足客户的需要、使客户在购买产品前后感到满意而进行的，也是围绕着在客户当中建立企业信誉、吸引客户购买、增强企业的竞争力而进行的。

5. 以包装吸引客户

良好的包装具有美化商品的功能。企业可通过优美、精致的包装为商品增光添彩以吸引消费者，激起消费者的兴趣并使消费者产生购买动机，进而提高产品的销售量。

6. 以品牌吸引客户

品牌是指公司的名称、产品或服务的商标及其他可以区别于竞争对手的标志、广告等构成公司独特市场形象的无形资产。以品牌吸引客户就是把企业产品的特定形象通过某种手段深刻地印在消费者的心中，通过产品的质量、文化及独特的宣传来创造品牌在用户心中的价值，最终吸引客户。

（2）以有吸引力的价格吸引跨境电子商务客户

价格是市场走向的指挥棒，它受供求变动的影响，也影响着供求变动。对企业而言，价格反映着企业销售产品或服务所获得的经济收益；对客户而言，价格反映着为获得产品或服务的使用价值所承担的经济支出。因此，在跨境电子商务客户看来，价格反映着企业对其获取产品或服务的“经济态度”。适当的价格可以传达企业对跨境电子商务客户的关爱，反之，则可能给跨境电子商务客户带来唯利是图的企业形象。因此，企业要制定恰当的价格与收费标准以维系长期的客户关系。

客户在购买产品或服务时，对市场会有初步的了解，有些客户甚至会详细地了解市场行情从而形成价格预期。当市场价格低于客户预期时，客户在消费者剩余的刺激下会做出购买行为，当然，这要在商品质量与客户预期一致的前提下；如若客户不能准确地把握产品或服务的质量，那么制定低于客户预期的价格也未必能提高产品销量。相反地，当市场价格高于客户预期时，客户会根据预算减少或放弃购买。可见，价格与客户的预期产生较大偏差的时候无法促进企业产品的销售，企业应根据产品或服务在市场中的地位制定一个对客户有吸引力的价格。企业若想通过制定有吸引力的价格开发客户，可以尝试如下几种价格策略。

① 低价策略。低价策略是指为提高市场占有率或通过薄利多销获取长期最大利润等而制定较低价格的策略。

② 高价策略。高价策略就是在新产品上市初期或市场供给很少而需求强烈的时候将价格定得很高，以便在较短的时间内获得较高的利润。企业若在长期的经营过程中树立了产品的特殊形象，高价策略不仅不会减少企业收益反而会保障企业长期的经营和效益。

③ 差别定价策略。差别定价是指企业用两种或多种价格销售一个产品或一项服务，价格差异并不以成本差异为基础。

④ 心理定价策略。心理定价策略是指企业定价时利用客户心理，有意识地将产品价格定得高些或低些，通过吸引客户注意来提高销售量。

（3）以有吸引力的购买渠道吸引跨境电子商务客户

购买渠道是指客户将产品或服务买到自己手中的途径。对企业而言，购买渠道也叫作分销组合，主要包括分销渠道、储存设施、运输设施、存货控制等。它是企业为使其产品进入市场并最后送达客户所实施的各种行为，包括仓储和运输等。

销售产品或服务的渠道是否便利决定了客户获得产品或服务所支付的成本多少。它是影响客户购买决策的重要指标，会直接影响跨境电子商务客户的购买体验。一旦购买渠道不便，增加了客户购买的时间、资金成本等，则很可能会导致客户放弃购买。

针对跨境电子商务客户距离远、分布散的特点，跨境电子商务客户开发要依托遍布全球的互联网，业务覆盖全球的跨境电子商务平台、国内电子商务平台、社交媒体、搜索引擎、即时聊天工具等是企业开发跨境电子商务客户的有效渠道。

（4）以有吸引力的促销方案吸引跨境电子商务客户

促销方案是指企业利用各种有效的方法和手段，通过恰当的信息传播载体将企业及其产品或服务的信息传递给目标客户并与客户进行有效的沟通，使客户了解和注意企业的产品，激发消费者的购买欲望并促使客户实现最终购买行为的策略。

2. 以推销为导向的跨境电子商务客户开发策略

以推销为导向的跨境电子商务客户开发策略中最为常见的客户源产生方式有满意顾客的推荐、循环价值链、互联网、广告等。

（1）满意顾客的推荐

满意的顾客不仅能提供客户源，通常还会成为企业其他业务的潜在客户，这种情况称为深度销售。企业对现有客户的销售经常比对新客户的销售能获得更大的赢利，一个中型公司若使其保持的客户数量每年增长 5%，那么它的利润仅在 10 年内就将翻一番。

（2）循环价值链

循环价值链可以用于满意的顾客、合作伙伴或尚未买过产品的潜在客户。销售人员往往会通过访问过的每个客户发展出至少一个额外的客户。

（3）互联网

要利用互联网找到客户源，最重要的是企业要确保网址被列于主要和重要的搜索引擎中。由于搜索引擎会定期更换其标准，企业需要不断地对网站进行监控和升级，从而用相似的标准对所销售产品进行分类，便于客户源及时发现企业网站。另外，许多企业采用付费的方式使企业网站能在搜索列表中处于明显的位置，还有企业利用具有“潜在客户发掘者”性质的软件去发现目标客户源。

（4）广告、直邮、产品目录和宣传品

许多企业采用刊登广告、直邮、寄送产品目录或宣传品等方式来吸引客户和诱导客户的需求。客户可通过拨打免费电话或寄回读者回执来获取更多的产品信息。比较有创意的吸引客户的方式是向客户提供企业产品信息明信片，明信片的一面是企业产品或服务的信息，另一面是事先贴好的邮票和该企业的地址。如果某位潜在客户有兴趣了解更多的产品，则只需填好自己的姓名和地址，将明信片寄出即可，之后该潜在客户很快会收到一封有关企业广告产品信息的附信和一张附带的问询卡片。当问询卡片返回到企业销售代表手中时，他会根据卡片上的信息决定是否跟进该潜在客户。如果这位潜在客户寄来第二封问询卡，销售代表就会与这位潜在客户联系，跟进相关事宜。

（5）展销会、博览会和商品市场

据统计，利用交易展示会吸引的客户的数量要比其他形式多三倍以上。在某些情况下，许多制造厂家的生死存亡就取决于这种特殊的销售方式的举办效果。例如，我国进出口商品交易会因每年春秋两季在广州举办，又被称为广交会。

（6）研讨会

目前，许多企业用研讨会来吸引客户源并为潜在客户源提供信息。

（7）利用 CRM 系统进行数据挖掘

一些尖端企业已经开发了包含客户源、潜在客户和客户信息的交互式数据库，还有一些处于发展阶段的企业会利用包含人工智能和统计工具的数据挖掘系统从隐藏在数据库中的大量信息中搜寻有价值的信息。

二、跨境电子商务客户分类

跨境电子商务客户分为 B2B 和 B2C 两大平台客户，下面具体介绍两类平台客户的特点。

（一）跨境电子商务 B2B 平台客户

1. 按客户采购类型分类

（1）集团公司批发商

集团公司批发商为 B2B 最大型的客户，公司规模较大，分公司比较多，采购量巨大。面对该类客户时，需要衡量企业自身供应能力，如果签订合约后无法按时供货，会给企业自身造成负面影响。

（2）当地批发市场经营者

当地批发市场经营者规模较大，货源需求量也较大，在企业规模匹配的情况下，与该类客户合作非常理想，是稳定的订单来源。要努力将该类客户提升至优质客户行列。

（3）中小型批发商

中小型批发商数量众多，单个采购量不大，但是总量比较可观，并且有向大型批发商发展的可能。要重点培育好该类客户。

（4）移动摊贩

移动摊贩在一些发展中国家相对较多，采购量少，可以作为业务补充。

（5）线上零售商

线上零售是销售行业发展的必然趋势，其体量发展难以提前估量，采购量与经营状况直接相关，需要密切关注该类客户。

（6）品牌经销商

品牌经销商比较注重产品的质量、科技含量、特色功能等。

以上客户类型并不会一成不变，随着时间的推移，各种客户类型可能发生变化，小批发商可能成长为垄断一方的大批发商，集团也可能逐渐退出商业舞台。跨境电子商务客服人员需要用发展、变化的眼光看待各种客户，在为客户提供优质服务的同时关注客户的经营变化，及时调整服务策略。这是跨境电子商务客服的根本法则。

2. 按客户购买意愿分类

如果把跨境电子商务 B 端客户按 A 类、B 类、C 类等级分类，A 类客户可以定义为成交率大于 60% 的客户；B 类客户可以定义为近期有需求，但没有确定供应商的潜在客户；C 类客户可以定义为对产品感兴趣，但没有确定采购时间。

（1）A 类客户

对于 A 类客户，要时刻保持与客户的沟通，一般一周要与客户沟通两次以上。沟通时要询问客户还没下单的顾虑，必须本着为客户解决困难的原则与其沟通。适当时要提醒客户及时下单，避免商品脱销。

（2）B 类客户

对于 B 类客户，要保持一周或两周联系一次，要一直了解客户目前的想法，但不要跟得太紧，过于紧迫的跟踪会让客户觉得不耐烦。

（3）C 类客户

对于 C 类客户，这类客户一般还没有确定购买的产品，目前又没有相关的购买计划，因此一个月适当沟通一次即可。可以跟客户聊天，加深一下印象。他们一旦有需要，会第一时间想到我们。

（二）跨境电子商务 B2C 平台客户

按客户会员等级分类：在 B2C 平台店铺，客户一般分为普通会员及 VIP 会员。普通会员基本没有特别的权利，而 VIP 会员通常享受优先服务、免运费、折扣、优惠券等特权，如亚马逊 Prime 会员等。

任务三　主流跨境电商平台客户服务体系

随着国际环境的变化，传统外贸形式已经无法满足我国外贸事业发展的需求，跨境电子商务行业呼之欲出，在我国外贸出口额增速保持 10% 增长的同时，跨境电子商务实现了 30% 的增长。各种各样的平台也逐渐涌现，目前我国外贸企业选择的主流跨境电子商务平台有亚马逊、eBay、全球速卖通、Wish、敦煌网等。

一、亚马逊客户服务体系

（一）亚马逊卖家客户服务的基本规则

亚马逊对卖家采用“宽进严出”的管理方式。个人和企业在亚马逊平台上开店是被允许的，除了某些类目对卖家具备一定条件要求外，平台上很多类目则是完全向卖家开放，而且允许卖家销售二手商品。但是，亚马逊对卖家的管理却较为严格。所有卖家都必须遵守平台的全方位保障条款，权益受到侵害的客户常会获得亚马逊的全面支持。

亚马逊作为跨境电子商务平台，在产品及服务由第三方卖家转至客户的过程中，全程参与分销、广告投放、在线评论、售后客户服务等。作为亚马逊的特色的亚马逊代发货服务（fulfillmet by amazon，FBA）已经成为其主营业务之一，为第三方卖家提供包括仓储、运输配送、跨境物流及定制化物流方案等多项服务。这种收取网店流量费用、分仓租赁、代收代包代发货物及代收款的模式不仅为第三方卖家提供了便利，而且有利于提升客户服务品质，从而为亚马逊带来更多的利润增长。

非 FBA 卖家主要通过自发货（merchant fulfilled network，MFN）的形式配送订单，并与客户通过亚马逊平台自行沟通和交流，亚马逊平台只在必要的时候参与。为了缓解与日俱增的 FBA（亚马逊代发货服务）仓储压力，亚马逊推出卖家自配送（seller fulfilled prime，SFP）项目，使非 FBA 卖家也有机会接触到亚马逊 Prime 会员，但加入 SFP 的卖家必须向 Prime 会员提供美国 48 个州两天达（2-day shipping）的免费配送服务。

（二）亚马逊平台对卖家客户服务能力的评估

亚马逊是一个非常注重客户体验的跨境电子商务平台，其制定了一套指标来规范卖家账户的日常运营，要求卖家根据设定的指标要求努力经营自己的店铺，服务好客户。如果卖家没有达到指标或者严重超标，其运营就会受到影响。卖家的客户服务能力可从卖家账户的卖家状态、健康状态评定和各项账户指标来判断。

1. 卖家状态

亚马逊平台卖家状态分为以下四种。

（1）活动状态。活动状态表示卖家账户处于正常状态，可以在亚马逊上销售商品，按照正常进度支付款项。

（2）正在审核状态。正在审核状态表示卖家账户可以在亚马逊上销售商品，但当前正在接受亚马逊的审核，在完成审核前，卖家账户只能接收资金，但无法转出资金。

（3）受限制状态。受限制状态表示卖家账户已受限制，可能无法销售某些类别的商品，或只能销售自行配送的商品。

（4）暂停状态。暂停状态表示卖家账户不能在亚马逊上销售商品，资金会被暂时冻结。

2. 健康状态评定

亚马逊卖家账户健康状态主要有三种不同颜色的符号标记。

（1）绿色复选标记为优秀，表示卖家为客户提供了良好的体验，达到了亚马逊要求的账户整体目标或者在此指标方面的目标。

（2）黄色感叹号为一般，表示卖家向客户提供的体验未达到亚马逊要求的账户整体目标或者在此指标方面的目标，此时卖家应提升产品和服务的质量，以避免出现负面反馈或索赔。

（3）红色叉号为糟糕，表示卖家向客户提供的体验远未达到亚马逊要求的账户整体目标或者在此指标方面的目标。卖家应立即提升产品和服务的质量，以避免出现负面反馈或索赔。

3. 各项账户指标参数

亚马逊卖家账户处于什么样的状态、表现如何，还可以从各项指标的分数看出来。亚马逊对卖家账户各项指标的要求见表 3–4。

表 3–4 亚马逊对卖家账户各项指标的要求

指标名称	指标要求	指标重要性	指标属性
订单缺陷率	＜ 1%	必须满足	服务性
配送前取消率	＜ 2.5%	必须满足	服务性
发货延迟率	＜ 4%	必须满足	服务性
有效追踪率	＞ 95%	重要	服务性
准时到达率	＞ 91%	一般	潜在性

续表

指标名称	指标要求	指标重要性	指标属性
退货不满意率	＜10%	一般	潜在性
客户服务不满意率	＜25%	一般	潜在性
联系回复时间	24 小时内回复次数＞90%	一般	潜在性
违反政策	不得违反相关政策，如无侵权、卖假货行为等	重要	政策性

（三）亚马逊平台店铺风险控制

1. 产品不符合亚马逊平台相关规定导致的店铺被封

亚马逊是十分顾及消费者的消费体验的，因此一些产品在销售过程中因一些非人为、非可预知的因素导致消费者收到的产品陈旧、破损的商品也会导致消费者的体验受到影响，从而使店铺收到顾客的差评。

2. 产品与描述的问题导致的店铺被封

产品与描述不符是指产品和 listing 展示的区别较大导致的投诉。当买家在亚马逊平台下单时，他们期待的是完美的产品和卓越的服务。所以，当消费者收到的产品和订购的不一致时，买家很可能发起投诉，次数多了卖家就会受到亚马逊的警告或店铺被封。

3. 单账号和关联账号限制导致的店铺被封

亚马逊最简单的规则之一，就是禁止卖家在同一个地点拥有两个账号。亚马逊强制执行“单账号”政策，可以帮助买家减少与不良商家接触。假设卖家绩效下滑、遭到投诉或负面评价，卖家可以随意开设新账号的话，那消费者就有可能被误导，从不良卖家那里购物。这对其他卖家来说也会构成不公平竞争，同时也间接提高了卖家对自己店铺经营管理的服务（产品）品质。

4. 亚马逊绩效指标差导致的店铺被封

绩效指标是针对第三方卖家设置的行为准则，亚马逊用绩效指标来区分卖家的优、良、中、差。特别是当亚马逊的硬性指标变得更高、更复杂，这样的指标将激励卖家做得更好。在这些指标当中，订单缺陷率、订单取消率和延迟装运率是导致账号被封的主要原因，目前退货率和客户服务不满意率并不是衡量卖家账号的硬性指标。

5. 销售假货导致的店铺被封

亚马逊反假货的政策是指任何在亚马逊网站上出售的商品都必须是正品，禁止销售未经授权的复制品、盗版、假冒商品；如果被人投诉在亚马逊平台销售假货的话，那么卖家的账号很容易被亚马逊叫停，资金也将会被冻结。在这种情况下如何赢回亚马逊的青睐，并避免以后重蹈覆辙将是卖家首先要解决的问题。

6. 侵犯知识产权导致的店铺被封

销售过程中，确保所售产品合法且拥有产权所有人授权是卖家的基本责任。如果做不到，就会面临账号被停的局面。但这又意味着如果卖家不太了解知识产权侵犯行为，将很容易触犯亚马逊的规则从而被封店。

7. 公司所有人身份审核不过关导致的店铺被封

根据欧洲有关监管机构要求，亚马逊有义务对在欧洲平台（包括英国、法国、德国、西班牙、意大利等）上开店的卖家进行公司和公司所有人身份审核（简称 KYC 审核）。卖家只有在欧洲验证团队审核通过后，才能在欧洲平台销售商品。这就要求卖家朋友们在注册后通过卖家后台如实填写有关信息并按照要求上传所需文件。如果 KYC 审核不过关，也会导致店铺被封。

（四）亚马逊平台客服体系实用操作

1. 邮件回复

亚马逊平台遵循的是“重买家，轻卖家”的经营理念，在这样的经营理念下，客服作为维护店铺健康发展的重要支撑，贯穿于亚马逊运营工作的始终。在日常客服工作中，首先接触的，以及接触最多的自然是买家消息的回复。无论是在售前还是售后环节，卖家主要通过邮件形式和买家沟通。

2. 自发货订单处理

亚马逊客服还有一项非常重要的工作内容就是处理订单。关于订单的处理，这里面的问题和细节较多。以 FBA 方式发货的，卖家无须任何操作。

3. 多渠道配送订单处理

采用 FBA 进行配送时，商品的分拣、打包、配送都由亚马逊负责，无须卖家操作，但在某些特定的情况下，仍然需要卖家通过 FBA 系统操作下达发货指令，FBA 仓库根据卖家提交的信息打包发货，并收取相应的订单处理费。

4. 亚马逊移除订单操作

（1）创建移除订单的原因

创建移除订单的原因有：一种是，商品滞销产生长期仓储费、商品停售或其他卖家原因，需要将现有 FBA 库存配送到自建或第三方的海外仓；另一种是，卖家的 FBA 库存中有不可售的商品。

（2）移除创建订单的步骤

① 进入后台“管理库存”界面，勾选要创建移除订单的商品，开始创建移除订单。

② 填写要移除订单的具体信息。在这一步，可以选择的移除方法包括配送到地址（ship-to-address）、弃置（dispose）两种。需要说明的是，只有选择“配送到地址”才需要填写配送地址，如果选择“弃置”，亚马逊会直接销毁不可售的库存。

（五）亚马逊客服相关注意事项

1. 电脑端

坚决不能在同一台电脑（主机）上登陆，操作多个账号。一个亚马逊账号（包含绑定的邮箱）固定在一台电脑上。邮箱建议使用 FOXMAIL 第三方的管理软件。可防止邮箱登陆关联。一个卖家账号也是一个买家账号，一台电脑上登陆过一个卖家账号的不能再在亚马逊前台登其他的买家账号。同一套资料注册欧美日站点的三个账号，可以在同一台电脑上登录，不会关联。相同子站，不同资料的账号在同一台电脑上登录会关联账号。

2. 网络端

一条网线只能登陆一个账号，如果是用 WIFI 网络的，将电脑设置成手动连接。每次开机的时候确认好 WIF1 网络再登陆。公司网络线不能随便拔插，实在需要拔插的时候必须和主管确认后方可。

3. 手机端

亚马逊卖家手机软件，每个手机只能登陆一个账号，当需要离开手机软件端通过网页入口进入后台的时候，必须关掉手机无线信号，在 4G 流量状态下登陆。

4. 电话号码

一个手机号码或者座机只能出现在一个账号里面，如果在联系卖家支持时已经告知了亚马逊客服，那么这个号码绝对不能再出现在另外一个账号里。

5. 产品信息

产品的 SKU 编写、图片、标题、卖点、详细描述的信息雷同度不能太高。同站点下的两个店铺，相同的产品不能超过店铺总 SKU 的 20%。

6. 账号密码

不同账号的密码设置必须有比较大的区别。

7. 操作习惯

回复邮件的模板，用词以及语法习惯都不能太雷同。回复邮件时的签名统一以店铺名字落款。多个账号操作时，不要长时期同一时间处理发货。

二、eBay 客户服务体系

（一）eBay 卖家客户服务的基本规则

卖家不能以提供利益的方式要求客户留取好评或给店铺高分或修改评价。卖家不能以强制客户提供好评的方式，给客户发送他们购买的产品，或者接受退货退款的请求。卖家同样不能为了获取好评而给客户提供额外的金钱或其他好处。当然，一笔交易结束了卖家可以邀请客户留下好评。如果客户因为交易等问题联系卖家，卖家需要尽全力帮助客户解决问题。一旦问题被解决，卖家可以邀请买家留下好评，给出卖家服务评价（detail seller rating，DSR）高分，或者修改之前的中差评。一旦发现卖家有违反评价管理政策的情况，eBay 将会采取相应的措施，如限制销售资格甚至暂停账号。

1. 不得操纵评价

eBay 的评价系统让客户和卖家有机会在每次交易后对彼此进行评估和审查。该系统禁止操纵评价，以使 eBay 平台保持可被信赖的状态。任何企图用不正当手段增加卖家自己的评价成绩或降低其他卖家评价成绩的行为，如刷好评、买卖评价、给予不公平的低分等行为，都属于操纵评价。如果不遵守规则，eBay 平台可能会移除评价，并对卖家采取一系列的警告行为，包括限制销售甚至暂停账户。

2. 移除评价政策

在大多数情况下，评价是不能被更改或移除的，除非它违反了 eBay 的评价政策。如果客户留下了中性或负面的评价，eBay 鼓励卖家与客户联系，找到一个双方可接受的解决方案，但不允许通过强迫或欺凌客户来获得更好的评级。卖家有 30 天的时间提出修改评价的请求。卖家每收到 1 000 个评论可以有 5 个发送修订评价的额度。客户有 10 天的时间做出回复，选择接受并修改评价或不接受并说明原因。

如果留错了评价，不管卖家还是客户都可以回复评价或留下一个跟进评论，但留下跟进的评论不会改变卖家评级。在某些情况下，客户可能会失去评价的权利。例如，如果卖家开启了未付款纠纷，则客户不能为该商品留下评价。

（二）eBay 平台对卖家客户服务能力的评估

eBay 卖家等级数据分为两个模块同步更新，一个模块是当前卖家等级，另一个模块是预测卖家等级。卖家等级数据主要从以下几方面进行评估。

1. 综合表现

优质的跨境电子商务卖家应当使客户获得长期良好的购物体验，同时保持稳定的账户表现。综合表现的考核结果由两个方面决定，一方面是综合表现是否达到标准值，另一方面是纠纷率是否合格。具体可量化如下。

（1）表现标准值（长期不良交易率标准值）

① 低单价问题交易：过去 12 个月内所有小于等于 10 美元的交易所产生的问题交易率不得超过 5%。

② 高单价问题交易：过去 12 个月内所有大于 10 美元的交易所产生的问题交易率不得超过

③ 长期不良交易：过去 12 个月的综合问题交易率不得超过 5%。

④ 低单价交易量：过去 12 个月的小于等于 10 美元的商品的单项交易量大于 20 笔。

⑤ 高单价交易量：过去 12 个月的大于 10 美元的商品的单项交易量大于 20 笔。

⑥ 总交易量：过去 12 个月的总交易量大于 50 笔。

（2）纠纷状态说明

① 通过：指账号纠纷率未超过标准值。

② 未通过：指账号纠纷率超过标准值。

③ 警告：指账号纠纷问题已经接近标准值，若未及时改善，该账号将有可能会受到限制，甚至导致账号冻结。

④ 不考核：指账号过去 12 个月的总交易量未达到标准，因而暂时不对该账号做纠纷的考核。

（3）综合表现状态说明

① 正常：指账号两个考核方面均未超过标准值。

② 超标：指账号长期不良交易率或者纠纷率超过标准值，但由于该账号正受到其他 eBay 政策的影响，因而暂时未对该账号进行处理。

③ 警告：指账号长期不良交易中有一个或多个考核单项超过标准值，或者纠纷问题已经接近标准值，若未及时改善，该账号将有可能受到限制，甚至导致账号冻结。

④ 限制：指账号长期不良交易率或者纠纷率超过标准值，且该账号未受到其他 eBay 政策的限制。

⑤ 不考核：指账号过去 12 个月的总交易量未达到标准，因而暂时不对该账号做任何考核。

2. 非货运表现

为了更好地帮助广大卖家控制交易损失，eBay 平台针对卖家过去八周的非货运问题交易，如中差评、物品与描述不符导致 DSR 低分、物品与描述不符导致纠纷、物品与描述不符导致退货、卖家取消交易等问题，为卖家设定了以预防为目的的阶段性指标来控制卖家的问题交易率。非货运表现状态说明如下。

（1）正常：指账户的非货运表现符合标准值。

（2）超标：指非货运表现已高于标准值，但暂时未对该账号产生影响。

（3）警告：指目前账号因非货运表现高于标准值受到警告，若未及时改善，该账号将会受到限制，包括额度限制甚至账号冻结。

（4）限制：指目前账号因非货运表现高于标准值受到一定的限制。

3. 货运表现

物流的时效性对于跨境电子商务至关重要。为了帮助卖家及时追踪和控制货运表现，eBay 平台会统计卖家近期关于物品未收到导致的纠纷以及运送时间导致的 DSR 低分等情况评估当前账号的货运表现状态。货运表现状态说明如下。

（1）正常：指账户的货运表现符合标准值。

（2）超标：指货运表现已高于标准值，但暂时未对该账号产生影响。

（3）警告：指目前账号因货运表现高于标准值受到警告，若未及时改善，该账号将会受到限制，包括买卖限制甚至账号冻结。

（4）限制：指目前账号因货运表现高于标准值受到一定的限制。

4. 待处理问题刊登

为了确保 eBay 交易平台的安全性，所有不符合 eBay 政策或可能导致不良客户体验的物品都将被即时自动删除。在此物品删除政策的前提下，eBay 特别为卖家提供“待处理问题刊登”报告，提早提示卖家需要在这一星期内处理的问题刊登的情况，帮助卖家更快捷地删除问题刊登的商品，维持卖家的账户表现。卖家可以按照页面指引，在显示的到期时间前，下线报告中的问题刊登的商品。若卖家没能按要求在期限到达前妥善处理问题，则可能导致刊登的该商品被移除，甚至账户的刊登额度被降低。

（三）eBay 卖家客户服务的基本规则

eBay 卖家都遇到过账户受限制管理的问题，受限原因有很多，例如，侵权、出售违禁品、纠纷太多等。

1. 账户限制类型

（1）刊登限制

刊登限制包括自动退款方式设置、违规处理到期、多属性产品属性名重复、重复刊登、必要性细节缺失、违反图片政策。

对于 eBay 卖家来说，eBay 平台会要求卖家设定好自动退款方式。当卖家没有解决好买家的问题，eBay 会对买家进行自动退款，退款由我们自己设定，相当于我们授权给 eBay，让他们可以进行自动退款。如果没有设定好自动退款设定，后面就没办法进行产品刊登。

进行产品刊登的时候可能会违反 eBay 的知识产权规则，如果违反次数较多，eBay 会要求店家去参加知识产权考试，完成考试得到相对应的评分，评分达标就可以要求 eBay 移除限制刊登，之后才可以正常刊登相关内容。

① 单账号重复刊登是指一口价物品重复刊登：同一账号、同一物品在线的一口价帖子只能有一个单属性一口价上两个一样的帖子。

② 多属性一口价物品是指同时有单属性一口价物品在线。

③ 多账号重复刊登是指不同账号间，用同一标题、同一物理地址的第一张图进行简单重复性铺货。

（2）账号限制

eBay 产品刊登时，图片要先上传到相对应的服务器，获取相应的链接，把链接复制到产品刊登相应的位置，链接就是物流地址，同一物品想要在不同账户进行刊登的话，首图是不能使用相同链接的，但是，如果是卖家描述详情主页的产品图片，这个时候用相同的链接就没有关系。

账号限制的应对方法如下。

① 同一物品，多 SKU，多首图，标题差异化刊登。

② 同一物品，利用产品线其他产品进行组合捆绑销售。

③ 同一物品，不同站点间定价方式差异化：一个提供免运费，另外一个收费且可送达的地区不重复。

④ 不同账号间进行铺货：多首图，标题差异化刊登必要性细节缺失。

进行产品刊登的时候，首先要选好内目，相对应产品的细节属性就会要求我们填写，属于品牌的产品应该如实填写，如果本身不做品牌但属于必填项的话，就可以选择“其他”项，如果没有填写就会产生无法刊登的情况。

（3）刊登图片的限制

① 创建的物品刊登需要包含至少一张图片。

② 图片最长边至少要有 500 像素（推荐 1 600 像素）。

③ 上传到 eBay 图片服务器的照片不能有边框，文字水印还可以使用但有尺寸和透明度要求。

④ 刊登的二手产品不能使用 eBay 目录照片。Tickets，ebay Motors Vechicles，Motors Pats & Accessories 分类不受此政策影响。

（4）新卖家限制

eBay 有时也会有对新卖家有一些扶持举措，例如，提高卖家的额度。

（5）账号刊登额度限制

如果店铺一个月内一直处于好评状态，就可以联系 eBay 客服提高店铺额度，也就可以接触刊登额度的限制。

（6）30 天类目限制

为了维护 eBay 安全的交易环境，对某些类别的物品 eBay 卖家会有每 30 天刊登特定数量的限制。

（7）信誉度限制

信誉度即好评率，账号安全没有信誉度要求，如果要卖家评级评分比较高的话，那么信誉度就是有要求的，好评率太低也会影响买家购买。

（8）账号关联审核

大账号带动小账号，不过相关联的账号也会产生相应的影响，当大账号出现问题，那么关联的 eBay 账号也会受到相应的影响。

2. eBay 账户解除限制的方法

（1）自动退款设置：去 eBay 后台进行设定。

（2）违规处理到期：参加考试。

（3）重复刊登：产品标题、首图、SKU 等差异化。

（4）必要性细节缺失：必要性细节属性必填。

（5）违反图片政策：注意 eBay 图片的相关要求，尤其是像素要求。

（6）新卖家限制：联系 eBay 客服，看表现提升额度。

（7）刊登额度限制：申请提高额度。

（8）30 天类目限制：等期限过或者刊登其他类目。

（9）信誉度限制：慢慢积累好评或者可以跟买家催好评。

（10）不良买家体验（BBE）过高：降低中差评及纠纷比例，提高好评率。

（11）账号关联审核：各个账号提高表现。

（12）侵权删帖：遵守 eBay 知识产权规则，避免上侵权的商品。

（13）当 BBE 过高会导致账号额度被大幅度地减少，所以卖家要做好相对应的调整。

（14）VeRo 计划。

3. 被举报后处理措施

（1）eBay 会移除卖家所刊登的被知识产权人举报的物品。

（2）没收 eBay 费用。

（3）重复的被举报将可能导致账户被限制或冻结。

（4）取消“超级卖家”资格。

（5）如果认为知识产权人错误举报，请直接联系知识产权人。

（6）eBay 发送给卖家通知移除的邮件中包含了知识产权人的联系方式。如果确实是错误举报，请让知识产权人和 eBay 联系，eBay 会同意卖家重新刊登。

4. 避免被举报

（1）假货：不要在 eBay 上销售假的品牌商品，如品牌服饰、电子产品等。

（2）平行进口：如果是正规商品，请确认有被授权在某个特定的地区销售。

（3）商标：未经授权不要售卖带有品牌商标的商品。

三、全球速卖通客户服务体系

全球速卖通客户服务体系主要负责解答客户咨询、解决售后问题、促进销售及管理监控，其工作目标包括保障账号安全、降低售后成本，以及促进再次交易。

（一）全球速卖通卖家客户服务的基本规则

全球速卖通要求卖家对于客户提出的任何关于产品或服务的问题，都尽可能做出完整的解答，提出可行的方案。在与客户沟通时，全球速卖通要求卖家在充分了解所经营的行业和产品，以及透彻掌握跨境电子商务各个流程之外，还应努力引导客户情绪，控制损失，敏锐地发现大客户，持续定期与客户沟通，解决客户的顾虑或疑惑，为客户提供最安全、稳妥的物流方案。

（二）全球速卖通平台对卖家客户服务能力的评估

全球速卖通平台设置了“卖家服务等级”这一指标。卖家服务等级本质上是一套针对卖家服务水平的评级机制，一共分为五级：优秀、良好、及格、不及格及不考核。不同等级的卖家将获得不同的平台资源，包括橱窗推荐数、搜索排序曝光、提前放款特权、平台活动、店铺活动等方面享有不同的资源见表 3–5。等级越高的卖家享受的资源越多，优秀卖家将获得“Top-rated Seller”标志，客户可以在搜索商品时快速发现优秀卖家，并选择优秀卖家的商品下单。指标表现较差的卖家将无法报名平台活动，且在搜索排序上会受到不同程度的影响。

表 3–5 服务等级的分级标准及资源对照表

奖励资源	优秀	良好	及格	不及格	不考核
橱窗推荐数	3 个	1 个	无	无	无
搜索排序曝光	曝光优先 特殊标识	曝光优先	正常	曝光靠后	正常
提前放款特权	有机会享受最高放款比例			无法享受最高放款比例	
平台活动	优先参加	允许	允许	不允许	允许
营销邮件数	2 000	1 000	500	0	500

卖家服务等级每月末评定一次，考核过去 90 天卖家的经营能力，包括客户不良体验订单率、卖家责任裁决率、好评率等。

考核的重点是体现卖家交易及服务能力的一项指标——客户不良体验订单率（order defect rate，ODR），即客户不良体验订单占所有考核订单的比例，见表 3–6。其计算公式为

客户不良体验订单率＝客户不良体验订单数 / 所有考核订单数

客户不良体验订单指考核期内客户给予中差评的订单、在卖家服务评价系统（DSR）中获得中低分（商品描述≤ 3 星，或卖家沟通≤ 3 星，或物流服务＝ 1 星）的订单、成交不卖的订单、仲裁提起订单、卖家 5 天不回应纠纷导致纠纷结束的订单。在评定 ODR 时，如果一个订单同时满足 2 个及以上的不良体验描述，只记一次，不会重复计算。

表 3-6　客户不良体验及指标表

客户不良体验	行为详解
成交不卖	客户对订单付款后，卖家逾期未发货或由于卖家原因导致付款订单未发货的行为
仲裁提起	买卖双方对于客户提起的纠纷处理无法达成一致，最终提交至全球速卖通进行裁决的行为
5 天不回应纠纷	客户提起或修改纠纷后，卖家在 5 天之内未对纠纷订单做出回应导致纠纷结束的行为
中差评	在订单交易结束后，客户对卖家该笔订单总评给予的 3 星及以下的评价
DSR 商品描述中低分	在订单交易结束后，客户匿名给予分项评价——商品描述的准确性（item as described）3 星及以下的评价
DSR 卖家沟通中低分	在订单交易结束后，客户匿名给予分项评价——沟通质量及回应速度（communication）3 星及以下的评价
DSR 物流服务 1 分	在订单交易结束后，客户匿名给予分项评价——物品运送时间合理性（shipping speed）1 星评价

全球速卖通平台对历史累计结束的已支付订单数大于等于 30 笔的卖家进行考核，对卖家在考核期内的表现按标准将其分为优秀、良好、及格和不及格四个等级，见表 3-7。

表 3-7　卖家服务等级考核标准表

评级	优秀	良好	及格	不及格
标准	符合以下所有条件： 1. 考核订单量≥ 90 笔； 2. ODR ＜ 3.5%； 3. 卖家责任裁决率＜ 0.8%（手机、平板类目为＜ 1%）； 4. 90 天好评率≥ 97%	符合以下所有条件： 1. 考核订单量≥ 30 笔； 2. ODR ＜ 6%； 3. 卖家责任裁决率＜ 0.8%（手机、平板类目为＜ 1%）； 4. 90 天好评率≥ 95%	符合以下所有条件： 1. ODR ＜ 12%； 2. 卖家责任裁决率＜ 0.8%（手机、平板类目为＜ 1%）； 3. 90 天好评率≥ 90%	符合以下任一条件： 1. ODR ≥ 12%； 2. 卖家责任裁决率≥ 0.8%（手机、平板类目为≥ 1%）
历史累计结束的已支付订单数＜ 30 笔的卖家属于成长期卖家，不参与卖家服务等级的考核				

在表 3-7 中，考核订单量指考核期内 ODR 计算公式中的分母。90 天好评率的计算公式为

90 天好评率＝过去 90 天内产生的好评数 / 过去 90 天内的评价数总和

卖家责任裁决率的计算公式为

卖家责任裁决率＝过去 90 天提交至平台进行裁决且最终被裁定为卖家责任的纠纷订单数 / 过去 90 天的订单数总和

若考核期内，客户不良体验的订单来自 2 个及以下客户时，将不考核 ODR。若考核期内，卖家责任裁决订单数仅为 1，将不考核该卖家的责任裁决率。

（三）全球速卖通平台卖家评价规则解析

1. 评分分类

全球速卖通渠道的评估分为信誉评估和卖家分项评分两类。

（1）信誉评估

信誉评估是指买卖双方在买卖完成后对对方信誉状况的评估，是双向的评估。信誉评估包含五分制评分和评论两部分。

（2）卖家分项评分

卖家分项评分是指客户在买卖完成后以匿名的方法对卖家在买卖中的产品描绘的准确性、交流质量及回答速度、物品运送时间合理性三方面做出的评估，是客户对卖家的单向评分。

卖家完成发货后，在买卖完成30天内，买卖两方均可评估。假如两方都未给出评估，则该交易不会有任何评估记录；如一方在评估期内做出评估，另一方在评估期内未评估，则系统不会给评估方默许评分（卖家分项评分也无默许评分）。

2. 评分计算方法

除特殊情况外，全球速卖通会正常核算商家的各项评分和商家信誉评估积分，不论金额，统一为好评 +1、中评 0、差评 -1。

（1）客户在同一个天然旬（每月 1 ～ 10 日、11 ～ 20 日、21 ～ 31 日为每月的三个天然旬）内对同一个卖家只做出一个评估的，该客户的评估星级则为当笔评估的星级（天然旬核算的标准是美国太平洋时间）。

（2）客户在同一个天然旬内对同一个卖家做出多个评估的，依照评估类型（好评、中评、差评）汇总核算，即好、中、差评都只计数一次（包含一个评估里有多个产品的状况）。

（3）在卖家分项评分中，同一客户在一个天然旬内对同一卖家产品描绘的准确性、交流质量及回答速度、物品运送时间合理性三项中某一项的多次评分只算一次，该客户在该天然旬对某一项的评分核算方法公式为

均匀评分＝客户对该分项评分总和 / 评估次数（四舍五入）

针对以下三种状况，不管客户留差评还是留好评，仅展现留评内容，不核算好评率及评估积分。

① 成交金额低于 5 美元的（成交金额为客户支付金额减去售中的退款金额，不包含售后退款状况）。

② 客户提起未收到货纠纷或纠纷中包含退货状况且客户在纠纷上升到裁定前未主动撤销。

③ 对运费补差价、赠品、定金、结账专用链、售品等特别产品（简称“黑五类”）的评估。

3. 卖家信誉等级

全球速卖通卖家信誉等级评定的相关资料都记录在卖家评价档案中。评价档案包含近期评估摘要（会员公司名、近6个月的好评率、近6个月的评估数量、信誉度和会员开始日期）、评估前史（最近1个月、3个月、6个月、12个月及前史累计的时刻跨度内的好评率、中评率、差评率、评估数量和均匀星级等）和评估记载（卖家得到的一切评估记载、给出的一切评估记载及在指定时刻段内的指定评估记载）。其中

均匀星级＝一切评估的星级总分 / 评估数量

卖家分项评分中各单项均匀评分＝客户对该分项评分总和 / 评估次数

全球速卖通有权删去评估内容中包含人身攻击或其他不当言论的评估，若客户信誉评估被删去，则对应的卖家分项评分也被删去。

四、Wish 客户服务体系

（一）Wish 卖家客户服务的基本规则

Wish 平台的理念就是利用智能性的推送技术，采用精准营销的方式，迎合消费者的喜好，而不用太多的推广方式或关键词等来进行营销。Wish 的优势在于坚持追求简单直接的风格，不讨好大卖家，也不扶持小卖家，全部通过技术算法将消费者与想要购买的物品连接起来。Wish 卖家进驻门槛低、平台流量大、成单率高、利润率远高于传统电商平台。Wish 与 PC 端展开差异化竞争，利用移动平台的特点，其卖家不用牺牲产品价格来取胜。

Wish 平台规定，客户所销售的商品必须是自己创造、生产或者已获得零售权利的。为了促进客户和卖家之间的交易，为双方的交流提供便利，Wish 平台不代表卖家进行交易，卖家自己完成所有的交易和服务。当然，卖家自行制定的运输、付款、退款及换货政策不得与 Wish 平台的相关政策冲突，Wish 平台保留要求卖家提供服务和修改相关政策的权利。

在下单之后，有的客户需要对订单进行相关的问询或者沟通，他们可以通过票据系统向卖家发出信息，其内容可能包括：改变送货地址或者联系电话，从订单中删除某一项商品，更换尺码或颜色，查询订单状态，询问预计到货时间或者订单追踪链接，告知卖家到货商品有缺陷、损坏或者遗失，要求退货、换货或者退款等。

（二）Wish 平台对卖家客户服务能力的评估

Wish 平台对卖家客户服务能力要求严格，定期进行审核，达标的卖家可以成为诚信店铺。Wish 平台最新发布的诚信店铺要求如下，有效跟踪率≥95%，延迟发货率≤10%，30天平均评分≥4，63天至93天平均退款率≤10%，仿品率≤0.5%。

Wish 平台会对卖家的客户服务与沟通水平进行详细评估，评估的具体内容涉及发货

速度、订单满足率、票据处理速度以及投诉率、商品反馈评价、系统或者客户取消订单。

1. 发货速度

发货速度在 Wish 平台对卖家的评估中所占权重很高，包括订单响应时间、系统跟踪到时间以及配送完成时间。对于订单响应时间，Wish 平台系统要求卖家最好在 2 天之内上传订单号。Wish 平台对系统跟踪到时间的要求是 3 天之内客户能在网上查询到订单号，对配送完成时间的要求最好在 14 天内完成配送。

2. 订单满足率

订单满足率即无货退款率，涉及客户的购物体验。对于无货产品，店家不能只把库存量设置为 0，也尽量不要在前台显示，而应该将产品下架。否则，客户下单之后无法发货，只能退款，这会影响 Wish 平台对卖家的评估。

3. 票据处理速度以及投诉率

Wish 平台的投诉、售后问题都是用票据来呈现的，但是由于平台会预先审核，所以票据显示出来会有延时。Wish 平台要求卖家尽量在 48 小时之内处理票据，越快越好。

4. 商品反馈评价

总体来说，商品反馈评价在 Wish 平台对卖家的评估中所占权重一般。客户在收货之后，会对商品本身质量以及服务质量进行反馈评价，卖家无法删除。卖家可以和客户对客户反馈评价进行协商，但是，Wish 平台规定卖家不能打扰客户，不得向客户索要好评。

5. 系统或者客户取消订单

系统退单率在 Wish 平台对卖家的评估中所占权重高。Wish 平台的欺诈侦测团队会对一些可能存在欺诈或者有高风险的订单进行自动或人工检测，此时平台会将订单标上醒目标识，卖家无须处理该订单，只需等待审核结果。如果经过审核，Wish 平台认定该订单存在欺诈，系统会取消订单，无须卖家操作，不影响卖家评分。如果认定该订单不存在欺诈，卖家需在规定期限内为该订单发货。在单号上网之前，客户有权取消订单。

（三）wish 店铺风险控制

1. 销售假冒或侵权产品

Wish 将会暂停再三侵犯他人知识产权、售假的账户，重复侵犯知识产权可能会导致账户暂停或终止。

建议所有商户采取以下措施：避免上传任何侵犯知识产权的产品，移除所有包含未经授权的侵权内容的相关产品图片、标题以及描述，严肃对待违规行为并且绝不反复侵犯知识产权，保持低仿品率。

2. 没有遵守确认妥投政策

满足妥投政策标准的订单，必须使用被 Wish 认可的物流服务商且必须提供最后一程的物流跟踪信息。没有遵守确认妥投政策的商户将被暂停交易。

3. 出售 Wish 禁售品

Wish 将移除禁售品，且该商户的店铺可能会面临暂停运营或永久关闭的处罚。以下产品是 Wish 禁售的产品。

（1）仿品。

（2）非版权所有产品（版权属于其他人）。

（3）服务性产品（不能以全新的、有形的、实体的物品形式出现的任何服务）。

（4）虚拟产品和数码产品：即无形的产品或须以电子形式传输的产品。

（5）有形或数码的礼品卡。

（6）酒精类产品。

（7）烟草及其他点燃抽吸的产品，包括电子烟。

（8）打火机。

（9）危险化学品。

（10）穿刺枪及文身枪。

（11）自行车及摩托车头盔。

（12）毒品、药品、声称有医疗作用的产品。

（13）活体动物、非法动物制品。

（14）植物种子。

（15）人体残骸及人类肢体（不包括毛发和牙齿）

（16）淫秽物品。

（17）火器及武器。

（18）儿童汽车座椅、被召回的玩具。

（19）裸露产品。

（20）隐形眼镜。

（21）仇恨犯罪及任何鼓动、支持、美化对某一类型人群（基于人种、民族、性别、性别认同、残疾或性取向）的仇恨或造成对某一类型人群的贬低的产品，包括支持持有此类观点的机构的产品或内容。

4. 询问客户个人信息

如果商户向顾客索取个人信息（包括电邮地址），商户账号将有被暂停的风险。

5. 要求顾客汇款

如果商户要求用户直接打款，其账户将会面临被暂停的风险。

6. 提供不适当的用户服务或欺骗用户

如果商户提供了不适当的用户服务或正在欺骗用户，其账户将会面临被暂停的风险。

7. 要求用户访问 Wish 以外的店铺或违反 Wish 商户政策

如果商户要求用户访问 Wish 以外的店或违反 Wish 商户政策，利用 Wish 政策谋取自己的利润，该商户账户将面临被暂停的风险。

8. 关联账号被暂停

如果商户的店铺与另一被暂停账号关联，商户账号将有被暂停的风险。

9. 高退款率、高自动退款率、高拒付率

如果商户的店铺拥有无法接受的高退款率、高自动退款率及高拒付率，商户账号将有被暂停的风险。

10. 重复注册账号

如果商户已在 Wish 注册多个账户，商户账户将面临被暂停的风险。

11. 发空包或使用虚假跟踪单号

如果商户给用户发送空包或使用虚假跟踪单号，商户账户将面临被暂停的风险。

12. 发送包裹至错误地址或高延迟发货率

如果商户店铺存在过多配送至错误地址的订单或延迟发货订单比例过高，将有被暂停交易的风险。

13. 使用无法证实的跟踪单号

如果商户的店铺拥有大量不带有效跟踪信息的单号，Wish 商户账户将面临被暂停的风险。

（四）wish 平台客服体系实用操作

登陆 Wish 商务平台，在平台顶端的“Wish 商户平台”标志的下方，可以看到商户平台主菜单，包括“首页”“产品”“订单”“客户问题”“业绩”“系统信息”“Product Boost”。在“Wish 商户平台”标志的右侧可以切换平台显示语言。

Wish 商户平台的客户服务主要集中在主菜单中的“客户问题”选项。单击该选项，会出现下拉菜单：“未处理”“已回复”和“已关闭”。

1. 未处理

未处理是指卖家尚未处理的客户问题。如果有未处理的客户问题，在单击“客户问题”选项之后出现的下拉菜单中未处理”一项的右侧会显示阿拉伯数字，表示会出现未处理客户问题列表。Wish 商户平台系统提示卖家需要在 48 小时内回复客户问题，如果超过时间仍未恢复，Wish 平台将介入并以客户利益为先解决问题。

在未处理客户问题列表中，Wish 商户平台会显示客户问题的主要信息，包括“站内信编号”“创建日期”“最近的更新日期”“仅剩的回复时间”“用户”“标签”“状态”“操作”。

在未处理客户问题列表操作一栏中，有“查看”按钮。单击“查看”按钮，查看客户问题详情，包括“客户问题”“交易”“地址”“受影响的产品”“订单详情”“项目”。“客户问题”栏中包括客户问题编号、开启日期、最近的更新时间、状态、标签等。“交易”中包括成交 ID、购买日期、自购买开始的时间、是否是礼物。客户问题详情主要显示在后几项。

（1）受影响的产品

受影响的产品后面的括号标有阿拉伯数字，代表受影响产品的数量。单击“操作”栏下方的下拉箭头，可以看到“修改物流单号”“退款”两个选项。其中，“修改物流单号”是指与客户通过协商达成一致后重新邮寄商品，将原物流单号修改成重新邮寄产生的物流单号；“退款”是指与客户通过协商达成一致后，卖家主动给客户退款。

（2）订单详情

订单详情这一栏右侧有个“+”按钮，单击“+”按钮，会显示订单的详细信息，包括订单 ID、库存量单位（SKU）、变量、成本、配送费、数量等。其中，SKU 是库存进出计量的基本单元，如件、盒、托盘等。

（3）项目

项目这一栏右侧有个“+”按钮，单击“+”按钮，会显示客户问题的原文和相关信息。卖家或者客户都可以选择“关闭客户问题”选项，被关闭的客户问题将出现在总菜单“客户问题”的“已关闭”页面内。“请求 Wish 支持协助”选项是卖家向 Wish 平台客户服务求助以处理和回复客户问题的时候使用的。在回复客户问题的时候，务必严肃对待。目前 Wish 商户平台允许卖家回复客户的次数有限，一般仅有一次。卖家在回复时需要认真处理，有必要时要附上足够的证据，或者给出可供客户选择的解决方案。

未处理的客户问题一定要回复，否则会直接影响 Wish 后台“业绩”一栏的“用户服务表现”里面的“响应客户问题平均时长（小时）”数据。此外，“未处理”状态下客户问题如果未得到卖家的及时回复，Wish 平台会根据问题标签和回复时间规则自动分配给 Wish 客户服务人员进行回复处理。

一旦 Wish 客户服务人员回复了客户问题，该问题就不会出现在主菜单“客户问题”中的“未处理”一栏中了。在这种情况下，客户很难知晓该问题的存在及处理结果，需要在“客户问题”中的“已回复”或“已关闭”栏中逐条检查是否有最新的客户问题记录。

卖家需要特别注意，目前客户问题的回复处理是以 Wish 客户服务人员为主的，只有需要卖家确认的客户问题才会在“未处理”一栏中进行通知。所以，卖家在“未处理”一栏中未必能够及时看到所有的客户问题通知，因此需要及时自行在“已回复”或者“已关闭”栏中仔细查看和跟进最近的客户问题及其回复处理情况。

2. 已回复

已回复是指 Wish 客户服务人员或者卖家自己已经回复过的客户问题，单击“创建日期”或“最近的更新日期”右侧的排序按钮，可以查看最新的客户问题。单击“最近的更新日期”右侧的排序按钮，则可以将订单按“最近的更新日期”的顺序排列。

Wish 用贴标签的形式对客户问题进行分类，实际上也是对常见客户问题的汇总。卖家在 Wish 运营过程中，可以根据客户问题较多的类型进行有针对性地优化调整。

在客户问题列表的最右侧“操作栏”中单击“查看”按钮，可以查看客户问题详情，这里的客户问题详情与“未处理”状态里的客户问题详情大致相同。但是值得注意的是，“已回复”状态下的客户问题，已经由卖家或者 Wish 客户服务人员回复，卖家不能再次回复，只能等待客户回应。如果客户一直不回应，则该客户问题会一直显示“等待客户回应”状态。

3. 已关闭

已关闭是指卖家或者 Wish 平台已经回复过、没有争议、可以关闭的客户问题。“已关闭”状态下的客户问题，仅供查找和查看客户问题详情，不能进行其他操作，其与“已回复”状态的使用方法基本一致。但是要注意，“未处理”“已回复”和“已关闭”三种状态下的客户问题的数目加起来，才是客户问题的总数。

五、敦煌网客户服务体系

敦煌网在 2004 年就已正式上线，是国内首个实现在线交易的跨境电子商务 B2B 平台，以中小额外贸批发业务为主，开创了“为成功付费”的在线交易佣金模式。平台免卖家注册费，只有在买卖双方交易成功后才收取相应的手续费，其将传统的外贸电子商务信息平台升级为真正的在线交易平台。

作为国际贸易领域 B2B 电子商务的创新者，敦煌网充分考虑了国际贸易的特殊性，全新融合了新兴的电子商务和传统的国际贸易，为国际贸易的操作提供了专业有效的信息流、安全可靠的资金流、快捷简便的物流等服务，是国际贸易领域一个重大的革新，掀开了中国国际贸易领域新的篇章。

敦煌网卖家提供产品展示和产品网上批发交易平台，但并不作为采购商或供应商直接参与买卖行为，因此不能确保采购商及相关信息的真实性、准确性、合法性和有效性，以及交易双方履行其在贸易协议项下的各项义务的能力等。但敦煌网采取措施对采购商进行监督评估，同时将评估结果公之于众，并提醒平台用户通过自己的谨慎判断确定采购商及其资信情况。对平台用户使用敦煌网批发交易平台中所遇到的与交易或注册有关的问题及反映的情况，敦煌网会及时做出回复。对于在敦煌网交易平台上的不当行为或其他任何敦煌网认为应当终止服务的情况，敦煌网有权随时做出删除相关信息、终止服务提供等处理，而无须征得敦煌网用户的同意。

（一）敦煌网客户服务的基本规则

在交易过程中，客户在卖家填写货运单号后的 5 ～ 90 个自然日内，未收到货物或对收到的货物不满意，可以提起部分退款、全额退款、退货退款、重新发货等申请。申请原因包括未收到货、货物与描述不符、虚假运单号、无理由退货。但是，如果卖家设置了承诺运达时间，则在承诺运达期内，客户无法开启“未收到货”的投诉。

客户提出退货或者退款申请后，形成协议纠纷，买卖双方将有 10 个自然日协商解决方案。卖家须在 5 个自然日内对客户申请做出同意或拒绝的回应，如逾期仍未回应，系统将自动按照客户的申请执行操作。在协商期内，如卖家同意客户方案，即买卖双方协议达成，系统将按照协议内容执行；若卖家拒绝，需同时提交新的解决建议。如买卖双方未在 10 个自然日内达成一致，系统会自动升级至平台裁决。

客户根据协议约定或平台的处理结果操作退货时，需要在卖家提供了退货地址后的 7 个自然日内提供有效的退货货运单号；否则系统默认客户放弃协议并关闭纠纷。如退货后重新发货，在卖家提供有效的重新发货货运单号后，客户可在 90 个自然日内确认收货。如客户未在卖家提供重新发货货运单号后的 90 个自然日内反馈未收到货或者货物存在问题等情况，系统将默认客户收到货物并在卖家重新发货的 90 个自然日后关闭纠纷。

退换货过程中所产生的风险和费用，原则上由平台裁决的责任方承担；如买卖双方均有责任，双方应按照责任的划分承担退货风险和费用；如因任意一方的不配合或证据不充分影响调查，敦煌网有权裁决不配合方为责任方。

（二）敦煌网平台对卖家客户服务能力的评估

平台以大量精准数据为依托，通过精确、多维度、细致地分析与计算，每个月都会对卖家的整体经营情况、服务能力等进行综合分析，并根据卖家逐月累积的经营数据于每月 5 日评定、刷新。根据卖家在平台的表现，卖家共分为四类，具体指标见表 3–8。

表 3–8　卖家定级标准对照表

顶级卖家	优秀卖家	标准卖家	低于标准卖家
订单数满足以下任一指标： 1.90 天内订单数≥ 90 笔； 2.90 天内订单数≥ 20 笔且 90 天内交易额≥ $50 000	90 天内订单数≥ 20 笔	满足以下所有指标： 1. 90 天内订单数＞ 0； 2. 90 天内卖家责任纠纷率≤ 2.5%； 3. 客户不良体验订单率≤ 20%	满足以下任一指标： 1. 近 90 天卖家责任纠纷率＞ 2.5%； 2. 客户不良体验订单率＞ 20%
通过实名认证	通过实名认证		
注册时间≥ 90 天	注册时间≥ 90 天		
近 90 天卖家责任纠纷率≤ 1%	近 90 天卖家责任纠纷率≤ 1.5%		
客户不良体验订单率≤ 3%	客户不良体验订单率≤ 6%		

订单数是指 90 天内实际销售的订单个数，每个考核周期订单个数小于 20 的卖家不能参评优秀卖家和顶级卖家；交易额是指 90 天内实际销售订单所产生的交易额。不良购买体验订单率（bad purchase experience rate，BPER）等于近 90 天内客户不良购买体验订单数除以近 90 天内所有订单数。客户不良体验的具体行为指标见表 3–9。

表 3–9　客户不良体验的具体行为指标

客户不良体验	指标详解
成交不卖	客户付款后，卖家逾期未发货或由于卖家原因导致付款订单未发货的行为
虚假运单号	卖家填写的货运单号无货运信息、物流上网信息延迟，或有货运信息但长时间无妥投，对客户或平台造成误导的行为
升级平台纠纷	双方未在协议纠纷阶段达成一致，最终升级至平台裁决的行为
协议纠纷 5 天内卖家不回复	客户提起协议纠纷后，卖家在 5 天内未做出回应
服务评价：商品描述中低分	订单结束后，客户给予卖家评价——货物与描述相符程度 3 分及以下的评价
服务评价：卖家沟通中低分	订单结束后，客户给予卖家评价——沟通质量和回应速度 3 分及以下的评价
服务评价：物流服务 1 分	订单结束后，客户给予卖家评价——物流送达时间合理性

由以上考核指标可以看出，该评级体系非常重视客户的购物体验以及卖家的服务能力。在敦煌网上新注册的卖家，级别为“标准卖家”（表 3–8）。新注册的卖家经过一段时间的经营后，平台将根据新评级体系的评级指标对其进行考核，并对其卖家级别进行评定，如不满足以上各级别评级条件将自动降级。

（三）敦煌网平台客户服务纠纷互动系统

买卖双方未能在规定的协商阶段内达成任何协议，客户可以要求敦煌网调解中心介入。一旦调解中心介入，纠纷状态将以买家和卖家的配合及相应的在线反馈为依据即时变更，双方的反馈情况将直接关系着款项的流转，所以广大卖家应积极关注纠纷，进入纠纷详情页面查看相应纠纷状态下的系统提示并给予及时的在线反馈。协议阶段和平台纠纷处理阶段的所有节点均由系统控制，卖家进行在线操作时，需仔细阅读页面提示并给予真实的反馈，一旦线上内容生成，将无法更改。

需要重点强调的是，协议阶段和平台纠纷阶段各有侧重点：协议阶段重协商，在规定可协商时间内，如客户与卖家协商无果，一旦客户要求敦煌网调解中心介入，即变为平台纠纷阶段，此阶段流程为客户、卖家双方提供证据，调解中心出具裁决意见，调解中心监督执行方案。

1. 双方提供证据阶段

平台纠纷阶段为承接协议阶段的协商进程，客户在要求调解中心介入调查的同时会一并提出建议方案，卖家在证据提交阶段可以对客户提出的建议做出同意或不同意的反馈，如卖家同意客户的建议方案，系统会自动流转到方案执行中；如卖家不同意客户的建议方案，则可按系统提示在规定日期内提供证据。

客户在要求调解中心介入时提出的解决方案需要卖家在 5 日内做出反馈（在此时间之后，卖家端同意客户方案的按钮将被置灰）。若不同意，则客户无法重新提出解决方案且卖家需要在 3 日内提供有效的证据，调解中心将依据证据出具裁决意见。调解中心不再受理通过其他方式达成的协议内容，更不会受理对客户与卖家双方已经达成协议内容进行更改的要求。

在平台纠纷的任何阶段，卖家在接受或者拒绝客户所提出的解决方案前，一定要仔细确认方案内容。

2. 调解中心出具裁决意见阶段

在客户要求调解中心介入时起，买家和卖家双方各有 5 日可提供真实有效的证据，在分析收集的双方证据的基础上，敦煌网调解中心会在 5 日内公正、合理地出具裁决意见。

3. 执行方案阶段

如卖家同意客户在要求调解中心介入时的唯一方案，此方案将被监督执行。

如卖家未同意或者不同意客户提出的唯一方案，敦煌网调解中心在双方证据基础之上做出的裁决意见将被执行。在平台纠纷阶段，针对各种类型的纠纷，调解中心将会有三种裁决方案：部分退款、全额退款、退货退款。由于部分退款和全额退款不涉及货物问题，所以这两种裁决意见会被即刻执行。

系统在处理纠纷过程中有一些重要节点，卖家积极、真实、有效的在线反馈关系到系统对于款项的处理，卖家需特别注意时间节点。

（1）客户在要求平台介入调解以后，卖家需要在 3 日内根据页面的提醒内容提供相关证据到平台。如在规定时间内无证据提交，系统将全额退款给客户并关闭纠纷。

（2）对于调解中心裁决退货退款的，若卖家在后台设置了默认退货地址，5 日之后若卖家未填写地址，则系统会自动导入默认退货地址。若卖家未设置默认退货地址，系统会要求卖家在 5 日内提供并确认详细的英文退货地址，如卖家在规定时间内无反馈及回应，系统会全额退款给客户并关闭纠纷。

知识加油站

跨境电子商务寻找客户的十大方法

1. 客户推荐

很多客户在交流的过程中会引荐一些潜在客户，利用这些机会，就可以找到更多客户。当然，这需要一定的客户基础。老客户介绍的新客户相对容易成交。

2. 外贸展会

尤其比较大型的展会，是非常好的找到客户的途径，在展会上找到的客户相对比较可靠，且信任度高。

3. 搜索引擎

通过搜索引擎，如谷歌，可以找到有相关产品需求的客户网站和展示页，从中找到客户的联系方式，与之沟通，促进合作。

4. 海关数据

海关数据是一种可靠且有效的途径。可以通过国内或国外的海关数据库查到相关的公司信息，这些数据有的收费，有的免费。

5. B2B 平台

B2B 外贸类网站平台，如环球资源、阿里巴巴等，平台多，资源丰富，可以成为充分发掘客户的有力武器。

6. 行业论坛

各个行业都有自己的论坛，可以到相关的行业网站和论坛寻找客户的信息。这样能比较精准地获取客户。

7. 外贸软件

专业的外贸软件可以根据产品关键字、行业关键字、目标客户产品关键字等，通过全球各大搜索引擎、国家区域引擎、行业引擎、社交引擎搜索全球潜在商机。外贸软件的搜索可以为外贸企业提供源源不断的商机数据。

8. 线下拜访

线下拜访客户是最直接、最传统的方法，也是相对有效的方法。主动上门找客户，能直观地让客户看到产品、了解产品，人与人之间的当面交流沟通也更能加强信任感。

9. 自建站

自建站可以更好地推广、宣传企业和产品，扩大企业知名度，发掘更多商业机会。自建站不受平台规则约束，相对灵活、自由，有利于跨境电子商务的长期发展。

10. 国外 SNS 平台

国外著名 SNS 平台如 Instagram、推特（Twitter）、LinkedIn、Facebook 等，流量广，曝光率高，有利于多地区同时推广，与客户的互动性也更高。

项目小结

本项目首先通过对跨境电子商务客户画像的介绍，使读者认识到客服人员不能只满足于服务现有客户，还必须开发新客户，通过服务营销扩大企业销售与服务对象，以达到销售、服务一体化目的；要对客户进行数据化定位，根据客户的外显性特征制定精准化服务策略，对待不同的客户采取不同的应对技巧。其次，通过对客户开发和分类的学习，使读者掌握了怎样更好地了解客户群体，精准营销，提升客户的购买体验和满意度，实现持续增长和发展。最后，通过主流跨境电商平台的客服体系的学习，使读者掌握了如何能够合理有效地在主流跨境电商平台进行客户服务活动。

巩固与训练

思考练习

1. 客户数据的来源有哪途径?
2. 识别最佳客户的方法是什么?
3. 以推销为导向的跨境电子商务客户开发策略有哪些?

拓展实训

1. 某跨境电子商务平台店铺发出一个送到美国的跨境包裹，由于物流原因，该包裹未能及时送达。客户向平台发起了投诉。该店铺客服人员考虑到店铺运营的满意度、店铺好评率和评分等因素，为了快速解决客户争议，就直接回复客户：货不要了，货款全额退回。

对于该客服人员的做法，你认为是否妥当？有没有更好的处理方法？请谈谈你的看法。

____

____

____

2. 假如你在 eBay 英国站开了一家手工饰品店铺，需要分级管理客户，请以如何分级管理客户为主题写一篇报告。

____

____

____

项目四

跨境电子商务客户服务与沟通

项目导读

作为跨境电子商务的从业人员，一方面要不断提升专业技能；另一方面要诚信经营、实事求是、遵守平台规则、提升服务水平，这样才能得到平台支持，获得更好的发展。

学习目标

◎知识目标

1. 掌握跨境电子商务售前客服与沟通的工作内容。
2. 掌握跨境电子商务售中客服与沟通的工作内容。
3. 掌握跨境电子商务售后客服与沟通的工作内容。

◎技能目标

1. 能针对客户具体问题提供正确的客户服务。
2. 能掌握典型情境下客服沟通的方法句式。
3. 能够灵活处理售后纠纷，完成客户维护。

◎素质目标

1. 客服工作中会遇到各种问题，引导读者树立实事求是意识。
2. 在提高风险防控意识的同时，提升读者服务意识。

思政目标

1. 培养读者树立诚信与实事求是的工作态度，遵守平台规则，维护良好的商业秩序。
2. 提高读者风险防控意识，及时处理售后纠纷，维护客户关系，减少企业损失。

案例导入

全球速卖通严惩“虚假发货”

全球速卖通平台对于无挂号包裹一直是严格禁止的。也就是说，卖家发货填写的运单号必须真实且可查询。如果以航空小包方式发货，必须挂号。然而，全球速卖通平台上依旧有部分卖家在使用无挂号包裹，并且存在严重的虚假发货行为，这不仅是对其他卖家的不正当竞争，也给买家带来了不良的购物体验。

对此，全球速卖通表示，所谓“虚假发货”，是指在规定的发货期内，卖家填写的运单号无效，或者虽然有效，但与订单交易明显无关，误导买家或全球速卖通平台的行为。例如，为了规避成交不卖处罚填写无效运单号或明显与订单交易无关的运单号等。因此，为了维护平台健康、有序的经营环境，持续改善消费者的购物体验，全球速卖通将加强对违规无挂号发货行为的监管，对违规账号采取严厉查处措施。

全球速卖通将对无挂号发货的违规行为进行专项排查，对于仍然使用无挂号包裹发货的卖家，平台将依据《全球速卖通虚假发货规则》进行处罚。

根据严重程度，虚假发货行为分为虚假发货一般违规和虚假发货严重违规。虚假发货严重违规行为包括但不限于以下情形：虚假发货订单金额较大；买卖双方恶意串通，在没有真实订单交易的情况下，通过虚假发货的违规行为误导全球速卖通平台放款；多次发生虚假发货违规行为。一般情况下，虚假发货一般违规将受到账户冻结 7 天的处罚，而严重违规将受到冻结账户 30 天或关闭账户的处罚。同时，被平台认定为虚假发货的，无论是一般违规还是严重违规，平台都会立即关闭该笔订单，并将订单款项退还给买家，责任由卖家承担。

全球速卖通建议，如果卖家的产品货值偏低，单件递送成本高，可以打包销售，挂号发货。卖家可以选用平台认可的线上发货物流方式，如 7 美元以下的订单可以使用速邮宝经济小包。速邮宝经济小包是全球速卖通与北京物流骨干企业针对重量 2 kg 以下、订单金额 7 美元以下小件物品推出的北京口岸物流服务，无挂号费，可查询国内段物流信息，包括收寄信息、封发出口信息、交航信息。

跨境电子商务发货和物流是非常重要的。在处理订单的过程中，务必按照平台规则诚信经营、实事求是，把工作重点和方向放到店铺的运营提升上，而不是走捷径、钻空子。虚假发货一旦被平台发现，店铺将面临严重处罚。作为跨境电子商务的从业人员，一方面要不断提升专业技能，另一方面要诚信经营、实事求是、遵守平台规则、提升服务水平，这样才能得到平台支持，获得更好的发展。

任务一　跨境电子商务售前客户服务

客户在网店看到的产品都是一张张图片，既看不到商家本人，也看不到产品本身，无法了解各种实际情况，因此往往产生距离感和怀疑感。这个时候，售前客服就显得尤为重要。售前沟通质量对店铺的销量有很大影响，尤其在当前市场竞争激烈、商品同质化严重的背景下，打动客户、促使客户下单购买，不仅需要依靠网店的产品图片、宣传广告，更需要依靠优质的客户服务。优质的客户服务基本包括回复及时、耐心细致、真诚有礼、简洁清楚等特点。

一、跨境售前客户服务准备工作

售前客户服务的工作内容主要是从事引导性的服务，即从客户进店咨询到下订单付款的整个工作环节都属于售前客户服务人员的工作范畴。售前客户服务人员需要充分做好售前准备的工作，灵活掌握沟通的技巧，了解跨境电子商务平台的规则与注意事项，熟悉产品信息，了解相关产品推广活动，熟悉沟通工具的使用，并掌握基本的交流、沟通方法，这些都属于售前客户服务人员最基本的工作能力。

扫一扫

跨境售前客户服务准备工作

（一）把握公司及产品情况

在跨境电子商务中，客户往往不专业或缺乏对相关产品的了解，这就需要跨境客服人员从专业的角度来帮助客服解决问题。售前客服人员在向客户推荐产品时，在关于设计产品的专业术语、行业概念、物流问题及税费问题时，客服人员需要用通俗易懂、简明扼要的方式向客户解释和说明。在针对客户问题提出解决方案时，客户服务人员需要基于问题产生的真实原因，提出负责而有效的解决方案，搪塞和拖延时间的解决方法是售前客服的最大忌讳。从长远来看，耐心细致地回答客户问题，会增加客户对卖家的信任感，进而形成客户黏性，而且还有助于将初次询问和偶然询问的客户转化为自己的长期客户。

（二）掌握客户心理，运用适合的礼仪

1. 掌握客户静默式下单的心理

跨境电子商务的客户在很多时候会采用静默式下单，所以如果客户在售前联系客服都是带着问题而来的。由于买卖双方在时间和文化背景上存在差异，再加之语言存在障碍，不专业的客户时常很难清晰地理解某些中国卖家写出的英文产品说明，如果售前客服让顾

客久等，或者沟通不畅时就会引发顾客的不满。因此，售前客户服务人员一定要关照外国客户的心理需求，清楚、明确地进行产品介绍，提供专业化的咨询服务，使用客户熟悉的语言和沟通方式，这样才能有效地引导客户购买产品，提高咨询转化率。

2. 适当利用交往礼仪提升客户满意度

从商务礼仪的角度讲，售前客户服务人员要确保在谈判开始时，就做谈判的主导，设法引发客户的情绪，为后面的双面沟通与问题解决打好基础。在跨境电商中，客户遇到棘手问题时表现出急躁是很常见的事情，客服需要掌握应对技巧，并适当运用商务礼仪淡化客户因时间和空间而产生的疏离感，在字里行间的细节处向客服呈现出负责、尊重的态度，这对于解决问题至关重要。

3. 利用 SKU 库更好地服务客户

库存进出计量的单位（SKU），可以是件、盒、托盘等。在电商运营中 SKU 包含了以下两方面的信息。

（1）从货品角度看，SKU 是指单独一种商品，其货品属性已经被确定。只要货品属性有所不同，那么就是不同的 SKU。属性包括很多，一般的理解货品属性包括：品牌、型号、配置、等级、花色、成分、用途等。也就是说同样的货品只要在人们对其进行保存、管理、销售、服务上有不同的方式，那么就需要被定义为不同的 SKU。

（2）从业务管理的角度看，SKU 还含有货品包装单位的信息，还包含商品包装的信息。计量单位、包装单位不一样，其适合的管理就不一样，也可以将其分成不同的 SKU。如袜子是以“双”为单位的，也就是一双袜子是一个 SKU，袜子参数都一样，只是在打包过程中，一包里面有 12 双袜子，那么 12 双袜子与 1 双袜子又是不同的 SKU。

如果能建立 SKU 库和客户列表，并把客户资料与产品信息结合起来，这样就能更快地查找到客户购买产品的价格动态信息与销售数量。同时，在客户咨询时能够迅速而准确地搜索到匹配客户需求的产品，为客户提供贴心周到的精细化服务。

二、跨境售前客服常见问题的处理方法

虽然跨境客户往往进行静默式下单，但是也不排除下单前需要与卖家进行沟通的顾客，因此售前客服仍然要对售前沟通工作了如指掌。售前沟通主要是引导性的工作，它包括从客户进店咨询到拍下订单付款的整个工作环节。其主要工作如下。

（一）关于产品的沟通

在大部分情况下，卖家已经在跨境电商平台的详情页中详细地介绍了产品的信息，包括产品质量、颜色、规格、尺寸、材质和产品的销售方式等。但是，由于平台提供的仅仅是产品图片和文字描述，在对于产品的各个方面无法把握的情况下，客户可能会向卖家进行咨询。

1. 在质量或材质上，客户有时候无法直观把握

例如，某跨境平台上卖家收到客户的咨询："The coat is cheap，is it really 90% wool?"

【回复案例】

Dear sir/madam,

Thanks for the interest.

The coat is sell in low price as it is shipped directly from our factory. We guarantee that it is made of 90% wool and 10% cashmere. It is of good quality，and we promise to give you a full refund if the material is not as described.

Best regards,

（Your name）

2. 在颜色选择上，卖家提供的备选颜色无法满足客户的需求和喜好

例如，客户询问："Hi，do you have the iPad case in golden color?"

【回复案例】

Dear sir/madam,

Thanks for your inquiry.

Sorry to tell you that golden color of the iPad case is not available at the moment. There are rose gold and champagne colors，which are similar and very popular in your market. Could you please consider about one of them? Hope to hear from you.

Best regards,

（Your name）

3. 关于产品的规格尺码

客服人员一定要耐心回复，避免因规格尺码的选择问题引发纠纷。特别是服装和鞋类产品的尺码，国内的尺码标准和国外不一样，经常会引发混淆，客服人员应熟悉所经营产品的不同的国家标准，并准确给予客户建议。例如，某女装店铺收到买家询问某款连衣裙尺码的询问："Dear friend，please help me choose the size for bust 89 cm，waist 7 cm，and hip 90 cm." 卖家应根据客户提供的信息，根据附图中的尺码标准图，给出参考尺码选择，吸引客户下单。

【回复案例】

Dear sir/madam;

Thanks for your interest in our item. We offer three different sizes S，M and L（please refer to the attached size table below）.

According to the information you offered，we suggest you choose size M. You can also get more information from the size table. Please allow 1 ～ 2 cm errors due to manual measurement.

And we do have this size in stock. We will ship it within 24 hours once you place an order from us. If you need any help or have any questions，please contact us. We will be here for you.

Best regards，

(Your name)

4. 关于产品的销售方式

目前跨境电商 B2C 平台以零售为主，但是也有打包批发、直接代发等方式，涉及非主流的销售方式或者客户有这方面需要时，通常会向卖家咨询。例如，以下客户的咨询。

"Hello. How much for 30 pairs of stockings with multiple colors and postage to the U.S.A?"

【回复案例】

Dear sir/madam，

Thanks for your inquiry.

Sorry to tell you that we sell this item in dozens. You can choose the quantity of 3 dozens. And you can leave a message about the color you like in the order. We will make the delivery according to your requirement. And the shipping is free to the U.S.A by China Post Registered Air Mail or ePacket.

Looking forward to hearing from you again!

Best regards.

(Your name)

（二）关于价格的沟通

与国内电商不同，跨境平台客户几乎不会与卖家讨价还价。大部分客户会直接根据平台上的产品价格直接决定下单或者不下单。但是以下几种情况可能会涉及价格的协商。

1. 客户下单未支付

如果发现客户下单未支付，跨境客服应考虑对价格、运费等进行调整，主动联系客户关注下单产品，争取订单。

【回复案例 1】

Dear sir/madam，

Thanks for your interest in our item. However，we notice that you haven t made the payment yet. Please note that there are only 3 days left to get 10% off by making payments. Right now，we only have × lots of the × color left. The products may sell out soon for high popularity. We will prepare for your order at once after you pay. Hope to hear form you.

Best regards，

(Your name)

【回复案例2】

Dear sir/madam,

We appreciate the order No. ×××××× from you. For more future orders from you, we decide to give another 5% discount to you. We have adjusted the price for your order. Please check the price. We will ship your order within 24 hours once your payment is confirmed. If you need any help or have any questions, please let us know.

Best regards,

(Your name)

2. 价格不符合心理价位

客户拍下产品后，有时候会觉得价格不符合心理价位，客服提醒付款时，客户有可能会问："It is kind of expensive. Can you give me some discount?"

【回复案例1】

拒绝还价的回复。

Dear sir/madam,

Thank you for your inquiry.

I am sorry to inform you that we are not be able to offer your any discount for the price listed is reasonable and has been careful calculated and leaves us limited profit already. You can compare the price to that of the other sellers.

We can promise that our product is of good quality.

Please let me know if you have any further question.

Sincerely,

(Your name)

【回复案例2】

折扣价的回复。

Dear sir/madam,

Thank you for your inquiry.

We would like to offer you some discounts on bulk purchases. If your order is more than 10 pieces, we will give you a discount of 5% off.

Look forward to your reply.

Sincerely,

(Your name)

3. 跨境电商的商品批发优惠

跨境电商的一些小额跨境批发平台如敦煌网，以批发的价格优势吸引众多的批发商。因此，如果有批发询问时，跨境客服一定要抓住机会，回复时将商品样式、采购量和相应的价格详细说明。批发价格一定要有竞争性，最好可以免邮，这样可以让客户觉得得到了一个特大优惠。

【回复案例】

Dear sir/madam,

Thank you for your inquiry.

We hope to establish business relationship with you. Here is the links of the products which you are interested in. If your order is larger than 100 pieces, we could give you a wholesale price $ 25/piece （freight included）. If you have any further questions, please let us know. We will try our best to help you. Looking forward to your reply.

Sincerely,

（Your name）

（三）关于支付信息的沟通

在整个跨境交易的实现中，订单的支付起到非常关键的作用。没有支付就没有最终交易的完成。但是，很多买家，特别是新手买家，由于对平台的支付流程不熟悉，在下单后无法完成支付操作。

1. 收到客户求助信函

如果客户支付失败，收到客户的求助信函，跨境客服人员应该耐心地解答。

【回复案例】

Dear sir/madam,

Thank you for your inquiry. If your payment for the order has failed, please check it is not due to the following situations:

（1）Card security code failed.

（2）Insufficient fund.

（3）Exceed limit.

（4）The 3-D security code failed.

（5）Verification failed

If you have any other questions, please feel free to contact me.

Best Regards,

（Your name）

2. 顾客下单遇到支付问题

如果发现客户下单未支付，跨境客服应主动联系卖家询问是否遇到支付问题，并告知支付流程，争取订单。

【回复案例】

Dear sir/madam,

Thank you for your order. It brought to our attention that your payment hasn't been received yet. We wonder if you have any problems making the payment. If so, we hope the following instruction can help you.

You can select the order and click the "Pay Now" button. Choose your preferred payment method on the checkout page. The platform supports Visa, Master card, Maestro Debit Card, Western Union and wire transfer via banks.

Thanks again! Looking forward to hearing from you soon.

Best Regards,

(Your name)

3. 合并支付

一个买家在同一店铺购买多样产品时，产生多个订单发往相同的收货人及收货地址，这对买卖双方都会造成不便。跨境客服人员可以引导客户使用购物车进行合并支付，并给予一定折扣吸引买家。

【回复案例】

Dear sir/madam,

I'm writing to ask if you would like to place one order for all the items for I noticed that you have placed 5 orders in our shop. If so, please try the following instruction:

Firstly, click "add to cart", then "buy now", and check your address and order details carefully before clicking "submit". After that, please inform me and I will cut down the price to US $ × ×. You can refresh the page to continue your payment.

Thank you for your attention! If you have any other questions, please feel free to contact me.

Best Regards,

(Your name)

（四）关于物流信息的沟通

跨境电商的"痛点"在于跨境物流，跨境物流的"痛点"在于配送时间长、包裹无法全程追踪，清关障碍、破损甚至丢包率高等。跨境客户往往不满意物流配送的速度和质量，常常引发纠纷。因此，在售前与客户就物流问题做好沟通，能够免去很多不必要的麻烦，并赢得客户的信任。

若是客户来函，要求尽快收到商品，如全球速卖通上一个美国客户的来信："I would like to get the order within 10 days，would you recommend the best method of shipping，and if it is free shipping?"客服需要了解跨境物流的种类，根据各种物流的时效、限制以及运费才能向客户推荐最合适的一种。

【回复案例】

Dear sir/madam，

Thank you for your inquiry.

According to your requirement that the order should be received within 10 days，we suggest one of the following express shipping options：UPS，FedEx，DHL，TNT，EMS. But you need to pay the extra freight according to the real cost.

Best regards.

（Your name）

知识加油站

因物流风险而无法发货的解释

如果由于物流风险，卖家无法向客户所在地发货，售前客服人员一定要向客户致歉，并说明如果客户愿意，可发货至其他国家或地区，欢迎客户继续光顾。

Dear buyer，

Thank you for your inquiry.

I am sorry to inform you that our store is not able to provide shipping service to your country/region. However，if you plan to ship your orders to other countries/regions，please let me know. Hopefully we can accommodate future orders.

I appreciate your understanding!

任务二　跨境电子商务售中客户服务与沟通

跨境电子商务售中客服一般指从客户下单到签收货物这一阶段的客户服务。这一阶段的客服与沟通也是体现卖家服务质量的重要环节。售中客服的常规工作包括收到订单、物流跟踪、关联商品推荐、特殊情况处理等。客户下单之后，可能对货物充满期待，从而比较关注物流等问题。卖家发货后，需要跟进订单的物流动向，提醒客户及时收货，以及关注最终是否要投等。

一、跨境售中客服的含义及涉及范围

售中是指从客户下单后到客户签收货物这个阶段。这个阶段是跨境客户服务与沟通最重要的环节，同时也是涉及范围最广、最体现客服专业程度的客户服务环节。

售中客户服务的业务范围包括订单处理、物流跟踪、关联产品定向推荐、特殊订单处理与交流。售中客户服务既是满足客户购买商品欲望的服务行为，又是不断满足客户心理需要的服务行为。

二、跨境售中客服沟通的主要形式及技巧

售中客户服务与沟通的主要形式包括邮件交流、在线即时交流以及部分口语交流等。在与客户交流时，卖家应该主动、热情、耐心、周到，为客户提供最优质的服务解决方案，把客户的潜在需求变为现实需求，达到商品销售的目的。优秀的售中客户服务人员将为客户提供享受感，促进客户做出购买决策。融洽而自然的售中客户服务还可以有效地消除卖家与客户之间的隔阂，在客户与卖家之间形成相互信任的气氛。

三、跨境售中客服常见问题处理方法

售中沟通的工作主要集中在客户付款到订单签收的整个时段，主要是物流订单工作的处理。当然，在订单处理的过程中还会遇到一些特殊的情况，如客户临时更改物流地址或取消订单、客户拒签、重新发货等情况。

（一）关于产品下单

随着跨境贸易的发展，“价格为王”已经转为“服务为王”，特别是跨境 B2C 贸易中，卖家直接面对的是个人消费者，而个人消费者更看重服务，因此，跨境商家除了提供的产品质量要过硬、价格要有竞争力以外，服务更要周到。客户有良好的体验，感受到卖家对他们的重视，往往店铺的回购率就会提高。

1. 发送感谢信

客户下单之后，客服人员应在第一时间发送感谢信，感谢客户的购买，并告知会及时安排发货、更新物流信息。

【回复案例】

Dear sir/madam,

Thank you very much for shopping with us.

We will prepare the item and send it to you within 1 ～ 3 days by ePacket. We will keep you informed with the latest shipping information. Please feel free to contact us if you have any question. We will always be there for you.

Sincerely,

（Your name）

2. 取消订单

客户下单之后，也有可能由于种种原因取消订单。如果是由于卖家的原因而取消订单，会影响卖家的店铺等级，因此客服人员要耐心做出解释，适当引导客户选择取消订单的原因是客户自身的原因；如果客户由于其他原因取消订单，客服应积极跟进，询问缘由，争取挽回订单。

【回复案例 1】

Dear sir/madam,

Sorry to tell you that your order has been closed because your credit card has not been approved by the Ali. We have already prepared the jelly candles for you. If you want the item now, please place a new order and you can pay by PayPal, Escrow, Payoneer, Western Union or T/T. Also, you can contact with the Ali.

Sincerely,

(Your name)

【回复案例 2】

Dear sir/madam,

We are writing to tell you that the periwig you ordered is out of stock at the moment. We would like to recommend you some other items which are of the same style. Please click the following link to check them out.

http://help.aliexpress.com/alert_subscribe.html.

If you are not satisfied with the items recommended, would you please apply for "cancel the order" and choose the reason of "Buy the wrong goods" or "The repeat orders"? In that case the payment will be returned in 7 business days.

Sorry for the inconvenience and thank you so much for your understanding!

Sincerely,

(Your name)

3. 更换货物

如客户提出需要更换货物，客服人员应及时查询货物库存情况，做出处理。例如，客户的来信要求将她购买的 L 码的 T 恤换成 XL 码。

【回复案例】

Dear sir/madam,

Thanks for your order. We have changed the T-shirt with size L to the one with size XL for you. Hope you would be satisfied with it.

Sincerely,

(Your name)

（二）关于发货的沟通

1. 买家下单后，缺货、断货时的沟通方法

【回复案例】

Dear sir/madam,

Thank you for your order. The items you ordered is currently out of stock, however you can select an items of equal value to your order, or request a refund. Please let us know which you prefer.

We look forwarding to hearing from you soon.

Thank you.

(Your name)

2. 由于某种原因（如法定节假日），不能正常发货，请买家同意延长发货期的回复

【回复案例】

Dear sir/madam,

Thank you for your order. Please note that there will be shipping delays due to the national holidays and your order might not arrive at the expected time. We plan to extend the lead time, would you please accept it?

Thank you for your understanding and patience.

(Your name)

3. 买家选择的发货方式，卖家无法做到，询问买方是否同意更换发货方式

【回复案例】

Dear sir/madam,

Thank you for your order. We are sorry that we cannot ship your items via DHL at this point. We can only ship your item via E-packet which usually takes 10 ～ 15 business days for delivery. Please let us know as soon as possible if we should proceed with the E-packet shipping method.

We look forward to hearing from you soon.

Thank you.

(Your name)

4. 买家所在的地区比较偏远，不能包邮，建议买家补运费

【回复案例】

Dear sir/madam,

Thank you for your order. We are sorry that we cannot ship your items via free shipping method as the address you have provided is located in a remote area. In order for us to ship your items to you asap，you will need to pay an extra fee，or you can request a full refund.

We are sorry for any inconvenience this may have caused. Pleas let us know which you prefer.

Thank you!

（Your name）

（三）关于物流跟踪

客户下单后都希望尽快收到商品，经常是处于焦急等待的状态。此时，跨境客服若能及时跟踪订单，主动向客户反馈订单信息，或者在收到客户关于物流的咨询时第一时间回复，这样客户能够了解订单的进展，就会提高满意度。

1. 及时告知顾客物流信息

在物流中的一些特定节点，如货物发出之后、货物到达目的国、货物抵达目的国海关、货物妥投等，客服人员都应该发送通知贴心地告知客户。通知中应告知物流方式、发货时间、物流单号、目前物流的状态以及查询途径。

【回复案例 1：发货通知】

Dear sir/madam,

Thank you for shopping with us.

The item you ordered has been shipped out on Feb. 27th by China post air mail. The tracking number is ×××××，and you may track it on the website below：

http：//www17 track.net/index_en.shtm

It will take 20 ～ 30 working days to reach your country.

If you have any questions，don't be hesitate to contact us at anytime.

Sincerely,

（Your name）

【回复案例 2：货抵海关】

Dear sir/madam,

I am writing to update the shipping status of your order. The information shows it was handed to customs on Mar. 10.

Tracking number：You can check it through web.

You may get it in the near future. Please pay attention to the package delivery.

I apologize that the shipping is a little slower than usual. Hope it is not a big trouble for you.

Sincerely,

（Your name）

【回复案例 3：货物妥投】

Dear sir/madam,

I learnt from the tracking information that you had received your order! Did it arrive in good condition?

If you are satisfied with your purchase and our service, please give us a five-star feedback and leave positive comments on your experience with us, and we will much appreciate it.

If you any problem, it will be appreciated too if you contact us directly for assistance rather than submitting a refund request.

We aim to solve all problems as quickly as possible. Thank you!

Sincerely,

(Your name)

2. 客户来信咨询发货时间或者到货时间

【回复案例】

Dear sir/madam,

Generally speaking, your package needs 1 ～ 3 days to pack up, and 20 ～ 30 days to arrive in your country. We will inform you as soon as we deliver your order.

Sincerely,

(Your name)

3. 客户未收到货物

此时应耐心劝导。如果货物丢失，则要说明情况，引导客户申请退款，并致歉。

【回复案例】

Dear sir/madam,

Please don't worry, we will try our best to help you solve the problem.

We have checked with Post Office and found that your package was lost on the way. We are sorry for that and we suggest that you apply for refund. If you still want to buy these T-shirts, you can place an order again and for further cooperation, we will give you a 10% discount. Waiting for your reply soon.

Sincerely,

(Your name)

4. 无法采用客户选择的物流方式

由于特殊原因无法采用客户选择的物流方式，应先客户沟通，取得其同意 后再更换，并及时告知更换好的物流单号。

【回复案例 1】

Dear sir/madam,

There is a backlog of orders for China Post Air Mail to ship. I do not know when your order can be shipped. How about changing the logistics company to EMS? But you have to pay extra freight for it.

Please writing soon to tell me your decision.

Sincerely,

(Your name)

【回复案例 2】

Dear sir/madam,

I have changed the logistics company to EMS. Now you can track your package on the web with tracking number .

Sincerely,

(Your name)

5. 货物在运输过程中丢失，向买家提出重新发货

【回复案例】

Dear sir/madam,

Your items have been shipped on 12 MAY, 2019, however the shipping carrier has lost the package. At this point we would like to offer you two options, we can either resend you items or provide you with a full refund. Please let know which you prefer. We are sorry for any inconvenience this may have caused.

Thank you.

(Your name)

6. 货物已经到达买家海关，需要买家清关

【回复案例】

Dear sir/madam,

Your order number xxx has arrived and is being held by customs, and you will need to clear your item with customs. Please note that there might be VAT that you might have to pay.

If you have any questions, please feel free to contact us directly and we will be glad to assist you.

Thank you.

(Your name)

7. 货物投妥，但投妥地址与签收人不一致，请买家再次核对

【回复案例】

Dear sir/madam,

Your package was delivered to the address that you have provided, here is the shipping receipt, please check with your local post office, or any family member or neighbor who might have signed for your package.

If you have not yet received your package, please feel free to contact us directly.

Thank you.

(Your name)

（四）关于特殊订单处理

跨境包裹在运输的过程中由于不可抗力、节假日或者其他因素无法按时到达时，客服人员应该主动告知客户，并保证及时更新订单信息，对此造成的不便致歉，希望客户能够理解。

1. 海关查验的原因

【回复案例】

Dear sir/madam,

We received the notice from logistics company that customs in your country are inspecting the parcels strictly recently. In order to have the goods reach you safety, we suggest that the shipment be delayed.

Please let us know your decision as soon as possible. Thanks.

Best Regards,

(Your name)

2. 节假日的原因

【回复案例】

Dear sir/ madam,

Thank you for shopping with us. However, in celebration of National Day as well as Mid-Autumn Day, all shipping services are supend temporarily during the period, so your parcel is delayed.

We apologize for the inconvenience caused and appreciate your kindly understanding.

Best Regards,

(Your name)

3. 不可抗力因素导致的物流延误

【回复案例】

Dear sir/madam,

Your order has been shipped since Monday. But we feel so sorry to inform you of a possible delay because of peak seasons or bad weather.

We will keep a close eye on your order, and let you know as soon as possible if there is anything new. In order to make up for the possible inconvenience, we will offer you a/an ××-dollar coupon, which can be used in your next order with us. Your kind understanding will be greatly appreciated.

If there is anything we can do for you, do not hesitate to contact us. Thank you.

Best Regards,

(Your name)

知识加油站

客服议价技巧

当客户表现出购买意图，并询问价格和折扣时，客服人员就要回应客户的议价要求。在引导客户量大优惠的同时，客服人员也可以从以下方面告知客户不能降价的理由。

（1）公司成本高。告知客户，我们的原材料和人力成本都在上涨。

（2）利润空间低。行业竞争激烈，已是最低价。

（3）已是最优价。本店都是实在价格，童叟无欺，已是最优价。

（4）产品质量好。一分钱一分货，高价格意味着高质量。

任务三 跨境电子商务售后客户服务与沟通

售后服务是整个销售过程的重点之一。好的售后服务会带给客户非常好的购物体验，可能使这些客户成为店铺的忠实客户。提高客户满意度，让客户给出好评，可以为卖家带来额外交易，同时影响商品的排序曝光，还会促进其他客户购买，以及影响卖家店铺的星级和平台资源。因此，客户好评对于卖家非常重要。卖家应该重视和充分把握与客户交流的每次机会，因为每次交流都是一次难得的建立感情、增进了解、增强信任的机会。客户也会把他们认为很好的卖家推荐给更多的朋友。

售后客户服务的主要工作就是要成功地处理客户投诉，这就需要平台客服人员首先要找到最适合的方式与客户进行沟通与交流。很多客服人员都会遇到客户在投诉时表现出情绪激动、愤怒的情况，如何面对这样的客户并做好相应的投诉处理呢？这就需要掌握一定的应对方法。

知识加油站

跨文化客服与沟通的注意事项

跨文化沟通产生于这样一种情况：信息发出者是一种文化的成员，而信息接收者是另一种文化的成员。在实践中，通常处于劣势地位的角色要迁就处于优势地位的角色；或者，为了实现跨文化合作，势必学会接受他人的文化，以得到他人的认同。因此，在跨境电子商务客服工作过程中，客服人员要了解各个国家的文化，并注意沟通过程中的礼仪和敏感问题。

一、跨境售后客户服务技巧

（一）快速反应

当客户遇到与商品有关的问题时，常常会担心得不到解决而表现出急躁的情绪，因此当客户提出投诉时一定要快速反应，准确记录下客户的问题并与客户沟通确认，在确认之后要及时查询问题发生的原因，并将原因告知客户。但有时会遇到一些不能够马上解决或者查明原因的问题，这时切忌对客户无应答，应向其解释原因，并尽量给予一个确定的答复时间，在答复时间到来时争取给客户一个满意的回答。

（二）热情接待

当收到客户投诉时，要热情对待，很多客服常会出现一个误区，那就是交易时对待客户热情，而投诉时态度冷淡，这样的做法很容易给客户带来一种“虚伪”的印象，这样的印象一旦形成，即便后期解决了客户的投诉，客户也会因不好的体验而不会再次来到店铺购买，造成客户的流失。

（三）认真倾听

对于客户的投诉，不要着急去辩解，而是要耐心地听清楚问题的所在，和客户一起分析问题出在哪里，有针对性地找到解决问题的方法。在倾听客户投诉时，不但要听他表达的内容，还要注意他的语调和音量，这有助于了解客户语言背后的内在情绪。同时，要通过解释与澄清，确保真正了解客户的问题。

【案例】

客服：××先生，您看一下我的理解是否正确：您上个月从我们店铺买了××型号的手机，购买后常出现无故死机的情况，上次的解决方案是让您免费到我们的手机维修中心进行检测，但检测没有显示任何问题。今天，死机现象又再次出现，您很不满意，要求我们给您另行更换一个同款手机，对吗？

（四）引导客户思绪

很多客服人员在服务时对于非自身的问题进行答复时，很少使用“对不起”或“抱歉”这样的语言。其实，“对不起”或“抱歉”并不一定表明你或者公司犯了错，而是体现了你对客户不愉快经历的遗憾与同情。不用担心客户因得到你的认可而越发强硬，认同只会将客户的思绪引导向问题的解决，而非一直处于负面情绪之中。引导客户思绪时可以根据情况采用以下几种方法。

1. 转移话题法

当客户按照自己的思路处在负面情绪中时，客服人员要注意倾听对方的抱怨，从中抓住一些相关的内容，扭转方向，缓和气氛。

【案例】

客户：你们未按时送到货，让我错过了孩子的生日，这不是钱的问题，这样的损失你们补偿得起吗？

客服：非常理解您，您的孩子多大了？是男孩还是女孩？

客户：男孩，7 岁了。

客服：您看我给您补偿一个儿童滑板车可以吗？这款儿童滑板车非常适合这个年龄的男孩子玩，这也是近期我们店卖得最好的产品，希望您能接受。

2. 间隙转折法

对于客服暂时没办法立刻给出解决问题方法的时候，或者客服无权做相关决定的时候，采用间隙转折法这种方法是非常必要的。

【案例】

客户：我要求全额退款，而且退货的运费要由你们承担。

客服：您的要求我清楚了，稍等，我向主要负责人员请示一下，尽量满足您的要求，如果实在有困难，您还有没有其他解决方法，我会一并向负责人请示。

3. 给定限制法

有的时候遇到一些素质一般的客户，虽然客服人员做了很多尝试，但对方依然不依不饶，甚至不尊重客服人员的人格的时候，客服人员可以采用较为坚定的态度给对方一定的限制，从而达到让沟通进行下去的目的。

【案例】

客服：×× 先生，我非常想帮助您，但是如果您一直这样情绪特别激动，我只能和您另约时间沟通解决问题了，您看呢？

（五）认同客户感受

客户在投诉时常会出现烦恼、失望、泄气、愤怒等各种情绪，客服人员要积极地转化这些情绪，避免将这些情绪看作是针对自己的。无论客户是否有道理，但是在客户世界里，客服人员只有与客户的情绪同步，才有可能真正了解客户的问题，从而找到最合适的方式与客户交流，从而提高成功解决纠纷投诉的概率。

（六）提出补救措施

对于客户的不满，及时提出补救措施非常重要，这会让顾客感觉到你在为他考虑，并且很重视他的感觉。一个及时有效的补救措施，往往能让客户的不满转化为感谢和满意。但是在提供补救措施时还要再注意以下几点。

1. 为客户提供多种补偿选择

通常一个问题的解决方案都不是唯一的，给客户提供多种选择方案，会让客户感受到尊重，同时按照客户选择的解决方案来实施的时候，也会得到客户更多的认可和配合。

2. 诚实地承诺

在实际的客服工作中，常会遇到比较复杂或特殊的情况，如果客服人员不确信该如何为客户解决问题时，一定不要向客户做任何承诺，而应该告诉客户会尽力寻找解决方案，如果寻找解决方案需要一点时间的话，一定要约定给客户回复的时间，并一定要确定在约定的时间给客户答复。即便到了约定时间仍不能解决问题的话，一定要向客户解释进展状况。

3. 适当给客户一些补偿

为了弥补交易中的一些失误，企业应该给客服人员一定的补偿权限，以便客服能够灵活处理类似问题。但要注意的是，不能只依靠补偿来解决问题，补偿后要认真研究问题，从根本上解决问题，避免今后再次出现类似的情况。

国际视野

机械售后服务规范为买家提供售后保障

阿里巴巴国际站于发布售后服务规范——机械售后服务规范，买家下单采购带有After-sales标识的机械产品后，卖家需要按照该服务规范向买家提供所销售产品的相关售后服务。

规范中的售后服务内容包括机械产品的安装和维修服务，卖家可通过委派售后工程师上门和买家本地服务点提供售后维修服务同时，在收到买家需求后，卖家需要在24小时内进行有效回复，逾期未回复或未提供合理解决方案的视为卖家拒绝提供售后服务。卖家无正当理由拒绝履行售后服务承诺或未按照要求和时效履行售后服务承诺的，买家可向阿里巴巴国际站发起投诉。投诉成立两次及以上立即清退卖家且清退后一年内不得再次报名申请加入机械售后服务。此次机械售后服务规范的发布为相关买家提供了售后保障。不过需要注意的是，若受不可抗力影响或买家明显滥用服务权利等，买家将无法享受机械售后服务。

二、跨境售后客服典型业务处理

（一）买家投诉货物与描述不符的沟通回复

【回复案例】

Dear valued Customer,

We have received your dispute message, what's wrong with the items which you have received? If you are experiencing problems with the items that you have received, please take clear photos or video and send it to us so that we may be able to resolve it as soon as possible. Thank you for your time.

(Your name)

（二）货不对版的沟通回复

【回复案例】

Dear Valued Customer,

Sorry to know that you received a wrong item. Please don't worry, we will surely try our best to solve the problem.

Although it hardly happen, as we have a serious package team, but I know nothing is impossible. So would you mind sending me the picture of the item you received? If we find out the problem is on us, would like to resend you the right one or refund your money as you prefer. I assure you will not bear any loss.

I feel so sorry for the inconvenience caused to you and I am looking forward to your confirm message.

Best regards,

(Your name)

（三）买家投诉收货数量不正确的沟通回复

【回复案例】

Dear valued Customer,

If your package is missing some of the items that you have ordered, please take clear photos of the items that you have received, and send it to us. We can then proceed to send you the missing item as soon as possible or you may tell us your solution.

Thank you for your time.

（Your name）

（四）没有在规定时间内收到货物

【回复案例】

Dear Valued Customer,

Thanks for your message.

Sorry to hear that you still have not received your order. Just now I checked the shipping record. It seems that your order has left China on Nov.23th.

You know Christmas and New Year is coming, and there are many more parcels than usual at this time of the year, which may cause delay of many parcels. I guess that may be the reason why you have not received the goods. Normally it won't be lost. Would you please wait for one more week. I am sure you don't get it after that, please feel free to contact me again.

Thank you for your patience!

Best regards,

（Your name）

（五）客户给出差评时的沟通回复

【回复案例】

Dear Valued Customer,

We noticed that you gave us a negative feedback. We feel so sorry that you are not satisfied with your products.

From your comment, we learnt that the sleeves of the dress are too long for you. In order to show our sincerity to fix the problem, we would like to give you a 5% discount so that you can have the sleeves cut short with the refund money.

Here we sincerely hope that you can revise the bad valuation, for positive feedback is very important to us.

We apologize again for all your inconvenience. If you have any other questions, please let us know. We will definitly try our best to solve all the problems.

Best regards,

（Your name）

（六）买方将纠纷投诉到平台时的沟通回复

【回复案例】

Dear Valued Customer,

We have received your escalated dispute message. Please provide us with the specific problem that you are having in order for us to help you resolve this case as soon as possible. Or you may tell us your solution.

We are looking forward to hearing form you soon.

Thank you.

（Your name）

（七）退换货的沟通回复

【回复案例】

Dear Valued Customer,

We apologize for the inconvenience. But we sincerely hope to bring this matter to a successful solution.

As such, we would like to offer you the following option: 1. Keep the items you ordered and accept a partial refund of US $ × ×; 2. Return the goods to us and you will receive a full refund; 3. Return the goods and we will give you a replacement when will when we receive it, and we will take responsibility of the shipping freight back and forth.

Please let us know your decision soon and whatever your decide, we hope to do business with you for a long time.

Best regards,

（Your name）

（八）收到买家退货并完成退款后，希望下次可以再次合作的沟通回复

【回复案例】

Dear Valued Customer,

We have received your item and will now proceed to inform Dhgate to apply the refund to you. We apologize for any inconvenience this may have caused. Welcome to our store again and we will give you some discount in your new order.

Best Regards!

（Your name）

（九）恳请客户修改中差评的沟通与回复

【回复案例】

Dear Valued Customer,

We are sorry to see that you left neutral/negative feedback relating to your recent purchase experience from our store. But I am pleased we have solved the problem together. I hope you are satisfied with our solution.

Now that we have solved the problem, would you please spare some time to change your feedback into a positice feedback?（Link to Revise Feedback：×××××××××××××）You know 5-star is really important for us.

Thanks again and we sincerely lool forward to establishing long business relationship with you.

Best Regards!

（Your name）

知识加油站

争取友好协商解决纠纷

纠纷一旦出现，不仅影响买卖双方，还会影响买家对平台的信任。各个跨境电子商务平台对纠纷都有考核，因此卖家必须积极应对纠纷，争取友好协商解决。同时，面对纠纷，不卑不亢，理智处理，将店铺损失降到最小。当然，提前布局，防患于未然，严谨地进行售前服务才是根本。

项目小结

本项目主要介绍了售前、售中、售后客服的工作内容和沟通技巧。读者应首先应熟悉售前客服的工作流程、常用回复方式、工作技巧等，能够创作售前沟通文案，并妥善处理和回复客户对公司、产品的咨询，并为后续的学习做好准备；其次，能够了解售中客服的常规工作和特殊情况处理方法，掌握物流跟踪和特殊订单处理技巧，提高实践技能水平；最后售后环节，读者能够了解售中客服的常规工作和特殊情况处理方法，掌握物流跟踪和特殊订单处理技巧，提高实践技能水平。

巩固与训练

思考练习

1. 售前客户服务人员需具备哪些最基本的工作能力？

2. 跨境售中客服沟通的主要形式及技巧有哪些?

3. 跨境售后客户服务技巧有哪些?

拓展实训

1. 假设你是全球速卖通平台上的一位玩具卖家，请结合店铺销售的玩具，编写一套售前沟通文案，填入表 4–1，并进行自我评价。

表 4–1 售前沟通文案实训评价

相关知识和技能点	沟通文案	自我评价	同学互评	教师评价
打招呼				
介绍商品				
鼓励下单				
确认订单				
结束语				
价格回复				
议价				
样品				
运费				
支付				
物流				
商品推荐				

2. 假设你是跨境电子商务客服人员，看到一位客户下单后迟迟没有付款，该订单包含本店铺最热门的系列商品。请撰写邮件，提醒客户付款。并总结整理不同物流状态下的沟通方法，填入表 4–2，并进行自我评价。

表 4–2 物流跟踪沟通方法实训评价

订单物流状态	沟通方法	自我评价	同学互评	教师评价
等待客户付款				
客户已付款				
已发货				
货物到达海关				
货物到达配送点				
货物妥投				

续表

订单物流状态	沟通方法	自我评价	同学互评	教师评价
物流信息未及时更新				
物流速度缓慢				
货物丢失				
发错货或漏发货				

3. 假设某客户在你的店铺买了一件外套，货物收到后直接在全球速卖通后台提起了纠纷申请，全程没有跟你联系。作为客服人员，请你给客户写一封信，咨询他对商品或服务的有关问题，表示可以给予帮助，希望他能撤回纠纷申请。并总结整理引起纠纷的不同情形及沟通方法，填入表 4–3，并进行自我评价。

表 4–3　售后纠纷沟通方法实训评价

引起纠纷的情形	沟通方法	自我评价	同学互评	教师评价
延迟交货				
缺货（断货）				
海关扣关				
包裹丢失或退回				
发错地址				
运单号无效				
货不对版				
货物破损				
质量问题				
货物短装				
客户反馈是假货				

项目五

跨境电子商务客户的满意度管理

项目导读

随着跨境电子商务的快速发展，满足客户需求和提高客户满意度成为企业竞争的核心。良好的客户满意度可以带来更高的重复购买率、口碑传播和市场份额。因此，企业应重视跨境电子商务客户满意度管理，不断优化产品、服务和供应链，以提高客户体验。

学习目标

◎知识目标

1. 了解跨境客户满意度的内涵。
2. 了解跨境电子商务客户满意度的影响因素。
3. 了解提高客户满意度的主要方法。
4. 掌握跨境订单在不同阶段客户服务的主要内容。

◎技能目标

1. 掌握在跨境电商交易中的有效沟通方式与技巧。
2. 掌握避免和解决跨境电商交易中差评的方法与技巧。
3. 掌握避免和解决跨境电商纠纷的方法与技巧。

◎素质目标

1. 培养读者具备较好的服务态度和沟通技巧，能够迅速解决客户问题并及时反馈情况。

2. 培养读者具备较高的改善能力和创新能力，能够不断优化服务流程和提升服务水平。

3. 培养读者具备较高的团队协作能力和管理能力，提高跨境客户满意度。

思政目标

1. 培养读者树立服务至上的理念，努力提高服务水平，为企业赢得良好口碑。

2. 培养读者提升团队协作与创新能力，不断优化服务质量，提高企业竞争力。

案例导入

提高 B2B 客户满意度的优化五部曲

随着行业竞争越来越激烈，企业逐步重视对客户生命周期的管理。企业通过不断地了解客户需求，及时掌握客户信息，迅速、有效地采取相应行动，可以实施科学有效地管理，从而更好地选择、吸引、服务、保留和发展客户。

挖掘客户的需求，了解用户对产品和服务是否满意、产品和服务是否有需要改进的地方，这些反馈对于企业来说是非常重要的。目前，对于 B2B 企业来说，通过科学的问卷调研可以收集更多详细的数据，为今后的产品创新及服务提供决策的依据。下面介绍五点 B2B 企业在关注客户体验时应该注意的问题。

1. 确定客户群体及目标

B2B 企业客户满意度研究的主要内容为产品质量、服务和顾客价值，即客户在接受产品及服务期间所感知的整体满意度及在交易体验之后的评价。因为 B2B 企业以提供产品为基础，以满足客户需求为导向，主要是以批发采购为主的平台，所以在调研的过程中一定要明确谁是最终的使用者、通过这次调研要获得什么。

2. 保持简洁的话题

根据研究表明，调查时间越短，响应速度越好。调研要尊重受访者，不要耽误时间，尽量保持提问的快速和简洁；不要问一些不相关的问题，一定要明确调研的重点和目标；尽可能不要设置开放性问题，一般需要用户仔细思考后给予回答，让客户能够更轻松地完成问卷。

3. 持续跟进客户

B2B 行业与其他的行业不同，销售代表维护客户时，通过跟进客户，适当促使客户给予反馈，可以迅速地提升问卷的应答率。但在这个过程中，尽可能不要影响客户的观点。例如，百度、阿里巴巴等互联网公司一直致力于培育自己的客户群体，跟进客户，对有意向的客户进行回访，促使客户关注企业的动态和产品体系。

4. 适度的奖励

对于奖励，每个人都是比较喜欢的，适度给客户一些奖励或者额外的服务，相信每一个客户都不会拒绝的。

5. 使用电子邮件邀请

使用电子邮件邀请会减少客户的反感，企业可利用电子邮件简单地告诉客户需要什么信息，他可以获得什么。同时，一个吸引人的标题可以提升客户的应答速度。

企业可通过调研得到客户需求信息，从而为产品改进和创新提供方向。来自调研宝的研究顾问表示，满意度调研的目的在于理解客户的真正需求，寻求产品和服务的提升方向，要注重需求的挖掘和深入了解客户不满意背后的原因。

随着B2B电子商务服务平台的规模进一步扩大，未来将出现更多的百万会员数量级的B2B电子商务服务平台，从而进一步强化B2B电子商务服务平台的规模效应和网络效应，面对扑面而来的巨大流量，如何做到客户的高效转化，这是值得每一家B2B企业思考和布局的。

任务一　跨境电子商务客户满意度的内涵

专业的产品开发队伍是跨境电商的起点，物流配送是跨境电商的关键环节，稳定可靠的货源是跨境电商成功的保证，优质的客户服务及售后处理是跨境电商成功的关键。这些资源的有效配置构成了一个较为宽广的服务平台，保证了客户在产品购买及使用过程中的满意度。简言之，提供更优质、更具有价值的产品，以及更细致入微的客户服务是确保客户满意度的重要内容。

一、跨境客户满意度的概念

（一）客户满意度的界定

客户满意度是由客户购买和使用后对产品的判断（或者说“实际产品”）与客户对其购买产品的预期（或“理想产品”）的吻合程度来决定的。用公式表示为

客户满意度 = 实际产品感受 − 理想产品预期

“理想产品”是客户心中预期的产品，客户认为自己支付了一定数量的货币，应该购买到具有一定功能、特性和达到一定质量标准的产品；而“实际产品”是客户得到产品后，在实际使用过程中对其功能、特性及其质量的体验和判断。

如果“实际产品”劣于“理想产品”，那么客户就会产生不满；如果“实际产品”与“理想产品”比较吻合，客户的期望得到验证，客户就会感到满意；如果“实际产品”优于“理想产品”，那么，客户不仅感到满意，而且会产生惊喜。

（二）客户需求与隐含期望

让客户满意的关键是要理解哪些东西对客户来说是重要的，并且要尽量满足客户的期望（如果不能超过的话）。这些需求不仅仅是相关的产品或服务，许多产品之外的因素都会影响到客户的满意度。

对于企业来说，深刻理解客户的期望和需求是很重要的。企业是通过满足和超过客户的期望、迎合客户的需要来创造客户满意度的。

花些时间来考虑客户与企业进行交易时所交换的东西是有用处的。客户购买一件产品或者服务的时候会放弃某些东西。通常货币的支出是最明显的，但还有许多其他的东西。花在搜索、比较可替代品和进行购买上的时间和精力都必须被考虑到。认识到客户的需求存在于几个不同的水平上也很重要，而且为了取得客户满意度，就必须将注意力投入到满足各种不同水平的顾客需求上，从基本的产品和服务，到员工与客户的互动，到造就客户良好的感受。

（三）满足客户期望

企业可以提高客户获得的价值，或者通过减少客户的货币或者非货币形式的成本，或者通过某种方式增加客户所得到的价值。

如果客户的期望得到了满足，一般来说就会满意了。如果超过了这种期望，客户就可能表现出很高的满意度。很显然，在与服务提供者的互动中，客户会优先考虑某些方面的期望。

一些期望只在没有得到满足的时候才会浮出表面，这些期望通常被理解为必然的或者是理所当然地可以获得的。为了让客户真正满意，甚至成为回头客，再或者会对企业进行正面口头宣传，企业所做的必须超过客户的期望。

二、客户满意度的特征

（一）主观性

客户满意度是客户的一种主观感知活动的结果，具有强烈的主观色彩。因此，对客户来说，满意与否以及满意的程度，最先会受到主观因素的影响。如经济地位、文化背景、需求和期望及评价动机，甚至地方性的好恶、性格、情绪等非理性因素都会对客户满意度产生影响。

扫一扫

客户满意度的特征

（二）客观性

客户满意度是客观存在的，并且不以企业、客户的意志为转移。也就是说，客户一旦接受了企业提供的产品（包括售前服务，如广告宣传之类），就有了一个满意度的概念。不论组织是否对此加以关注，是否去进行调查，客户的评价总是客观存在的，不受人为因素的改变。

（三）比较性

客户满意度是客户期望与客户感知相比较的产物，客户满意度的比较，可以是横向比较，也可以是纵向比较。但比较是有限的，因为在某些情况下，不同的客户对同一个影响其满意度的因素的期望与感知不尽相同。

（四）模糊性

由于客户满意度是一种主观感知、自我体验和情感判断，这种主观感知或情感判断，带有许多“亦此亦彼”或“非此非彼”的现象，即模糊现象。同时，客户满意度也是有差距的，但究竟差多少，也是相当模糊的，是难以精确和量化的，如很难界定“满意”和“较满意”的差距究竟有多大。

（五）差异性

客户满意度往往因客户属性（如自然属性、社会属性、消费属性等）、企业属性、行业属性、部门属性，以及产品和服务属性的不同而不同。

（六）全面性

客户满意度是对企业及企业提供的产品和服务的评价，它是全面的而非只针对某一质量特性而言的。任何一个质量特性或服务环节出现问题，都会引起客户的不满意。

（七）动态性

客户满意度形成后并非一成不变。相反，由于客户需求具有变化性，客户满意度会随时间的推移、技术的进步、整体环境素质的提高而发生变化。同时，企业的优势也会相应发生变化，随着社会经济和文化的发展，客户的需求和期望也会相应提高，客户满意度也会发生变化，甚至从满意转为不满意。

三、跨境电子商务客户满意度概述

跨境电子商务是基于网络发展起来的，网络空间独特的价值标准和行为模式深刻地影响着跨境电子商务，跨境电子客户满意度的评价标准因互联网特有的虚拟性以及跨境特性也发生了新的变化。跨境电子商务的客户满意度不仅要考虑在传统实体交易行为中已经存在的诸如商品、服务等影响客户满意度的因素，而且要把互联网自身的特质以及跨境贸易因素对客户满意度产生的作用加以考虑。

作为电子商务活动的重要形式，跨境电子商务方式与传统实体经济商业模式在某些方面有着明显的不同，具体表现为如下几个方面。

（1）在传统的商业交易行为中，买卖双方是进行直接接触的，买方可以对卖方和商品有直观的感受，而在跨境电子商务的交易方式中，买方和卖方是通过一个平台来建立联系再进行交易的，如全球速卖通、敦煌网等。买家无法对商品进行全面地了解，只能通过文字描述和图片介绍来了解商品。

（2）自然环境对跨境电子商务的影响较小，传统实体经济则对所在的商圈的环境依赖度较大。

（3）在交易方式和物流配送方面，跨境电子商务不像传统实体经济一样采用银货两讫的方式，通常是先付款后交货，并通过物流交付。所以，影响跨境电子商务满意度的要素要更加多元化，有些是实体经济从来没有涉及的因素在起作用。

四、跨境电子商务环境下客户需求的新特点

在跨境电子商务环境下，企业的决策信息大多来自互联网客户与企业的交易活动、客户对产品或服务的反馈或者企业通过互联网对客户进行的网上调查，得出客户满意度的大体评价。企业可以针对这些问题进行改进，以便向客户提供符合客户需要、有质量保障、交货及时、价格适当的产品与服务，提高客户满意度。

在跨境电子商务环境下，客户需求具有以下新特点。

（一）选购范围广

传统的购物模式局限了客户选购地点、时间和产品种类，在电子商务环境下，客户可以通过互联网在任何时间对在任何地点的产品进行挑选、比较，做出较理性的消费行为。

（二）个性化、多样化

在互联网发展起来之前，人们的消息闭塞、想法单一，人们对于产品的要求比较少，所购产品较统一。但随着社会的发展、技术的进步，人们的生活水平在逐步提高，获得消息的途径越来越多，想法也发生了巨大变化。客户的消费需求也从低成本转变到了个性化、多样化。在电子商务环境下，企业可以根据客户的个性需求来定制多样的产品。

（三）及时性

电子商务的发展使客户需要及时得到了满足，客户可以与企业之间联系，省去了诸多中间环节。客户可以通过意见反馈或与企业交流把自己的需要提出，以便及时得到满足。

国际视野

三态电子商务的成功实践

Allen 是 DHgate 敦煌网上专门批发零售各种品牌笔记本电脑电池、键盘、充电器及笔记本系列周边配件的卖家。

鉴于国内的国际快递代理大都规模小、运营粗放，最初 Allen 公司的国际包裹快递选择中国邮政的 EMS 的“代理”，多数包裹快递需要 7 天到达，有时因为快递公司或

海关报关单填写问题，常常会延误几天。

跨境电子商务最终要把产品快速地交给客户，选择良好的快递物流供应商是成功的先决条件。经综合考虑，公司最终选择中国成立最早、规模最大的电子商务专业快递公司——三态电子商务为国际快递提供商。因为三态电子商务对国际快递的报关流程很熟悉，Allen 公司的产品（如电池）从来不会被快递公司或海关耽误，包裹在 2 ～ 3 天内送到，而且价格非常便宜。甚至公司的大部分产品都变成“免运费”（free shipping）。这样彻底解决了由于运输延误造成的买家差评（negative feedback）和退款（refund）问题，提高了客户满意度。

例如，笔记本电池如果用 EMS 邮寄就十分昂贵，20 公斤的笔记本电池快递到美国需要人民币 3 165 元。三态电子商务的运费只需要 860 元，相当于 EMS 的 2.7 折，而且通关顺利，从未延误，三天就到达客户手中。三态电子商务把笔记本电池做成 4 ～ 10 个一组的“免运费套餐”，每个电池只分担少量运费，十分受买家的青睐。

由上述案例可见，跨境电子商务的交易环节与传统贸易发生了较大的变化，跨境客户更加追求个性化、多样化，跨境电商企业要充分了解新环境下客户的新特点，在物流、支付方式、个性化服务等方面考虑客户的感受，迎合客户的需求，提升客户的满意度。

任务二　跨境电子商务客户满意度的影响因素

跨境电商企业为了让买家获得较好的购物体验，应十分重视对各方面的细节处理。因对产品不满意而提出退货要求。经与客户多次沟通协商，最终跨境电商企业同意了客户的要求。

跨境电子商务是一项复杂的商业模式，它有别于传统的消费模式，除了商品本身的特性，一些互联网特有的、非商品本质的要素也影响着客户的满意度。跨境客服怎样查看客户评价？如果收到差评，可以怎样处理？如果收到中评或好评又该如何处理？通过这些评价，如何提高跨境客户的满意度？

客户满意度是客户对产品或服务的期望值同实际感知质量相比较后所产生的某种情绪，是基于物质感知的心理状态。客户的满意度决定了网络购物的重复购买率。

跨境电子商务是一项复杂的商业模式，它面对的是不同类型的客户个体及其不断变化的需求。一个不经意的疏忽，就会失去一个潜在的客户，如果这个客户将他的不满向其他人宣泄，这种不满的情绪会逐渐蔓延开来，一种不信任感就会产生。有别于传统的消费模式，除了商品本身的特性，跨境电子商务具有的一些互联网特有的、非商品本质的要素也影响着消费者。

跨境电子商务客户满意度影响因素主要包括以下几方面，见表5-1。

表5-1 跨境电子商务客户满意度影响因素

跨境电子商务客户满意度影响因素	网站（平台）特性	网站设计的友好性；分类检索的便利性；网站服务器的稳定性；网站信息质量
	网店情况	商品的种类；商品的更新速度；商品是否与实物相符；商品的分类是否明晰；商品的价格
	客户服务	对于客户询问的响应；商品的退换；个性化服务；商家的信誉度
	支付方式	交易方式的种类；交易方式的安全性；客户隐私的保护
	物流配送	配送方式；配送时间；包裹的完整性

一、网站（平台）特性

客户与跨境电商卖家通过网站平台进行交易，客户对平台网站的满意度直接影响其对跨境电商的整体满意度。网站设计的友好性、分类检索的便利性、网站服务器的稳定性和网站信息质量是平台网站（如全球速卖通、敦煌网等）影响客户满意度的因素。

（一）操作过程的便利性

操作过程包括网页登录、购物导航、网站商品的分类、购物车功能等诸多方面。操作过程是否便利会对客户满意度产生影响。网上商家众多，且提供的商品各异，客户要从海量的网站信息中用最短的时间找到自己需要的商品，就要求网站的登录、导航服务和商品分类便于客户寻找。购物车功能是网上商店里一种快捷购物工具，可以使客户暂时把挑选的商品放入购物车，以删除或更改购买数量，或者对所挑选的相同商品进行比较和筛选，并对多个商品进行一次性结款。网站信息的质量也是极其重要的，网站要杜绝虚假不实的信息，保证买卖双方的利益不受侵害。如果操作不够便利，将会影响到客户在购买过程中的体验，进而影响客户满意度。

（二）网页的设计

网页的设计包括网站的风格、色彩、文本、图片、主题等元素的运用。友好且具有创意性的网页设计能够使客户对商家产生深刻印象和积极的评价，这些都将会影响客户对商家的态度，因而会影响到客户的满意度。

客户与跨境电商卖家通过网站平台进行交易，客户对平台网站的满意度也直接影响其对跨境电子商务的整体满意度。网站设计的友好性，是指网站页面设计的整体风格便于客户浏览操作。分类检索的便利性，是指平台网站对所有的注册商品的分类情况，详细的分类目录可以帮助客户更加便利地找到自己需要的商品。跨境电子商务客户的数量是极为庞大的，作为平台网站有责任提供并维护优质的网站服务器。因此网站服务器的稳定性对避免大量 IP 浏览造成服务器过载，影响客户的浏览和交易活动是极为重要的。

在电子商务活动中，网站信息为客户提供信息服务也是非常重要的。客户会主动搜寻自己需要的商品信息，同卖家互动交流、获取商品信息，或者从网站获得有关商品的信息，以此作为依据做出购买决策，同时，购物网站作为买卖双方交易的平台，有义务对网站出现的买卖双方以及商品的信息质量进行监管，杜绝虚假不实的信息，确保买卖双方的利益。

二、网店情况

（一）网络信息

网络信息是网络购物过程中重要的组成因素，客户通过购物网站或商家获得的有用、准确的信息能够帮助他们做出决策并使整个购物的过程更加便利，客户通过衡量获得信息的质量，对购物网站或商家的满意度做出判断。

网络购物与传统购物不同之处就在于客户在选购商品时，不能通过看或触摸真实的商品来感知商品的质量等特性，只能通过商家提供的信息对商品大概了解。在选购商品过程中，客户希望能够获得更多的关于商品的可靠信息，并在此基础上做出购买与否的选择。网上购物最大的缺陷就是不能实际接触到商品，因此不能保证商品的质量，只能靠商品的信息描述来判断和衡量。信息描述和实际商品的一致性会被客户看得格外重要，只有描述一致，才能满足客户的心理预期。商家不能为了吸引客户眼球而任意夸大自己商品的优势，只有描述与商品一致，才能保证客户的满意，使其再次光顾。因此，商家所提供的产品信息的质量、完整性、可靠性就影响着客户是否会选购该商品的意愿，从而影响客户的满意度水平。

（二）交易商品

商品是客户在整个购物行为中最关注的方面，购买商品是购物行为的最终目的。如果，跨境电子商务仅仅为客户提供一种有别于传统商务模式的全新的购物体验，但是商品本身却没有达到客户的要求，这样的新的商业模式也是失败的。客户在进行网上购物的时候，其最终目的依旧是购买到能使自己满意的商品。而目前使网上购物客户不满意的因素中，商品品质问题是造成网民网购不满意的主要原因。其中包括商品与图片不符，即卖家提供的产品质量不过关，商品是仿冒的或者是伪劣残损物品等。因此，客户对商品的传统要求，如质量、价格、品种等，在跨境电子商务过程中仍然起着重要作用，同时影响客户的满意度。在电子商务中，由于产品质量的未知性，产品价格的差异性就成了消费者网上购物进行选择的主要原因，产品价格影响客户心目中的性价比，性价比高的，客户才愿意承担一些风险去购买产品。如果第一次购买产品后经过质量与价格的比较，获得的满意度高，消费者才会愿意下次继续购买。商品因素中的质量和价格是影响客户满意度的主要因素。

三、客户服务

（一）售前售后服务

售前对于客户互动需要的响应、售后商品的退换等都是网络购物前后影响客户满意度的因素。网络购物过程中，客户通常会根据商家的信誉度来选择购买。由于信息的不对称，客户希望在购买之前能够更多地了解商品的情况，商家应该能及时对客户的询问做出响应。如果商家向客户提供定制化的服务，满足客户的特定需求，将会促进客户产生重复购买行为。在虚拟环境中的交易，退换商品的过程比较复杂，这也是影响客户满意度的重要因素之一。

（二）商家信誉

商家信誉是商家在网络购物环境中生存的重要保障。商家信誉好则表示商家的行为得到客户的公认好评，如恪守诺言、实事求是、产品货真价实、按时付款等；而商家信誉差则表示商家的行为在公众中印象较差，如欺骗、假冒伪劣、偷工减料、以次充好、故意拖欠货款等。良好的信誉是商家的一张王牌，可以使商家在市场竞争中取得事半功倍的效果，在消费者进行网络购物决策之前，往往会先考察该网店的信誉度。如果一家网店的信誉比较好，客户往往更愿意进行选择，就如同品牌的功效一样，当客户通过它买到中意的商品，将大大提高客户满意度，并且有可能会促成下一次的购买。因此商家信誉会对网络购物的客户满意度有影响。

（三）个性化服务

个性化服务是一种有针对性的、一对一的服务方式，依据客户的设计来实现，通过各种渠道收集资源，并对其进行整理和分类，然后向客户提供和推荐有关信息，以满足客户的需求。具体到电子商务环境中，个性化服务是指网站为单个客户提供与其需要相匹配的产品、服务和交易的环境。网络购物最大的好处就是可以满足客户各种各样的需求，也可以让客户买到很多在外面实体店里买不到的商品，相对于其他的电子商务模式，跨境电子商务更能满足客户的个性化需求，所以客户选择网上购物很大一部分是考虑到自身个性化的需求，网店对于客户的个性化服务将显得异常重要。众所周知，每个人的兴趣、爱好和需要是不同的，我们可以针对客户不同的需求，为其“量身定做”产品，满足其需要。同时个性化服务也使商家吸引并留住了客户，提高了客户的满意度与忠诚度。因此网络购物推荐、产品定制、在线设计等个性化服务会提高客户满意度水平。网站的个性化服务影响客户满意度水平。

知识加油站

跨境电子商务绩效提升方法

1. 客户信息管理

很多有经验的跨境电子商务客户服务人员都会通过Excel软件对客户订单进行归类整理，根据每个客户的购买金额、采购周期长短、评价情况、客户所在地等维度来进行客户的分类管理。这样既有助于抓住客户，也减少了维系客户的成本。有一些成功的卖家会在与客户联系的过程中，主动了解客户的背景、喜好和购买商品线，从中识别出具有购买潜力的客户，为后期获取订单打下基础。

2. 主动二次营销

有了良好的客户识别之后，跨境电子商务客户服务人员要做的就是把客户的购买力更好地掌控住。这时可以通过邮件、站内留言等方式，对客户进行二次营销。二次营销的时机体现在以下方面。

（1）在每次有新的商品上线时，宣传新商品。

（2）有一些商品低价销售，在做一些让利客户促销活动时。

（3）在感恩节、圣诞节等一些重要节日，客户购买高峰期时。

（4）转销型客户上一次转销估计已经完成，需要下一次采购时。

在这些重要的时间点，客户服务人员主动出击展开对于客户的二次营销，将能获得老客户稳定的交易量，更好地增加交易量，从而提升跨境电子商务客户服务的绩效。

四、支付方式

由于进行网络购物通常是先利用网上银行或者第三方支付方式，先付款后收到产品，出于财务安全的考虑，许多消费者对在网上跨境支付还是存有疑虑，因此商家应该选择安全性高的交易方式，并对客户的信息资料加以保护。同时，交易方式种类的多样性，决定了客户能否方便地购买产品。因此客户对跨境电子商务的支付方式的选择也是影响客户满意的非常重要的方面。

五、物流配送

物流配送是为电子商务的客户提供服务，根据电子商务的特点，对整个物流配送体系实行统一的信息管理和调度，按照用户订货要求，在物流基地进行理货工作，并将配好的货物送交收货人的一种物流方式。电子商务下的每一笔交易都包括信息流、商流、资金流和物流。其中信息流、商流和资金流可以通过网络完成，只有物流必须进行实物传递。物流是电子商务必不可少的重要环节，假如没有配套的行之有效的物流配送，电子商务则不能实现有效地运作，也就不能够为客户提供满意的服务。如果产品配送不及时或者传递过程中商品出现损坏，客户就会感到失望；如果产品能够被及时快速且完整无磨损地送到，则客户就会感到满意。因此物流配送是影响跨境电子商务客户满意度很重要的因素。

国际视野

如何避免因国际运输关税产生的客户投诉问题

小王是全球速卖通平台的新手卖家，为了扩大销售，吸引买家下单，店铺采取了免邮的促销手段，并在标题上标出了“Free Shipping”。某天，小王收到了一封来自英国客户的信函，内容如下。

Why I should pay 25 pounds for the package，you told me that was free to ship，how could you lie to me? I am very disappointed.

客户对收到货物之后还要收费感到困惑和不满。

大部分卖家为了吸引买家下单，都会写上“Free Shipping”，实际上大部分卖家也确实做到了免邮。但是，有时候会忽略一些国家的进口政策。如美国高于500美元申报价值的货物，就要按照重量收取进口关税；加拿大和澳大利亚则是高于20美元的货物就要收取关税，英国、德国等欧洲国家货物的申报价值必须在20～25美元，一旦超出就会有更多的关税产生。

这样一来，案例中英国客户提出的问题就有了答案了，一旦有关税产生，买家必须支付关税后才能拿到货物。

上述案例发生的情况都是潜在的差评和纠纷，一些比较极端的客户会因为需要支付额外的费用拒绝签收，从而导致客户的满意度较低。因此跨境电商的卖家在发商业快递的时候，要注意填写的申报价值，对于货值很高的快件，应提前和客户沟通好，这样的做法不仅有助于降低售后成本，减少纠纷率，在一定程度上也能够帮助卖家提升客户满意度。

任务三　跨境客户满意度的提升

提高买家满意度可以给卖家带来额外的交易，能够影响到产品的排序曝光，会影响其他买家的购买行为，并对卖家的星级和享受到资源也会产生影响，因此，买家满意度对卖家非常重要。客户服务是影响到买家满意度的重要方面，大中型网店由于订单繁多、咨询量大、售后内容多，对客服的分工要求更加严格，通常有一个专门的流程化地客服系统和模式。一般来说，客户服务可以分为售前服务、售中服务、售后服务三种类型，客务服务流程图如图 5-1 所示。

售前服务	售中服务	售后服务
1. 进店问候 2. 解答买家问题 3. 确认订单 4. 引导付款	1. 尽快发货 2. 装配打包 3. 联系物流 4. 跟踪订单	1. 解答买家的使用问题 2. 询问使用体验 3. 应对解决纠纷

图 5-1 客户服务流程图

一、售前服务

网店客服的售前服务主要是一种引导性的服务，当买家对产品抱有疑虑时，即需要客服人员提供售前服务，从买家进店到付款的整个过程都属于售前服务的范畴，包括客户咨询、客服应答、了解和解决问题、达成订单、确定订单并引导买家付款、引导买家收藏店铺、感谢买家光顾等内容。在售前沟通的过程中，作为网店的客服人员，主要需要掌握的客服知识通常为商品的详细信息、产品推荐、与不同类型的买家沟通等。

（一）介绍商品

一名专业的网店客服，必须具有基本的专业性，即必须掌握商品的专业性知识和周边知识，了解同类产品信息和网店促销方案。

1. 商品专业知识

商品的专业知识主要包括产品质量、产品性能、产品寿命、产品安全性、产品尺寸规格、产品使用注意事项等内容。

2. 商品周边知识

商品的周边知识主要是指与产品相关的其他信息，如与同类产品进行分辨的方式、产品的附加值和附加信息等，这类信息有利于提高商品的价值，使买家更加认可商品。

3. 同类商品信息

同类商品是指市场上性质相同、外观相似的商品，由于市场同质化现象十分严重，买家会面临很多相同的选择，但是质量是客户选择的最稳定的因素，因此客服人员需要了解自己的劣势，突出自己的优势，以质量比较、货源比较、价格比较等方式稳固买家。

4. 促销方案

网上商店通常会推出很多促销方案，客服人员需要熟悉自己店内的各种促销方案，了解每种促销方案所针对的客户群体，再根据买家的类型有针对性地进行推荐。

（二）商品推荐

当客服了解了产品信息后，就可游刃有余地对产品进行推荐，对于网上商店而言，商品推荐包括商品本身的推荐和商品搭配推荐以下两个方面。

1. 商品推荐

产品的推荐需要因人而异，客户的需求、使用对象、性格特点等不同，推荐的方式和类型就不一样，比如买家购买自用商品，则实用性、美观性、适用性等就是首要推荐点，如果买家购买商品是为了赠送他人，则产品的包装、产品的品牌、实用性、美观性等都需要同时考虑。

2. 搭配推荐

商品的搭配主要包括色彩搭配、风格搭配、效果搭配等，在推荐搭配时，可以通过店内模特、流行元素等进行举例。

（三）与不同买家沟通

常见的买家主要有以下几种类型。

1. 便利型

便利型买家的网上购物行为多以省时、快捷和方便为主要原因，特别是没有充足时间逛街购物的人群更愿意选择通过网上购物平台满足自己的需求，同时他们也是网络消费的一大群体。这部分消费者一般对网上购物的流程比较熟悉，且购物行为比较果断、快速，目的性较强。与这类买家交谈时，卖家只需提供优质的商品和良好的服务态度，注意倾听他们的需求并尽可能提供帮助即可得到认可。

2. 求廉型

求廉型买家大都喜欢价格便宜的商品，同时对质量的要求也不低，他们在购物时比较喜欢讨价还价，在应对他们时，首先应该以亲切热情的用语表达自己的态度，在语言上委婉地提示透露出买家已经购买到了足够低廉的价格，若买家一定要求店家降低价格，可在不造成自己损失的前提下，适当迎合客户的心理，如略微降低价格或赠送其他赠品等，以促进交易的成功。

3. 随和型

随和型买家一般性格较为开朗，容易相处。与他们交谈时要保留足够的亲和和诚意，他们一般很好交流，只要站在他们的角度尽可能地满足他们的需求，即可促成交易的达成。

4. 犹豫不决型

犹豫不决型买家一般会在店铺浏览很长时间，花较长的时间选购商品，并且在客服人员的详细解说下，仍然犹豫不决，迟迟不会下单。这类买家交谈时，耐心非常重要，就算买家一再询问重复的，或者已经解释多遍的问题，也要耐心详细地进行说明，做到有理、有据，用事实说服买家进行购买。

5. 心直口快型

心直口快型买家下单比较果断，看好了想要购买的商品后就会立刻下单，对于不喜欢的则直接拒绝。在与这类买家交谈时，尽量快速而准确地回复买家的问题，表现出自己的专业，尽量用语亲切，以买家的立场来进行说服，这样可增加交易的成功率。

6. 沉稳型

沉稳型买家较为精明，做决定时一般会仔细考量，缜密应对。他们的个性沉稳且不急躁，要说服这类买家，需要迎合他们的思路来进行沟通，让他们自己说服自己，产生购买行为。

7. 挑剔型

挑剔型买家很多都会对网上购物持不信任和怀疑的态度，认为商品描述的情况都言过其实，并会针对商品提出各种各样的刁难问题。与这类买家沟通时，首先要仔细说明商品的详细情况，消除他们的不信任，积极解决他们提出的各种问题，适当给予一些优惠和赠品等，促进其购买。

二、售中服务

售中服务是指商品交易过程中为买家提供的服务，主要集中在客户付款到订单签收这个阶段，包括订单处理、装配打包、物流配送、订单跟踪等内容。

1. 订单处理

订单处理主要是指对订单进行修改，如修改价格、修改买家的地址和联系方式等。

2. 装配打包

商品在寄出之前，需要对其进行打包，如果买家提出了特殊的包装要求，也要根据情况予以满足。

3. 物流配送

物流配送是指联系物流公司进行揽件并开始配送，注意物流信息要填写正确和完整。

4. 订单跟踪

订单跟踪是指随时跟踪订单的情况，并告知买家。

三、售后服务

售后服务是指买家在签收商品之后，客户针对商品的使用、维护等进行的服务，售后服务的质量是店铺服务质量中很重要的一个方面，好的售后服务可以吸引更多新客户，留住更多老客户。网店售后服务所包含的内容非常多，商品使用解答、商品维护解答、退换货处理等都属于售后服务的范畴，其中退换货处理是问题比较集中的两个方面。

（一）售后客服注意事项

售后服务是交易过程中的重点环节之一，好的售后服务会给客户带来非常好的购物体验，因此客服在处理售后问题时要特别注意。

1. 态度端正

热情、耐心、有礼貌、尊重顾客是客服人员应该具有的最基本的素质，这一点在售后服务中也体现得非常明显，客服人员要耐心温和地处理各种售后问题，满足客户的合理要求。

2. 回应买家的投诉和抱怨

买家收到商品后，如果对商品的质量、性能或服务不满意，会有各种各样的投诉与反馈，此时，客服人员要积极面对买家的投诉或反馈，不能回避问题或消极处理。

3. 避免与买家发生争执

少部分买家如果对商品不满意，态度会十分恶劣，客服在遇到这类买家时，一定要避免与其发生争执，防止事态恶化，应该尽快提出实际可行的解决方法安抚买家，解决问题。

4. 留住回头客

当买家在使用了商品并有比较积极的反应时，客服要抓住机会，将其发展为老客户。

5. 引导买家的好评和收藏

好评和店铺收藏对于网店的发展非常重要，一个优秀的客服人员应该善于引导买家发表好评和收藏店铺。

（二）退换货处理

退换货处理在网店中十分常见，当客户对物品不满意或者尺码不合适时，都会申请退换货服务，客服应该根据实际情况快速做出相应处理。一般来说，在买家申请退换货时主要有退换、折价、换货三种处理方式。

1. 退货

当买家对收到的商品不满意时，即可申请退货。在买家申请退货时，卖家应该先了解退货原因以及是否符合退货要求，确认之后再将卖家的退货地址告知买家，收到货物后尽快给买家退款。目前，买家在淘宝申请退货时，淘宝网会根据买家的信用等级退还货款。

2. 折价

当买家对商品不满意或商品存在细微瑕疵时，会向卖家进行反映，此时客服可以要求买家以拍照的方式反馈商品问题，再根据商品的具体情况判断是否折价、折价多少等，选择折价后再退还相应款项即可。

3. 换货

当买家觉得尺码、颜色等不合适时，即会申请换货。卖家首先需要判断商品是否符合换货要求，如果符合换货要求，则告知换货地址并请买家告知物流凭证，收到货物后再换货。

（三）解决差评问题

1. 由于买家在下单前的细节要求没有得到满足而产生的差评

有很多买家在下单之初，就会在订单下面留言说：“这是为了我的婚礼准备的，请不要让我失望。”遇到这样的订单，首先应该交代出货的人员，要特别注意该订单的质量和包装。其次，如果这个客户买了一个非常便宜的产品，但是从询问的态度上又可以看出他很期待，这种情况下为了避免差评，应该要考虑亏一点成本去满足这个客户的欲望。

如果满足了客户的各种细节要求，在发货之前稍微揣摩一下客户的心理，一些不必要的差评是完全可以避免的。

2. 由于质量问题产生的差评

单纯由于质量问题产生的差评是比较好解决的。首先，收到差评之后要及时和买家联系，询问一下对产品不满意的具体原因。在此基础上，让买家提供相应的照片。此外，卖家要回到自己的出货记录中查找相同时间内其他产品的反馈，分析一下库存中的货物质量。如果确实存在买家反应的问题，及时积极解决。通过退款或换货的方式，让买家满意并且修改评价。

（四）化解纠纷

当买家提起纠纷后，卖家应当及时积极地做出响应。否则，多数跨境电商平台会对纠纷订单按照买家提出的退款金额执行退款并结束订单。

若买家因为各种原因提起纠纷，除了纠纷之外，还会带来更大的不良影响，买家可能对供应商、产品、电商平台产生疑惑，甚至是质疑，而最终的结果是订单的回款周期变长，潜在的买家客源会流失，或者失去二次交易的机会。

在交易的过程中要尽量避免产生纠纷，如果真的产生了纠纷，要顺利地解决，让买家感到满意，这些都会为我们留住客户，并且能产生口碑效应，赢得更多的客户。

1. 纠纷类型和处理方案

纠纷类型和处理方案，见表 5–2。

表 5–2 纠纷类型和处理方案

常见纠纷类型	纠纷处理方案
物流原因	先主动延长确认收货时间，提供物流信息截图和查询网址给买家，请买家耐心等待一段时间； 查看物流状态，建议买家积极联系当地邮局并及时关注邮件； 对于货期耗时久的订单可选择退款并让买家在退款后又收到包裹的情况下返还退款金额； 特别注意包裹是否退回，若已退回，可与买家商量重寄； 如果遇到海关扣关，及时协助客户尽快完成清关或者让客户在当地找一些清关公司帮忙处理； 和买家交代如果真的是没有收到订单的话，卖家一定会给他（她）全额退款； 站在买家的角度考虑，出现问题想办法一起解决，而不只是考虑自己的利益

续表

常见纠纷类型	纠纷处理方案
产品质量问题	让买家提供详细的图片； 根据产品损坏程度和买家协商退回部分款项或者重新发货，避免让平台处理； 和买家协商下次购买可以优惠或者送一个小礼物
产品描述不符	及时修正产品描述； 与买家商量退款金额

2. 全球速卖通解决纠纷流程与平台操作

交易过程中买家提起退款申请，即进入纠纷阶段，须与卖家协商解决。全球速卖通纠纷提交和解决纠纷流程图如图 5-2 所示。

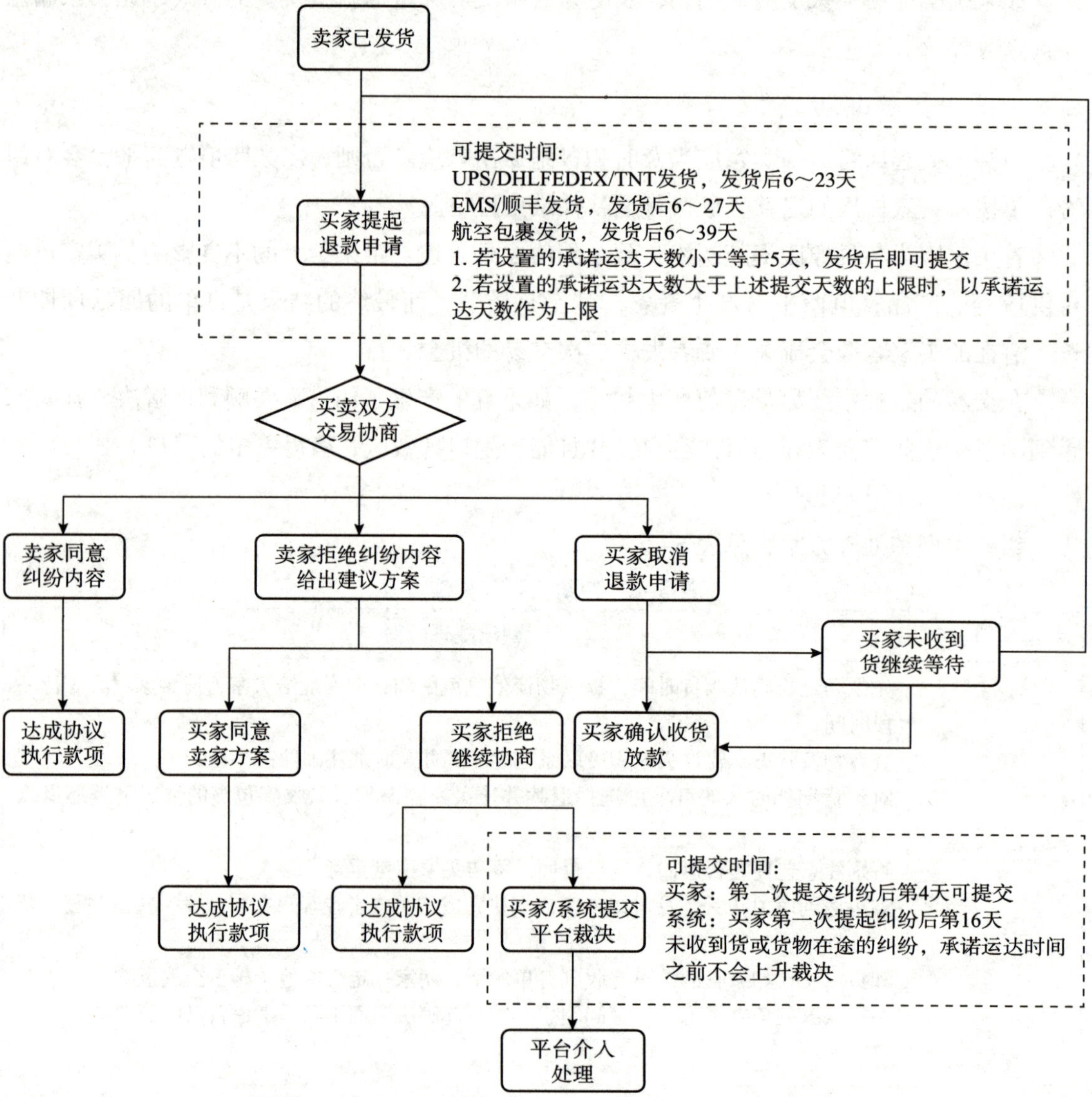

图 5-2　全球速卖通纠纷提交和解决纠纷流程图

（1）第一步：买家提起退款申请

买家提交退款申请的原因：第一，未收到货；第二，收到的货物与约定不符。

买家提交退款申请时间：卖家填写发货追踪号以后，根据不同的物流方式买家可以在以下不同的期限内提起退款申请。

商业快递（UPS/DHL/FEDEX/TNT）：第 6 ~ 23 天。

EMS/ 顺丰：第 6 ~ 27 天。

航空包裹发货：第 6 ~ 39 天。

买家端操作：在订单的详情页中，买家可以看到按键“Open Dispute”，点击该按钮就可以提交退款申请，当买家提交退款申请时纠纷即产生。提交后，买卖双方可以就退款申请进行协商解决，协商阶段平台不介入处理。

（2）第二步：买卖双方交易协商

买家提起退货 / 退款申请后，需要卖家的确认，卖家可以在纠纷列表页面中看到所有的纠纷订单。快速筛选区域展示关键纠纷状态：“纠纷处理中”“买家已提交纠纷，等待您确认”“等待您确认收货”。对于卖家未响应过的纠纷，点击“接受”或“拒绝并提供方案”按钮进入纠纷详情。

进入全球速卖通纠纷详情页面，卖家可以看到买家提起纠纷的时间、原因、证据，以及买家提供的协商方案等信息。当买家提起纠纷后，请卖家在买家提起纠纷的 5 天内接受或拒绝买家提出的要求，若逾期未响应，系统会自动根据买家提出的退款金额执行。建议卖家在协商阶段积极与买家沟通。

① 情况一：卖家同意协商方案。买家提起的退款申请有以下两种类型。

第一，仅退款：卖家接受时会提示买家确认退款方案，若同意退款申请，则退款协议达成，款项会按照双方达成一致的方案执行。

第二，退货退款：若卖家接受，则需要卖家确认收货地址，默认卖家注册时候填写的地址（地址需要全部以英文来填写），若地址不正确，则点击“修改收货地址”。

② 情况二：新增或修改证据。

③ 情况三：增加或修改协商方案。买卖家最多可提供两个互斥方案（方案一提交了退货退款方案，方案二默认只能选仅退款不退货的方案）。

④ 情况四：删除方案 / 证据，买卖家可以对自己提交的方案或举证进行删除。

（3）第三步：平台介入协商

买家提交纠纷后，纠纷小二会在 7 天内（包含第 7 天）介入处理。全球速卖通平台会参看案件情况以及双方协商阶段提供的证明给出方案。买卖双方在纠纷详情页面可以看到买家、卖家、平台三方的方案。纠纷处理过程中，纠纷原因、方案、举证均可随时独立修改（在案件结束之前，买家卖家如果对自己之前提供的方案、证据等不满意，可以随时进行修改）。买家卖家如果接受对方或者平台给出的方案，可以点击接受此方案，此时双方对同一个方案达成一致，纠纷完成。纠纷完成赔付状态中，买家卖家不能够再协商。

（4）第四步：退货流程

如果卖家和买家达成退款又退货的协议之后，买家必须要在10天内将货物发出（否则款项会打给卖家）。买家退货并填写退货运单号后，卖家有30天的确认收货时间，如果您未收到货物或对收到的货物不满，此时您可以直接将订单提交纠纷平台。纠纷部门会联系双方跟进处理。（注：买家退货后，卖家需要在30天内确认收货或提起纠纷，逾期未操作默认卖家收货，执行退款操作）。

若买家已经退货，填写了退货单号，则需要等待卖家确认；卖家需在30天内确认收到退货。

① 若确认收到退货，并同意退款，则点击“确定”按钮，全球速卖通会退款给买家卖家确认收货，纠纷完成。

② 若卖家在接近30天的时间内没有收到退货，或收到的退货有问题，卖家可以点击“升级纠纷”提交至平台进行纠纷裁决，平台会在2个工作日内介入处理，卖家可以在纠纷页面查看状态及进行响应。平台裁决期间，卖家也可以点击“撤销仲裁”撤销纠纷裁决。

③ 若30天内卖家未进行任何操作，即未确认收货，未提交纠纷裁决，系统会默认卖家已收到退货，自动退款给买家。

确认收货后，纠纷完成解决。

四、跨境电商平台售后服务未来趋势

（一）多样化开通售后服务渠道，完善用户体验

目前电商平台或商家处理用户投诉方式大都集中于网站及电话渠道，解决方式单一，且电话投诉处理存在接听人员随机，易出现用户多次描述投诉内容，解决问题效率低，未来可以将在线聊天工具与电话相结合，作为解决用户售后服务渠道，减少用户被动式等待，高效率处理用户投诉事件。

（二）电商平台加强商家审核，提高售后服务监督能力

随着大量中小型商家入驻各大跨境电商平台，各大垂直细分领域商品供应日益完善，跨境电商平台应保证对入驻商家资质进行仔细核查，并建立商家售后服务水平等级评价体系，落实对商家售后服务监督，强化商家解决售后问题意识。

（三）强化售后服务人员素质，提升企业形象

售后服务人员对外服务水平的高低，会在一定程度上影响商家形象，如何保证售前、

售中、售后服务的专业性，提高问题解决能力和水准，保障消费者合法权益，将会提升企业盈利能力，以更高的售后客服体系服务消费者。

国际视野

恶意提起纠纷

双十一期间，杭州某电子商务有限公司收到一位买家的纠纷。纠纷信息中显示，买家提起投诉的原因为款式不符。买家留言称，电子商务公司寄送了错误的鞋款给他，并上传产品图提供给平台。客服人员开始处理时发现，当时记载的物流信息，产品重量在300 g左右，并且客户上传的产品在店铺中并没有销售。客服人员怀疑此订单为恶意订单，因此她开始收集相关数据并与客户交流，最后该订单通过平台仲裁得以解决。

第一，全球速卖通平台对于恶意纠纷买家的行为定义是指买家通过滥用买家保护条例的手段，谋取不正当获利，扰乱全球速卖通平台正常交易秩序的行为。卖家有权使用举报功能，使用该功能后，只要是滥用平台买家保护条例，恶意威胁卖家，扰乱平台秩序的不实买家，都将受到应有的惩罚。

第二，平台对于恶意纠纷买家，有具体的处罚规定。一旦被定性为恶意纠纷买家，其账号将执行永久关闭处理。并且，对于情节严重，屡教不改的买家，将采取更加严厉处理措施，包括且不限于限制其通过任何其他方式再在平台购物的行为。

第三，对于因恶意纠纷被封号的买家，平台将定期对其相关订单的数据指标进行清洗，即不计入卖家的服务等级指标考核中。

第四，当卖家遇到恶意纠纷买家时，首先自查在订单操作中是否存在违规行为，以及是否有买家描述的错误。其次，要积极与买家沟通，了解其投诉的具体内容，保存全部聊天记录，将相关证据提供给卖家举报窗口，维护卖家利益。

项目小结

通过本项目的学习，读者理解了跨境客户满意度的内涵，了解了影响跨境客户满意度的各种因素，并掌握了提升跨境客户满意度的方法。在此基础上，读者对跨境客户满意度管理也有了更为深刻的认识，同时还获得了实际提升满意度的操作技巧。这些学习成果将有助于读者在未来的职业生涯中，有效运用所学知识和技能，持续提高客户满意度，从而提升企业竞争力。

巩固与训练

思考练习

1. 客户满意度的特征是什么？
2. 跨境电子商务中，客户满意度的具体影响因素是什么？
3. 由于质量问题产生的差评如何处理？

拓展实训

假如你在 eBay 英国站开了一家手工饰品店铺，现需要了解如何提高客户满意度，请针对提高客户满意度的技巧写一份报告。

项目六

跨境电子商务客户的维护与管理

项目导读

跨境电子商务客户的维护与管理对于企业来说意义重大，可以帮助企业建立良好的品牌形象、增加销售额、降低成本、提升竞争力，进而实现长期可持续发展。在未来的发展中，企业应持续关注客户需求变化，紧跟行业发展趋势，以客户为中心，不断创新与优化，助力我国跨境电子商务繁荣发展。

学习目标

◎知识目标

1. 了解真伪客户的识别。

2. 掌握分类维护客户的方法。

3. 掌握客户的信息管理。

4. 掌握客户跟进管理的途径。

◎技能目标

1. 能够根据客户的属性和需求，准确地对客户进行维护与管理。

2. 能够制定和执行客户跟进计划，包括建立有效的沟通机制、及时响应客户需求、持续关注客户动态等。

3. 能够利用客户管理系统或其他工具进行客户数据的收集、整理和分析，以支持决策和制定相应的客户管理策略。

◎素质目标

1. 培养读者具备良好的沟通和协调能力，能够与不同的客户建立和维护良好的关系。

2. 培养读者具备较强的分析和判断能力，能够根据客户行为和需求，迅速做出相应的决策和调整。

3. 培养读者具备耐心和细致的工作态度，能够长期保持对客户关系的维护和跟进工作的持续性。

思政目标

1. 培养读者沟通与协调能力，确保客户维护工作的顺利开展。

2. 强化读者耐心与细致的工作态度，持续跟进客户需求，为客户提供优质服务。

案例导入

青岛某公司的假发商品远销非洲、美洲等地区。2025 年 4 月，该公司的大多数邮件中都有“黑色”的词语出现。大部分客户觉得这样的词汇不够礼貌，实际上，该公司可以用一些更委婉的英语词汇来表达“黑色”，如 ebony、darker 或 swarthy。为了避免有歧视嫌疑，客户服务人员应熟悉贸易往来国家（地区）的语言和禁忌。出于搜索引擎优化（SEO）和搜索引擎营销（SEM）的考虑，邮件模板应当设置多种选择项以便更好地为不同的客户群服务。很多公司会聘请母语为英语的职员为英文文件和邮件模板纠错，这些措施有利于增强客户服务人员与客户的商业沟通能力。如果公司由于法律或财务原因不能聘请这些人员，那至少客户服务人员应该有很好的外语能力，在客户服务和沟通上下功夫。

任务一　客户分类维护的方法

在商业活动中，客户的识别与分类维护是至关重要的环节。这不仅有助于企业更好地了解客户需求，提高客户满意度，还可以帮助企业更有效地制定营销策略，优化资源配置，提高经济效益。

一、辨别真伪客户与客户划分标准

（一）辨别真伪客户

跨境电子商务客户服务人员收到询盘后，首先要做的是判断这是不是一封诈骗询盘，如出现以下特征的邮件或站内信，为疑似诈骗信息，需进行细致辨别后才可进行操作。

（1）在未详细了解商品的情况下，即确定要下金额巨大的订单。

（2）客户的要求或邮件内容明显超乎常规，如行业内论件卖的商品，客户却问多少钱每千克；在商品要求的表述上纰漏百出；客户一开始就希望客户服务人员提供各种样品等。

（3）客户要求面谈，有时还特别强调情况如何紧急，签单在即，营造出好似耽误了一分钟上百万的订单就可能丢失的氛围。

（4）对于自称为大公司的客户，在搜索引擎上却难以搜索到几条该公司的信息，或者即使搜索到了，也是些负面信息。

（5）格式过于工整，以显示其是一个非常正规的公司。因为跨境电子商务实际交易中的询价，乃至后续的沟通文字，大部分不会像理论书籍里面所描述的那样正规、标准，都或多或少带有随意性。

（二）客户等级划分标准

辨别完真伪客户后，下一步是根据客户所留信息和之前的数据记载对客户进行初次分级。经过初次分级后，根据客户的后期表现，卖家可对客户级别进行实时修改。每个跨境电子商务企业可根据自己的实际情况来制订客户等级的划分标准，具体内容如下。

1. 一级客户：已成交客户、准客户

已经下过正式订单或样品单；直接从境外来面谈或参观；调查资料显示该客户在当地有一定的影响力。

2. 二级客户：有明确意向、明显兴趣的客户

对商品进行详细的了解，包括名称、图片、技术参数、包装运输等细节内容；往返邮件不少于6封，且对商品表现出明显的兴趣；有完整的客户资料，包括正确的公司名称、地址、联络电话、传真、邮箱、即时通信工具等。

知识加油站

明确意向型客户应对技巧

对于明确意向型客户要高度关注，及时、准确、全面、专业的答复和有竞争力的报盘是达成交易的关键。需要推广介绍自己的公司和产品，在回复的邮件中把公司的网站链接或对应的产品页面链接加进去，以便让客户更全面地了解公司及产品。回复客户的邮件要有耐心，不要轻易放弃。

3. 三级客户：有明确意向客户

在邮件中明确提到卖家商品；有明确的商品或价格、规格等方面的要求。

4. 四级客户：无明确意向客户

没有明确提到具体商品，最多只是提到行业名称；没有表明客户的任何要求；没有提供客户的资料，甚至联系人都没有；邮件行文非常不规范。

二、不同级别客户的维护方法

（一）一级客户

针对一级客户必须全员配合，全力协助，在部门主管的协助下，由跨境客户服务人员重点负责跟进；所有文件、邮件需经主管审查后才可以发送；必要时，集体商议获取客户订单的方法；动用一切可以利用的联络资源，包括邮箱、电话、传真、即时通信工具等，全面接触客户、深入了解客户。

（二）二级客户

针对二级客户，应由跨境电子商务客户服务人员重点跟进，有任何疑问需及时请求上级和同事协助；保持前期三天至少沟通一次，后期至少每周沟通一次，通过邮件、即时通信工具联络；邮件处理优先于三级、四级客户。

（三）三级客户

针对三级客户的邮件，跨境电子商务客户服务人员也应做到 24 小时内回复；采用公司邮件标准模板，快速回复，关注客户后期反应。

（四）四级客户

针对四级客户，则应是跨境客户服务在处理完一、二、三级客户邮件后，有时间再处理，可采用公司邮件标准模板进行处理，如提醒客户提供详细客户资料等。

任务二　客户信息管理

一个高速发展的跨境电商企业，客户是企业最宝贵的财富，因此，客户信息管理工作则尤为重要。要想把收集到的跨境客户信息变为切实有效的资源，就需要对信息进行管理，借助有效的管理方法和管理体系更好地分析客户的要求和受众的想法，从而挖掘客户价值，有针对性地、更精准地进行营销。

一、制定客户信息管理制度

对于一个真正要实行客户信息管理的企业来说，一个有效的信息渠道是建立起一套专门的、规范化的信息搜集制度和方法，并作为企业一项管理职能，分别落实到相应的管理和销售部门中去。

扫一扫

制定客户信息管理制度

（一）设立信息管理岗位与官位职责

企业需要有专门的管理部门或人员专门负责客户信息的管理工作，他们的一个重要任务就是有针对性地搜集客户的信息。其手段包括直接接触、调查走访客户、专门为客户建立（记录）档案、从第三方获取资料等多种形式。一般来说，由专业人员实施的信息搜集工作可以保证较高的信息客观性和质量。从实际情况出发，大多数企业此项工作一般由对应的销售人员去收集。

（二）设计信息管理表格

管理部门应设计专门的信息搜集表格，见表 6–1，并将搜集职责交到各个相关的部门或销售员手中，由其在与客户的业务交往过程中及时地反馈上来，其中两个主要的部门是销售部和财务部。

表 6–1　客户信息专员工作明细表

工作大项	工作细化	工作目标与成果
客户信息调查	根据公司需要，对客户的相关信息进行调查与收集	客户相关信息
	对收集到的客户信息进行整理与分析，并提交给公司相关部门	客户相关信息
客户信用管理	负责进行客户信用调查	《客户信用调查表》
	协助客户信息主管对客户信用进行评估，并对客户信用进行分级管理	《客户信用登记评定表》
客户档案管理	客户资料的建档及管理	客户档案
	维护客户信息系统	客户信息系统

二、收集客户信息

凡是客户信息的收集，无论它是供应商还是客户，其信息的收集、分类、联络跟踪、投诉处理等问题的处理手法是基本相同的。虽然，不同部门所针对的主体可能不同，但它们关注的对象本质是相同的，都是收集对象的质量如何、哪些是自己公关的对象等。正因为如此，对各种客户信息的解说可以一并进行。

（一）信息收集内容

1. 跨境 B 端客户信息

客户信息收集的内容主要包括五大部分，见表 6–2。

表 6–2　跨境 B 端客户信息收集内容表

客户背景资料	客户组织结构、联系电话、通信地址、网站、使用部门、采购部门、支持部门、客户业务的基本情况、客户主要特点等
客户规划信息	客户的中长短期规划和发展计划、客户主要合作伙伴的公司信息、承担规划或咨询公司的相关信息等

续表

已销售状况	客户最近的采购计划、客户需要解决的主要问题、决策人和影响者、谁负合同条款、时间、预算、信用如何、付款情况如何等
项目资料	通过这个项目要解决的问题是什么、决策人和影响者是谁、项目周期及流程是否清楚、客户的特殊需求是什么
竞争对手的资料	竞争对手公司情况及背景、产品情况、客户对竞争对手的满意程度、竞争对手销售代表与客户之间的关系等

2. 跨境 C 端客户信息

跨境 C 端客户的信息应当包括以下几个方面的内容，见表 6–3。

表 6–3　跨境 C 端客户信息收集内容表

客户基本信息	姓名、血型、身高、体重、出生日期、家庭住址、手机、电子邮箱、所在单位的名称、职务、单位地址，电话、传真等
客户消费情况	消费的金额、消费的频率、每次消费的规模、消费的档次、消费的偏好、购买渠道与购买方式的偏好、消费高峰时点、消费低峰时点、最近一次的消费时间等
客户事业情况	以往就业情况，单位名称、地点、职务、年收入，在目前单位的职务、年收入，对目前单位的态度，对事业的态度、长期事业目标、中期事业目标、最得意的个人成就
客户家庭情况	已婚或未婚、结婚纪念日、如何庆祝结婚纪念日，配偶姓名、生日及血型、教育情况、兴趣专长及嗜好、有无子女、子女的姓名、年龄、生日、教育程度，对婚姻的看法，对子女教育的看法等
客户生活情况	喜欢在何处用餐，对生活的态度、有没有座右铭、休闲习惯是什么，度假习惯是什么，喜欢哪种运动、喜欢聊的话题是什么，最喜欢哪类媒体、个人生活的中期目标、长期目标等
客户教育情况	高中、大学、研究生的起止时间、最高学历，所修专业、主要课程、在校期间所获奖励、参加的社团最喜欢的运动项目等
客户个性情况	曾参加过什么俱乐部或社团、目前所在的俱乐部或社团、是否热衷政治活动、宗教信仰或态度、喜欢看哪些类型的书、忌讳哪些事、重视哪些事、是否重视他人的意见，待人处事的风格，自己认为自己的个性如何、家人认为他的个性如何、朋友认为他的个性如何、同事认为他的个性如何等
客户人际关系情况	亲戚情况、与亲戚相处的情况、最要好的亲戚，朋友情况、与朋友相处的情况、最要好的朋友情况、邻居情况、与邻居相处的情况、对人际关系的看法等

跨境电商中，在收集完信息之后，需要建立跨境客户信息档案以备提取信息时用。例如，可以利用 Excel 表格工具对客户信息进行整理，有这针对性地筛选出客户信息，见表 6–4。

表 6–4　跨境客户信息登记表

客户名称	客户邮箱	订单金额	产品信息	收货国家	联系电话	客户等级	下单时间	付款时间	兴趣爱好	其他

如果想对特定客户进行再次营销，就需要挖掘更多的信息。可以通过对方之前的购买记录或评价信息等渠道得到更多的信息，如买方评价、购买频率、经常购买的产品等。从中还能判断对方是批发客户还是零买客户，是喜欢购买高价产品还是低价产品。

在跨境客户信息管理中，信息的整理不仅需要对显性的信息进行及时整理，更需要对客户的购物行为做尽可能多的了解和归纳。

（二）客户信息收集渠道

对于客户信息的收集，首先要确定就是信息收集的渠道。一般有以下几种。

1. 二手资料收集渠道

主要是通过客户内部资料、经济类报刊、企业年报、上市公司报告、行业组织、新闻报道、企业宣传、咨询公司、网络、顾客、内部员工、供应商等渠道进行资料的收集。

2. 原始资料收集渠道

通过对销售人员、受雇于本公司工作的咨询公司、专业调查公司、投资银行等进行直接调查和市场竞争所得来的信息资料。

3. 其他信息来源渠道

利用招聘广告、展览展销会、参观工厂、购买竞争对手的受欢迎产品进行分析，创造样板市场观察客户态度，挖走竞争对手重要员工用以询问等方式。

（三）信息收集方法

在信息收集过程中，如果企业决定采用自己亲自进行调查这种方式，则可以使用以下几种方法。

1. 询问法

询问法是由调查人员事先拟定调查项目，确定调查的内容或具体的问题，以某种方式向被调查对象提出，要求给予回答，由此获得信息资料。此种方法是调查的主要方法，适用于基本资料收集和意见征询及预测、分析。询问法又分为当面交谈法、邮寄调查问卷法等多种形式。

2. 观察法

观察法是由调查人员直接或通过仪器，在现场观察被调查对象的行为并加以记录。它适用于新产品的宣传和促销及跟踪调查，有利于掌握客户对新品的第一感觉和评价，以便及时回馈相关信息。观察法又可分为直接观察法和亲身经历法。

3. 实验法

实验法是指在可控制的条件下，对所研究的对象从一个或多个因素进行控制，以测定这些因素间的关系。它通过小规模范围的实验，记录事务的发展和结果，收集和分析第一手信息资料。一般来说，采用实验法要求调查人员事先将实验对象分组，然后置于一种特殊安排的环境中，做到有控制地观察。

4. 头脑风暴法

头脑风暴法又称集体思考法或智力激励法，即通过讨论的方式取得全面完整的信息。这种方法基于这样一种认识：社会中的某个具体个人总免不了要受知识、环境、经历、思维方等等诸多限制，即使学识水平再高的人也难免有某些知识或经验方面的不足。

5. 德菲尔法

德菲尔法是一种专家调查法，它与其他专家调查法的区别在于：它是用背对背的判断来代替面对面的会议，即采用函询的方式，依靠调查机构反复征求每个专家的意见，经过客观分析和多次筛选，使各种不同意见逐步趋向一致。这种方法在一定程度上克服了畏惧权威及不愿听到不同意见等弊端，使专家能够自由、独立、充分地发表意见，最后取得较为客观实际的调查结果。

6. 会议现场收集法

会议现场收集法主要是通过各种业务会议、经验交流会、学术报告会、信息发布会、专业研讨会、科技会、技术鉴定会等，现场收集信息。

7. 阅读法

阅读法主要是指从各种报纸、杂志、图书资料中收集有关信息。报刊是传播信息的媒介，只要详细阅读，认真研究，不难发现其中对自己有用的信息。据国外一所战略研究所分析，全球有 60% ～ 70% 的信息是来自公开的图书资料，可见从阅读中收集信息的重要性。

8. 视听法

视听法主要是指从广播、电视节目中去捕捉信息。广播与电视是大众传播媒介，信息传递快，除广告外还有各种市场动态报道，这些都是重要的信息源。

9. 购买法

购买法是一种有偿转让信息情报的方法。随着信息革命的发展，国内外兴起各种信息行业，如咨询公司、顾问公司等，他们负责收集、整理各种信息资料。各类专业研究机构、大学研究部门也有各种信息资料。购买法就是向这些信息服务单位有偿索取，虽然这些资料多数属于第二手资料，但省时且来源广，只要目的明确，善于挑选，也不失为重要来源。

10. 加工法

企业等机构一般都有底层、中层、顶层之分，不同的层次有不同的信息流。底层的数据有日报、周报、月报等。这还不能算是高一层次所需要的信息，但当这些数据往上输送，中层进行加工，便成为一种有用的信息。例如，企业将各部门的月报加以综合分析，便可形成一种信息。

11. 网络收集法

现代信息快速传播的通道——网络，是现代信息收集的主要方法，它具有快捷、直观、丰富等特点。互联网是信息传播的主要媒介之一，企业可以自设网站征集信息，也可从别的网站下载自己需要的信息。充分利用网络资源，对企业进行信息收集大有帮助。

12. 数据库收集法

许多公司开始使用从一个称作数据库的大型数据组中寻找所需要的客户资料的方法。银行和信用卡公司、电信公司、目录营销公司以及其他需储存客户大量信息数据的公司，存储的数据不仅包括客户的地址，还包括他们的经营状况、员工人数、营业额以及其他信息。

对客户资料调研的方法很多，但在具体运用的时候，要根据实际情况灵活运用，有时也可以把不同的方法结合在一起综合使用。

三、建立客户档案

资料收集结束以后，需要对这些有用的资料信息进行分类、整理，并建立一系列资料卡，即建立客户档案，以备查用。客户资料信息卡是企业了解市场的重要工具之一。通过客户资料信息卡，企业可以连续地了解客户实情，从中看到客户的动态变化。据此，企业对客户情况一目了然，在制定企业经营战与政策时，可以节省大量的时间、人力与财力。

（一）客户资料信息卡的用途

有孔式客户资料卡制成后，可以在下列情况使用。

（1）寄发广告信函时。

（2）订立收付款计划时，由于各公司的收款、付款日期都不一样，利用资料卡可以安排收款、付款的顺序与计划。

（3）订立时间计划时，可以订立较节省时间、有效率的、具体的访问计划。

（4）对信用度分类时，根据客户资料卡，对信用度低的顾客缩小交易额，对信用度高的顾客增大交易额，这样可以用来决定具体的销售政策。

（5）决定佣金折扣时。

（6）区别现有顾客与潜在顾客时。

（二）客户资料信息卡的类型

企业一般应制作以下五种资料信息卡。

1. 客户资料卡

即记录客户信息的卡片，包括客户名称、地址、负责人、主要经营项目、主要联络人、客户的交易额、资本额以及与本公司业务往来情况等，这是记录客户信息资料的最主要方式。通过记录这些资料，便于在工作中及时查找客户信息。

2. 客户管理卡

客户管理卡，就是对客户资料进行有效管理的卡片。相对于客户资料卡而言，客户管理卡更为具体、详细，涉及的范围更为广泛。

客户管理卡一般包括：公司名称、地址、法人代表、主要领导、资金状况、信用状况，甚至包括销售额、不动产等内容。

3. 客户地址分类表

做客户地址分类表的目的是便于使用、查找。标准的客户地址分类一般包括客户名称、地址、经营类别、所在地区、负责人以及不宜访问的时间等。

4. 客户等级分类表

在客户服务过程中，还需要做一个客户等级分类表。根据情况，可以把自己的客户分成几个等级。如把自己的客户分成重要的、一般的和不重要的。当然，客户没有好坏之分。这样做的目的是通过区分不同的客户，以便采取有针对性的服务。

5. 客户投诉记录表

企业要做好售后服务管理工作，不能缺少客户投诉客户管理。客户的抱怨和投诉是企业进步的机会，获知客户的反馈是非常重要的。因此，企业应建立客户投诉系统，对每一位客户投诉及处理都要做出详细的记录，包括投诉的内容、处理过程、结果、客户满意情况等，见表 6–5。

表 6–5　客户投诉记录表

<table>
<tr><td colspan="2">客户</td><td colspan="2"></td><td colspan="2">客户性别</td><td colspan="2"></td></tr>
<tr><td colspan="2">名品及规格</td><td colspan="2">单位</td><td colspan="2">交货数量</td><td colspan="2">金额</td></tr>
<tr><td colspan="2"></td><td colspan="2"></td><td colspan="2"></td><td colspan="2"></td></tr>
<tr><td rowspan="3">客户投诉内容</td><td>投诉理由</td><td colspan="2"></td><td colspan="2">投诉受理情况</td><td colspan="2"></td></tr>
<tr><td rowspan="2">客户要求</td><td>赔款</td><td>折价</td><td>退货数量</td><td>金额</td><td colspan="2">投诉受理情况</td></tr>
<tr><td></td><td></td><td></td><td></td><td></td><td></td></tr>
<tr><td colspan="2">经办人意见</td><td colspan="6"></td></tr>
<tr><td colspan="2">营业部门意见</td><td colspan="6"></td></tr>
</table>

续表

制造部门意见	
质检部门意见	
财务部门意见	
副总经理意见	
总经理批示	

记录客户投诉的目的是全面收集统计和分析客户的意见，不断改进客户投诉处理办法，并可将获得的信息整理后传送给其他部门，以便及时总结经验教训，为将来更好地处理客户投诉提供参考。同时，客户投诉记录表可以使企业更快地提高质量和客户服务质量，减少客户投诉。

知识加油站

客户资料卡的制作

在制作客户资料卡时，将其周围钻上小孔，利用这些小孔，可做地区分类、企业规模分类、行业分类、营业规模分类、信用额度分类等。通过这些各式各样的分类，按不同的用途来排列客户资料卡，可以使经营管理政策的制定做得更好。

四、客户信息整理与分析

信息采集基本完成后，需要对客户信息进行研究分析，最后找出客户最关心的问题。

（一）客户信息整理方法

信息整理最主要的方法就是对信息进行归纳总结、对比分类、挑选删除。

1. 归纳总结

归纳总结是对某一类相似原因或答案的问题进行归纳，将它们放在同一类别内。如顾客对产品的哪些问题感兴趣，各行业总会关于产品的价格、质量、包装、促销的政策等，这是相似答案，还是相似原因？例如，同是客户对产品价格不满，这里面的具体原因有很多，如与其他企业价格相比本企业价格过高而导致顾客对价格不满、相对于顾客身份过高或过低的价格而产生的对价格的不满、相对于过去产品价格增幅或降价过快而导致的对价格不满等。

2. 对比分类

虽然对比分类与归纳总结在某些方面有些重合，但它们的立足点是不同的。归纳总结是通过找相同的因素而寻求出问题的原因，对比分类则是通过找不同的因素寻求问题的原因。例如，顾客为什么购买竞争对手的产品，这就需要对比本企业与竞争对手在产品价格、产品质量、产品服务等多方面的不同来寻找原因。

3. 挑选删除

挑选删除的目的是把本企业和竞争对手以及和顾客期望值距离较远的项目挑选出来并且删除它。它包括两方面的工作，一是如果不能够弥补不足，就需要在客户服务中进行有意识地规避，并且想好应对方法。二是对这一不足进行弥补，达到与顾客期望值吻合甚至超出的水平。

（二）客户最关心的问题

通过上述分析之后，企业可以找到客户最关心的问题。对于这些问题，如果企业不能找到解决办法就会失去客户，因此需要特别注意。对于其他一些问题，特别是某些不切实际的客户关心的问题可以不去理睬。毕竟要满足所有层次的客户是不可能的事情，企业需要的是质量最好的客户。

每个企业都应该根据本公司的特点进行市场信息收集、信息的研究和分析、找出客户最关心的问题这三项工作，只有这样才能把客户研究透。

（三）客户管理分析

客户管理分析的流程主要包括整理资料、销售业绩分析、划分客户等级、客户名册登记、对客户进行路序分析、确定客户访问计划和客户资料管理等内容，见表 6–6。

表 6–6　主要客户分析

主要客户名称	主购品牌	本月购量	上月购量	形成差异原因
审核：	统计：		日期：	年　月　日

五、客户信息利用

客户信息利用是客户信息管理的重要组成部分，是实现客户价值的重要手段之一。客户信息可以用来作为决策者制定营销策略、公司战略和各种客户决策的参考依据，从而吸引新客户，保留老客户，使企业在市场中保持优胜地位。

在对收集的客户信息进行相关整合和处理之后，对信息进行分析可以使企业掌握客户基本情况和业务往来情况，了解各种客户为企业带来的利润的多少和贡献的大小。然后可以根据客户分布以及购买的金额、频次、周期、客单价等对客户进行细分，进行分类管理；还可以了解现在的客户是不是休眠客户，划分客户等级，设置不同的客户等级制度和有效期，以及不同等级制度的门槛与优惠政策等。客户信息还可以用来分析各种数据，比如客户业务数据分析、客户分类、客户忠诚度及满意度分析、客户利润分析、客户前景分析等。

跨境客户维护包括“维”和“护”两个层面，即维持双方关系不被客户遗忘，呵护双方情感信任，增加客户的忠诚度。其主要思想是在对跨境客户信息进行分析之后，以产品为载体，有的放矢，维系双方关系，促使购买。在维护的过程中，我们需要加强跨境客户对店铺的认知度，提高客户的满意度，呵护双方情感，建立信任，赢得客户的忠诚度，使得客户再次购买。在掌握和了解了我们所有的跨境客户信息之后，就要利用这些信息与客户进行互动和交流。客户是用来关怀的，不是用来打扰的，只有和客户建立起情感上的信任，客户才会成为卖家的忠实客户。

（一）维护贵宾（VIP）会员

VIP 会员是企业最大的财富，人数虽然不多，但购买力强大，将这些客户群体维护好，使其成为企业忠实的客户是客户信息管理中的头等大事。为了和 VIP 会员之间建立起直接的联系，企业可以建立一个 VIP 会员的交流群，通过这个群来交流感情、传达促销信息，维护 VIP 会员群体。为了让企业的 VIP 会员有更加被尊敬的感觉，让他们更加重视这个 VIP 资格，除了跨境平台系统提供的折扣优惠外，企业可以为他们发放专门的会员卡，并且每年都进行一次评估，使他们在符合 VIP 会员的情况下，能够享受到除平台外的店铺优惠。

（二）生日与节假日关怀

客户信息维护的核心是关怀，对客户进行生日关怀、节假日关怀是拉近客户关系、提升年度与品牌影响力的重要手段。

企业可以在跨境客户生日的时候发送生日祝福的短信或者邮件，在节假日来临之际，给客户发送节假日短信；在跨境客户购买发货后发短信提醒客户，在客户收到货使用两周后询问客户的产品使用效果；在会员卡到期发送短信或邮件提醒，这些都是非常有效的客户关怀方式。

如果使用的客户信息管理系统功能足够强大，在之前准确收集客户信息的基础上，可以开展更加深入的客户关怀。如某母婴网店通过了解客户孩子的年龄和购买奶粉的数量，能够较准确地计算出下次需要购买的时间，并且在奶粉即将吃完的时候，自动给客户发送提醒再次购买的信息，这样的关怀与营销效果会特别好。

对跨境客户进行维护时，需要注意维护的内容和频率，不要急功近利，不能频繁发送邮件，以免对客户造成干扰。可以根据人的记忆周期规律，抓住时间点，结合与客户接触的事件进行维护。例如，当客户下单后，在第 1 天发出相关产品推荐，第 2 天告知货物状态及定向优惠券，第 4 天告知货物照片及店铺活动，第 7 天告知物流状态及优惠券使用提醒，第 15 天更新物流状态及节假日问候。

六、跨境客户关怀与营销

企业搜集客户信息、分析客户信息的最终目的是帮助企业营销，确切地说就是帮助企业保留客户、开拓市场，从而提升销售额和市场份额，使企业在激烈的市场竞争中占一席之地。企业可以根据经过分析了的客户信息有针对性地主动与客户沟通，从而建立合作关系。跨境电商卖家通过邮件、短信、电话、电子邮件营销（email direet marketing，EDM）等方式进行客户关怀和精准营销，包括生日与节假日关怀、使用售后关怀、购买提醒、精准的促销活动推送等，从而建立长久的客户关系。

（一）电话回访

电话回访是客户感受度最好的营销方式之一，准确率和转化率非常高，也是平均成本最高的一种方式。这种方式使用率比较少，适合与 VIP 客户之间沟通，会让客户感觉受到重视。但在跨境电商中，由于存在时差，买家接电话可能不太方便，而且由于双方语言的差异，口头沟通未必顺畅，故一般较少采用电话回访这一形式。

（二）短信营销

短信营销成本较低，且准确度较高，一般短信的送达概率及客户查看的概率在营销方法中是偏高的，但整体的转化率偏低，具体转化率需看活动力度。短信营销需要注意控制字数，所有信息尽量在一条短信内写完，如果分成两条发送，成本就会提升一倍。另外，发送频率不要过高，否则会被视为骚扰短信。

（三）电子邮件营销

企业可以通过使用电子邮件营销软件向目标客户发送 EDM，建立同目标客户的沟通渠道，向其直接传达相关信息，用来促进销售。

EDM 软件有多种用途，可以发送电子广告、产品信息、销售信息、市场调查、市场推广活动信息等。此种营销方式成本较低，客户可以直接点击页面，因此客户查看的概率比较高，活动转化率也比较高。在跨境电子商务平台，可以通过客户信息管理工具的信息通道给不同等级、不同标签和条件的客户发送站内信息和优惠券。

（四）社会化网络服务营销

社会化网络服务（social networking services，SNS）是指在帮助人们建立社会化网络关系的互联网应用服务，包含 YouTube，Google+ 等社交平台。作为一种新兴的营销方式，SNS 营销可以满足企业不同的营销策略，有效降低企业的营销成本，实现目标用户的精准营销，维护客户多、互动性强，是现代企业用来传播企业文化，进行推广营销的重要工具。互联网上 SNS 社区越来越多，许多企业在 Facebook 上注册信息，建立官方微博，与客户和网民互动。一方面传播企业文化；另一方面进行客户信息管理与营销。通过对微博的关注，客户可以了解企业动态、文化背景、最新促销，并且发表意见。通过这些社交平台，跨境电商企业和客户之间的沟通可以更加透明、平等，并且更具有传播性和趣味性。

七、更新客户信息库

客户是企业的利润之源，是企业发展的动力。客户服务的目的，就是满足客户的各种需求、保证客户与企业之间的长期合作。客户的需要不是一成不变的，随着时间的推移和角色的转换，企业的客户群体也在发生着变化，企业必须“因地制宜、因时制宜”，不断做出相应调整。调整点不仅仅是客户最终想要的产品与服务，还包括“周边”的某些服务。

企业在经营的过程中，一定要主动获取客户的信息。许多以客户为中心的公司指派专业市场调研顾问研究顾客的需求，但实际上，企业自身的客户档案才是了解客户情况的第一手材料。

（一）将尽可能多的客户名输入到数据库中

企业可以聘用外部机构来完成数据的审查与输入，并与同行业的一个不具有竞争力的企业交换客户名单。

（二）大量收集客户的有关的信息

企业可以采用“滴灌式对话法”，每次与客户接触时，询问 1 ～ 2 个问题。客户的信息会反映客户的真实需求，所以企业需要了解客户需要什么、客户为什么会选择自己的产品、合作中客户能获得什么好处、客户还希望获得哪些利益、客户更关注的是什么等多方面的客户信息。

对于一些重要客户，企业不仅要研究客户本身的市场情况、经营情况，还需要对客户所处的环境、市场竞争情况等有所了解，并在此基础上提供给客户一些力所能及的服务和产品。

（三）及时更新客户信息

及时更新客户信息是指定期或不定期地“净化”客户信息文件，验证信息的正确性，修改错误或过时的信息，注重地址、联系办法等方面的变更，及时更新信息。

知识加油站

与客户保持主动联系的方法

第一，扮演成“神秘客户”，对企业的客户服务质量进行“试探性”的调查，尝试

8～10 种不同的情况，对感觉和意见进行电话记录。

第二，给竞争对手的客户联系部门打电话，比较服务水平的不同。定期重复这一工作。

第三，提供特价、清仓处理、试用等产品或服务的促销活动信息，把客户打来的电话作为一次销售机会。

第四，测试客户服务质量，努力使客服更友好、更能有帮助作用，处理速度更迅速，缩短客户排队等候时间。对企业内记录客户信息的文本或纸张进行跟踪，简化烦琐的步骤，缩短处理周期，提高客户响应速度。

第五，识别商业价值高的客户，与他们保持更主动的联系；提供个性化的服务；指定专人与客户方的联系人进行联络；尝试找回过去失去的重要的客户，说明可以重新开始合作的原因。

第六，收集客户的 E-mail 地址，保持联系；向客户提供多种可行的联系渠道，考虑使用自动传真系统，将客户信息存入到数据库中。

第七，把每天接到的反馈进行整理和分析，提高对客户反馈进行处理的“一次即圆满”的比例。

任务三　客户跟进管理

客户跟进管理是维护客户关系、提高客户满意度和忠诚度的重要手段。在跟进过程中，需要关注客户的需求和问题，积极解决问题并满足客户的需求。同时，需要定期评估跟进的效果和质量，并根据评估结果调整跟进策略和措施，以更好地满足客户的需求和提高客户的满意度和忠诚度。

一、客户跟进管理流程

客户管理和跟进做得好的跨境电子商务客户服务人员，其业绩效果肯定比一般客户服务人员要好，因为管理客户资料的同时是在调查和了解客户。在这个过程中，跨境电子商务客户服务人员需要对客户信息和平台、公司体现的专业度和契合度有更多的了解，可以更好地分类筛选。而跟进做得好，有助于更及时地跟进和管理有潜力的客户。

跨境电子商务客户服务人员应做的客户跟进管理流程如图 6-1 所示。

图 6-1　客户跟进管理流程图

二、客户跟进记录表的使用

将一些客户的信息进行收集、整理，客户的信息包括客户的所有联系人、性格、脾气、爱好，最重要的是之前浏览过哪些商品，这些都是可以了解客户喜好的“蛛丝马迹”，跨境卖家一定不要忽视这些细节。知道了以上信息，跨境卖家就可以为客户提供个性化的服务了，注意一定是个性化的。

每个跨境客户服务人员最好能为自己联系过的客户进行资料建档，包括客户信息、货物信息、同行信息、操作流程、客户的商品对接人等，以便制定相应的服务策略。这时往往需要用到客户跟进记录相关表格，如图 6–2 和图 6–3 所示。

客户跟进记录表					
客户编号	nr001	客户姓名	customer1	国家或地区	America
产品	gift			联系电话/传真	tel1
手机	phone1	IM工具	skype1	E-mail1	
公司名称	company1			备注	#N/A

客户跟进日期	客户问题（情况）	跟进情况	备注
2023/1/1	gift报价	价格核算中	未解决
	分表进入跟进细则		

图 6–2　客户跟进记录表

客户跟进汇总表					
序号	客户跟进日期	客户姓名	客户问题（情况）	跟进情况	备注
1	20230101	customer1	gift报价	价格核算中	未解决
2	20230203	customer2	客户货物问题索赔	内部协商赔偿问题	未解决
3	20230305	customer3	客户来访	待定具体时间	未解决
4	20230101	0	客户提问	邮件已发	解决
5	20230101	0	客户提问	邮件已发	解决
6	20230101	0	客户提问	邮件已发	解决
7	20230101	0	客户提问	邮件已发	解决
8	20230101	0	客户提问	邮件已发	解决
9	20230101	0	客户提问	邮件已发	解决
10	20230101	0	客户提问	邮件已发	解决
11	20230101	0	客户提问	邮件已发	解决
12	20230101	0	客户提问	邮件已发	解决
13	20230101	0	客户提问	邮件已发	解决
14	20230101	0	客户提问	邮件已发	解决
15	20230101	0	客户提问	邮件已发	解决
16	20230101	0	客户提问	邮件已发	解决
17	20230101	0	客户提问	邮件已发	解决
18	20230101	0	客户提问	邮件已发	解决
19	20230101	0	客户没有问题	没看到	解决

自动生成
跟进汇总显示每个客户最后一次的跟进情况

图 6–3　客户跟进汇总表

客户跟进记录表可以由跨境电子商务客户服务人员用 Excel 软件绘制而成，也可以通过目前的各种跨境电子商务 ERP 系统来加以运用。目前，很多跨境电子商务 ERP 系统均已添加了这类功能，常见的有店小秘、跨境一号、众邦 ERP 等。

三、服务好老客户，建立客户忠诚度

做跨境电子商务的卖家都知道，有时候开发一个新客户的成本算下来相当于维护 5～6 个老客户，而且在成熟的、竞争性强的市场中，企业争取到新客户的困难就更大，因为前期我们有很多“功课”要做。所以很多跨境卖家会选择维护好老客户，企业一旦建立起良好的客户忠诚，其销售成本将大大降低。

客户忠诚度可以从三个方面来衡量：再购买意愿、基本行为（近期购置时间、购置次数、购置数量等）、衍生行为（公开推荐、口碑、介绍客户、给小费等）。

跨境电子商务环境下的客户忠诚度可定义为跨境客户即使在受到可能诱发转换行为的各种刺激下，仍然保持对跨境购物网站所提供商品或服务的偏好、信任，甚至是依恋，进而对其他的竞争者产生抵抗力，产生一系列这一心理指导下的行为，包括重复购买、向他人推荐、提供正面口碑以及愿意支付较高的价格等。

维护好老客户，建立客户忠诚度，比较常见的服务策略包括以下方面。

（一）定期对老客户进行问候

为了和客户保持一份良好的“交往”，很多跨境卖家会在客户生日或者一些节日的时候，发一封邮件或者寄发一些卡片等，可以很好地将交易关系转变成朋友关系，有助于后续跟进。

（二）优先回复老客户

老客户的邮件一定要在当天优先给予回复，如果有些问题比较复杂，需要多方配合而无法在当天回复的，也一定要告知客户：“Your message has been received.It is being processed.”（您的邮件已收到，正在处理中。）特别强调即使如此，对于客户的回复一定不要超过 3 天。

（三）确保老客户的商品质量

对于商品的质量必须进行严格的质量检验，保证品质，因为只要把质量这个环节做好了，企业才能更好地发展，客户买到质优价廉的商品才会进行复购。保证老客户的商品质量更是有助于商品和品牌良好口碑的形成，久而久之就会形成一个良性的“生态圈”。

（四）定期回访老客户

回访指的是客户服务人员对老客户进行有计划的跟踪服务，可以是以邮件方式的回访，以获得对近期的商品质量和服务的反馈，以及一些改进意见等。要让客户知道卖家真正地在做实事，为的就是在了解客户的想法后进行改进，方便以后提供更好的优质服务。

国际视野

主动联系客户

客户付款以后，还有发货、物流、收货和评价等诸多过程，卖家需要将发货及物流信息及时告知客户，提醒客户注意收货，这些沟通既能让客户即时掌握交易动向，也能够让客户感觉受到卖家的重视，促进双方的信任与合作，从而提高客户的购物满意度。

此外，出现问题及纠纷时也可以及时妥善处理。与客户的沟通交流顺不顺畅是在线访客能否转化订单的关键因素。作为跨境电子商务企业营销的关键环节，客户服务岗位在达成交易的整个过程之中发挥着极为重要的作用。

与传统贸易相同，跨境电子商务的客户服务工作也特别强调时效性和完整性。无论是传统贸易中的商业谈判还是全球速卖通的旺旺询盘、站内信，均需要在第一时间回复，以便把握客户的节奏和时间进行紧密沟通并做出反应，抓住商务先机。（如 Peter 为客户，Me 为客户服务人员）。

Me (Joe) 2018.05.21 08：52 You are so elegant and kind. Best wishes to you!

Peter 2018.05.21 08：50 Thank you! I hope that your company continues to grow! You are wonderful! Thank you for being so nice and honest and for making me feel you care! I feellike I know you even though I have never met you， and that is because of the wonderful customer service that you provided! Have a wonderful day!

Me 2018.05.21 08：47 Thank you so much! I will always do my best to provide better service and products for you! Have a wonderful day!

Peter 2018.05.21 08: 45 I am looking forward to doing business with you again，Joe! I'm your loyal customer! You are always good to me， and I will keep coming back and be goodto you!

Me 2018.05.21 08：43 Thank you very much!

Me 2018.05.21 08：43 You are welcome! I received your payment already, it's mypleasure to serve you! I like you too!

从以上例子中可以看到，这位卖家和客户的交流节奏非常紧凑，这样顺畅的回复沟通使得双方的情绪非常愉悦，带来的最直接效果就是最终这个客户在店铺下单购买了产品，并成为忠实的客户。

四、客户需求升级，跨境客户服务升级

满足客户需求是互联网时代各领域的主要任务，满足了客户需求才可能得到认可，才可能生存并取得发展。在跨境电子商务环境不断变化的今天，客户服务也应围绕更新的跨境电子商务客户需求进行升级，电子商务卖家需要着重客户黏性和忠诚度的打造。

（一）客户需求升级：追求品质和体验

客户需求不可能永远处在一个水平线上，在跨境电子商务迅猛发展的今天，跨境电子商务的客户对商品质量和服务品质的要求只会越来越高。

1. 品质方面

客户从一开始对跨境商品低价的追求升级为对品质的追求。

2. 体验方面

体验包含在整个跨境电子商务购物流程中，其中最能体现客户感受的是时间，并且客户对时间要比价格更敏感。

（二）跨境客户服务升级：努力培养客户黏性和忠诚度

跨境电子商务客户需求逐步升级，未来，跨境电子商务服务必须从模式、选品、转化率等方面深入培养客户的黏性和忠诚度。

1. 选品

从“能卖什么”到“客户希望买什么”。目前，由于资金、平台影响力、政策等方面的限制，很多跨境电子商务网站主要关注“能卖什么”。但基于这一层面的选品很难产生客户黏性。未来，各平台需围绕其核心客户的需求进行选品。

2. 模式

目前很多跨境进口零售电商网站在选品、网站设计、服务等方面存在同质化的问题。未来，模式不是最关键的，各企业应着力打造无法被取代的独特产品体验。

3. 转化率

从“海”到“购”，回归零售本质。在跨境电子商务发展的早期，多数专注于“海”，投入大量资金进行跨境布局，但发展方向较为迷茫。未来，各电子商务卖家需准确把握客户需求，综合考虑获客渠道和成本，提高转化率，以减少不必要的成本，使业务得到持续发展。

客户需求决定企业该做什么，围绕客户需求的业务，开展客户服务才是有意义的，对于跨境电子商务卖家来说，新形势下，将更多的注意力集中在客户需求上，如此才可能在众多的竞争者中脱颖而出，做出一番事业。

项目小结

通过本项目的学习，读者了解了跨境电子商务客户的维护与管理，掌握了客户分类维护、客户信息管理，以及客户跟进管理等关键技能和策略，同时也加深了对客户关系重要性的理解，期望读者能将所学应用于实际工作，持续提升专业素养，为企业客户管理工作贡献自身才智与力量。

巩固与训练

思考练习

1. 客户资料信息卡的类型有哪些?
2. 客户跟进管理流程有哪些?
3. 维护好老客户，建立客户忠诚度，比较常见的服务策略有哪些?

拓展实训

请利用 Excel 软件来设计一份跨境电子商务客户服务人员的客户跟进记录表，包括客户信息、货物信息、同行信息、操作流程、客户的商品对接人等。

项目七

跨境电子商务客户流失与挽回策略

项目导读

随着跨境电子商务的迅速发展，竞争日益激烈，客户流失成为一个不容忽视的问题。失去客户意味着失去市场份额和收入，因此，企业需要关注客户流失现象，并采取相应的措施进行挽回。本项目将探讨跨境电子商务客户失流的原因及挽回策略，企业可以尝试挽回失去的客户，重建与他们的关系，提高客户忠诚度和满意度。

学习目标

◎知识目标

1. 了解跨境电子商务客户流失的概念。
2. 掌握跨境电子商务客户流失的分类。
3. 了解跨境电子商务客户流失的原因。

◎技能目标

1. 掌握跨境电子商务客户关系的维护管理。
2. 掌握跨境电子商务客户挽回策略。

◎素质目标

1. 培养读者具备较高的客户关系管理技巧，能够建立长期稳定的客户关系，减少客户流失风险。

2. 培养读者具备良好的沟通和协调能力，了解客户问题和需求，寻找解决方案。

3. 培养读者具备较高的问题解决能力，能够快速响应客户问题，提供满意的解决方案，以挽回流失客户。

思政目标

1. 提升读者的客户关系管理能力与责任意识，努力减少客户流失，为企业留住客户资源。

2. 培养读者积极应对挑战的心态，不断提升自己的工作能力和应变能力。

案例导入

减少客户流失的秘诀

客户流失就意味着收入流失。在SaaS领域，常用流失率来计算一定时间内停止付费的用户比率。如何降低流失率，打造优秀的产品，提供一流的客户服务，需要了解以下技巧。

1. 提高用户参与度

留住客户从来不是一件简单的事情。在SaaS领域，客户参与发生在客户从SaaS服务中得到了真正价值的时候。如果客户每个月花90美元订购家庭有线电视服务，但实际上家里没有人看电视，那么肯定会在次月把这个服务取消掉。同样的道理，如果客户不参与到软件服务中去，不去使用他们购买的产品，那么他们很快就会离开。

2. 永远在销售

SaaS作为一家初创公司，应该抓住一切机会，随时随地进行销售。这么做的原因是保证用户继续使用产品和服务。

3. 提升产品功能是关键

随着SaaS产品不断成熟，企业会发现有些功能比其他功能更重要，要以这些核心功能为基础，不断地改善、优化产品。

4. 提升客户体验

很多SaaS公司认为客户是冲着软件来的，其实客户体验也是必不可少的部分。SaaS的含义当中有很大一部分是关于服务，服务就是体验，包括了软件的交互界面、功能、速度、特性、成本、购买流程、重复流程设计、响应性、客户服务以及其他任何跟SaaS使用有关的方面。若这个体验中的任何一个环节出了差错，都可能导致客户离开。

5. 提供免费升级、打折等各种随机的福利

心理学中有一种现象叫作预期之外的回报，即就算是最小的回报也会给人极大的满足，这就是惊喜。研究人员发现，侍者如果给了客人一些小礼物，那么收到的小费要比平时多23%以上。一次卓越的客户服务往往能让客户感到惊喜，客户甚至愿意自发地帮你宣传。如何提供惊喜？例如，免费的功能、额外的存储空间、免费使用一个月、年费打折。

6. 做到完全透明

很多客户都会对 SaaS 公司怀有疑虑，原因是普通的客户往往会认为软件本身确实是有研发成本的，但是看不到产品推向市场过程中出现的营销成本，再加上双方合作协议中那些晦涩难懂的术语行话以及使用 SaaS 服务后还有可能出现被黑客侵入的风险，此时可以通过全面彻底的透明化来打消用户的疑虑。

7. 优化客户留存

对客户留存进行优化就是通过各种指标，如用户测试、客户调研及其他以客户为核心的数据来进行产品设计及营销模式的优化提升，而不只是传统的 A/B 测试。

成功的 SaaS 公司打造的远远不只是一款优秀的产品，而是品牌，一种能够带来足够信任的品牌，只有这个原因才能让客户留下。

任务一　跨境电子商务客户流失概述

在跨境电子商务领域，客户流失是一个令人头痛的问题。由于市场竞争激烈，客户的需求和期望也越来越高，因此如何留住客户并减少流失已经成为了一个紧迫的任务。因此，跨境电子商务企业需要不断探索和创新，通过采用先进的数据分析和人工智能技术，以及建立良好的客户关系和提高产品质量和安全性，才能更好地满足客户的需求和期望，从而在激烈的市场竞争中立于不败之地。

一、跨境电子商务客户流失的概念与特点

（一）跨境电子商务客户流失的概念

客户流失字面含义为失去的客户。具体来说，客户流失就是客户为企业带来的价值减少的状态，它不仅包括客户与企业完全中断业务关系，而且还包括客户逐步减少对企业产品或服务的消费或者减少购买数量，转而消费企业竞争对手所提供的产品及服务。所以，只要一个客户为企业带来的价值处于减少状态，就可以认定该客户处于正在流失状态。客户流失可以是与企业发生一次交易的新客户的流失，也可以是与企业长期交易的老客户的流失，还可以是中间客户（代理商、经销商、批发商和零售商）的流失，甚至是最终客户流失。老客户的流失率通常小于新客户，中间客户的流失率小于最终客户的流失率。

跨境电子商务客户流失即跨境电子商务客户因某些原因而离开当前为其提供产品或服务的跨境电子商务企业，它是一种非契约关系情景下的客户流失。

（二）跨境电子商务客户流失的特点

跨境电子商务客户流失的主要有如下特点。

1. 匿名性高

客户在跨境电子商务平台上通常以虚拟身份进行交易，缺乏真实联系信息，使客户流失后难以联系和挽留。

2. 竞争激烈

跨境电子商务市场竞争激烈，客户随时可以在其他平台找到类似产品和服务，导致客户流失的速度更快。

3. 信息获取困难

跨境电子商务平台面向全球客户，客户信息分散，难以及时准确地获取客户反馈和行为数据，难以预测客户流失。

4. 国际化特征

跨境电子商务客户来自不同国家和文化背景，对产品和服务的需求差异大，企业需要了解和满足不同客户群体的需求，避免流失。

5. 换购便捷

跨境电子商务客户转向其他平台购买更为便捷，例如，国际物流速度快、支付方式多样等，容易导致流失。

6. 复购周期长

跨境电子商务产品通常具有较长的购买周期，客户再次购买的间隔时间较长，增加客户流失的可能性。

二、跨境电子商务客户流失的分类

（一）按流失的最终结果分类

从流失的最终结果来看，跨境电子商务客户流失可分为完全流失和部分流失。完全流失是指由于某些原因，客户不再到某店铺购买商品或服务，改到其他店铺进行消费，即在一段时间内交易次数为零，这种流失也叫作零次消费流失或显性流失。部分流失主要是指客户在购买某企业产品和服务的同时也购买其竞争对手的产品和服务，从而在原购买企业根据产品的周期规定的某个时间段内，客户的交易次数相对减少，消费额逐渐降低，客户的价值由高变为低。简而言之，部分流失就是客户在数量上逐步减少购买企业的产品或服务或者购买行为从高价值产品或服务逐渐转向低价值产品或服务，购买金额逐步减少。

（二）按流失的原因分类

按客户流失原因，跨境电子商务客户流失可分为自然消亡类客户流失、需求变化类客户流失、趋利流失类客户流失和失望流失类客户流失。

1. 自然消亡类客户流失

自然消亡类客户流失，如客户因破产、身故、移民或迁徙等无法再使用企业的产品或服务或者客户目前所处的地理位置位于企业产品和服务的覆盖范围之外。

2. 需求变化类客户流失

需求变化类客户流失是指客户自身的需求发生了变化，导致其对原先购买的产品与服务不再需要。需求变化类客户的大量出现往往伴随着科技进步和社会习俗的变化。

3. 趋利流失类客户流失

趋利流失客户流失是指受到竞争对手的营销活动诱惑，客户终止与某店铺的客户关系，而转变为其竞争对手的客户。

4. 失望流失类客户流失

失望流失客户流失是指因对某跨境电子商务企业的产品或服务不满意，客户终止与该企业的关系。客户因失望而流失的具体原因可能是多方面的。例如，跨境电子商务企业的产品或服务的价格偏高、客户感到企业产品的主要性能不足、企业的服务不足，如不回答客户问题、随意回答客户问题、回答客户问题时与客户争执、把产品或服务缺陷的责任归于客户错误操作等，以及未能处理好投诉（处理得不及时或不恰当）、消极的服务接触（客户服务人员不能尽力满足客户需求）、伦理道德问题（客户认为跨境电子商务企业有违法违规、越权等问题），这些都有可能造成客户失望，从而不再到跨境电子商务企业消费。

（三）按客户流失时间分类

根据客户流失的时间长短，跨境电子商务客户流失可分为缓慢流失型客户和突然流失型客户。

通常，缓慢流失型客户流失前是有一定征兆的，如购买频率降低、购买量减少、购买产品的单位价值降低、对店铺的抱怨增多等，而企业一般对客户的这种相对缓慢的改变缺乏敏感性，往往忽略了客户心理上的变化，最后导致客户做出行动上的“背叛”。跨境电子商务企业应该实时关注客户的行为，定期对客户的各项数据进行统计分析，以便及时地发现问题，随时修正客户服务方案。而突然流失型客户流失前是没有任何信号提示的，是由于某些突发事件所引发的客户流失。

（四）按客户流失的主动性分类

根据客户流失的主动性，跨境电子商务客户流失可分为主动流失客户和被动流失客户。

1. 主动流失客户

主动流失客户是指客户主动地不再选择某跨境电子商务企业进行交易，而是选择了其他店铺的产品和服务。主动流失主要是由于客户自身的原因，如生活习惯和方式发生了变化。例如，客户以前喜欢吃辣的，现在由于胃病不能吃辣的食品，所以就不再购买此类食品。客户主动流失也有可能是因为客户对某卖家的产品或服务不是很满意。

2. 被动流失客户

被动流失客户是指由于跨境电子商务企业未能有效地监控到那些具有流失风险的客户并且没有适时采取措施而造成的客户流失或者由于客户本身的原因被跨境电子商务企业排除在交易范围外，这样的客户流失就是被动客户流失。后者一般是由于客户的信用度不佳或客户故意诈骗等原因导致的。

（五）按时间角度分类

从时间角度而言，跨境电子商务客户流失可分为永久性流失和暂时性流失。永久性流失是指客户终止了与企业的合作关系；暂时性流失是指客户在某一段时间内没有购买行为，但是过了段时间又再次购买企业的产品或服务了。对于永久性流失客户，企业无能为力，这是企业的永久性损失。对于那些暂时性流失客户，企业可以通过一定的策略将其挽回。

三、跨境电子商务客户流失的判断指标与原因

（一）客户流失的相关理论基础

1. 客户数量效应

客户数量效应即客户流失情况对企业客户存量的影响。假设有两家公司，一家公司的客户流失率是每年 5%，而另一家公司的客户流失率是每年 10%，即前者的客户保持率为 95%，后者为 90%，两家公司每年的新客户增长率均是 10%，那么第一家公司的客户存量每年将净增 5%，而第二家公司则为零增长。这样持续几年后，前者的客户存量将显著增加，而后者的客户存量却没有实质性增长。

2. 客户保持时间效应

客户保持时间效应主要表现在两方面：一方面是老客户为公司贡献更多的利润；另一方面是公司保持老客户的成本要比获取新客户的成本低得多。

知识加油站

留住现有客户比吸引新客户更具经济价值

美国市场营销学会客户满意手册的统计数据表明，吸引一个新客户所耗费的成本大概相当于保持一个现有客户的 5 倍，减少客户流失就意味着用更少的成本减少利润的流失。在成熟期的产品市场中，要开拓新客户很不容易。客户的忠诚度是一个企业能够生存、发展的最重要的资产之一。大多数情况下，企业从每位客户那里赚取的利润与客户

停留的时间成正比。随着客户保持年限的延长，投资回报率会呈现规律性增长。在大多数行业里，长期客户对企业的贡献随时间的延长而增加。因为高度满意的客户随着时间的增加会购买更多的产品或服务并愿意为物有所值的产品或服务付出额外的费用。

同时，拥有忠诚度的客户在已经建立信赖感的前提下的交易行为会为双方节省大量的时间、精力、人力，也会因客户对产品的熟悉而使企业可以花费较少的成本来服务客户，降低了企业的服务成本。而且忠诚的客户也会对企业进行正面宣传，以便他人参考，他们也会把企业推荐给其他潜在客户，进而替企业创造新的交易，从而间接地为企业创造更多的收入和利润。而当面临卖方合理的价格调整时，长期客户对价格的敏感度较低，不会因一点小利而离开。企业一旦无法留住客户，不仅会失去原有客户带来的收益，并且需要花费更多的成本去寻求新的客户以取代原有客户，因此将因客户的转换行为而造成企业运营成本增加。拥有长久且比较忠诚的客户对企业的运营与收益较为有益。

（二）判断客户流失的指标

1. 客户流失率

（1）客户流失率的概念

客户流失率衡量的是在指定时间段内店铺失去客户的比率，是客户的流失数量与消费产品或服务的全部客户的数量的比值。它是客户流失的定量表述，是判断客户流失的主要指标，直接反映了企业经营与管理的现状。

（2）客户流失率的计算

企业可以通过客户最近一次消费距离当前的时间来判断客户是否流失，因此要分析客户流失就需要知道每个客户最后一次消费的时间。一般在公司的客户管理系统数据库中会有相应的客户购买信息，所以建议在储存客户基础信息的同时记录客户的最近一次购买时间，这样就能准确地计算客户最近一次购买距离当前的间隔时间，进而判断该客户是否流失。在获取数据时要区别产品或服务的购买周期问题。同时，需要注意的是，客户的流失可能并不是永久的，也许客户在一段时间内对店铺确实没有任何需求，那么他会离开店铺一段比较长的时间，流失客户有可能会因为店铺的某次营销或产品质量的改善而重新回来。

在确定了客户是否流失之后，就需要弄清楚流失客户的数量。店铺总流失客户数的计算比较简单，若超过产品或服务的一个购买周期没有再次购买产品或服务即认定客户已经流失，那么总流失客户数就是所有“当前时间点 - 客户最近一次购买的时间点 > 一个购买周期”的客户数量。但是单纯地分析总流失客户数量是没有意义的，因为在大部分情况下，这个数值是一直递增的，因此，企业需要计算总流失客户数占总客户数的比例（客户流失率）以及新增流失客户数并观察它们的变化趋势，从而分析客户流失情况。

客户流失率有绝对客户流失率和相对客户流失率之分，绝对客户流失率衡量的是客户流失的数量趋势，而相对客户流失率考虑了流失客户对公司销售额的贡献程度，更能够反映流失客户对公司的影响，因而客户流失率有两种计算方法。

$$绝对客户流失率=\frac{流失的客户数量}{全部客户数量}\times 100\%$$

$$绝对客户流失率=\frac{流失的客户数量}{全部客户数量}\times 流失客户的相对购买额100\%$$

其中

$$流失客户的相对购买额=\frac{流失客户的平均购买额}{全部客户的平均购买额}$$

2. 客户保持率

客户保持率是客户保持的定量表述。客户保持是指企业维持已建立的客户关系，使客户不断地重复购买产品或服务的过程。客户保持率也是判断客户流失的重要指标，与客户流失率完全相反，客户保持率高，则客户流失率低。它反映了客户忠诚的程度，也是企业经营与管理业绩的重要体现。计算公式为

$$客户保持率=\frac{客户保持数}{消费人数}\times 100\%消费人数$$

3. 客户推荐率

客户推荐率是指客户消费产品或服务后介绍他人消费的比例。需要注意的是，客户流失率与客户推荐率成反比。跨境电子商务企业可以通过市场预测统计部门获得的市场指标来评估客户流失情况，如市场占有率、市场增长率、市场规模等，客户流失率通常与上述指标成反比。跨境电子商务企业还可以通过营业部门和财务部门获得的销售收入、净利润、投资收益率等收入利润指标来评估客户流失情况，也可借助行业协会所开展的各类诸如排名、达标、评比等活动或权威部门和人士所发布的统计资料判定企业的竞争力指标，从而评估客户流失情况。

（三）跨境电子商务客户流失的原因

客户流失对于每一个企业来说都不可避免。跨境电子商务在线客户的新特点使得在线客户流失的原因也变得多种多样。分析客户流失的原因有利于企业采取相应策略来降低有价值客户的流失率，真正地提高成本收益比。通常，导致跨境电子商务客户流失的因素有以下几点。

（1）企业自身原因（产品质量、服务质量不佳，员工流失，市场营销手段不当，如产品定位或定价不合理及企业缺乏创新等）。

（2）竞争对手的争夺。

（3）客户因素（被竞争对手吸引、需求发生变化、恶意离开及客观原因）。

（4）服务细节疏忽导致客户对产品或服务不满意。

（5）系统智能化、网页技术、网页设计与布局不够吸引客户。

（6）售后服务不当（物流配送、售后服务方面及退货政策等）。

（7）企业管理不善及诚信问题。

（8）市场波动等。

仔细分析上述影响客户流失的因素就会发现，除了市场竞争及客户主观原因，其他导致客户流失的因素主要都归结于企业自身，是可以控制的。因此，跨境电子商务企业可以通过找出客户流失的原因，分析企业自身存在的问题并加以改进来减少客户流失情况的出现。导致跨境电子商务客户流失的原因如下。

1. 内部原因

（1）员工跳槽

在跨境电子商务企业平时的业务往来中，由营销人员直接与客户联系，如果跨境电子商务企业缺乏对客户信息和客户关系的规范管理，就会造成客户只认销售人员不认企业的现象。

（2）服务差使客户不满意

员工是企业的名片，每个员工的言行都直接或间接地影响着客户的思维和情感，从而对客户的购买行为产生推动或阻碍作用。

（3）诚信问题

一旦客户认为企业有诚信问题，往往会选择离开，不再光顾。

（4）质量不稳定

企业产品质量不稳定会导致客户利益受损，从而流失客户。

（5）企业缺乏对员工的培训

缺乏系统的员工培训计划可能导致员工无法全面掌握必要知识和技能，影响对企业文化、物流市场和竞争对手的了解。缺乏针对性的培训也会导致销售和客户服务人员无法有效处理突发事件和客户投诉，增加客户流失风险。

（6）缺乏创新

任何产品都有自己的生命周期，随着市场的成熟及产品价格透明度的提高，产品带给客户的利益空间越来越小。在 B2B、B2C 的商业关系中，若跨境电子商务企业不能及时进行创新，当竞争对手推出功能更多和质量更高的产品和服务时，客户就会转移。

（7）价格

产品的价格往往是客户最为关注的因素。同样的商品，大部分人都会选择价格相对低的店铺进行消费。

（8）客户关系

如果企业不注意维持和客户的关系，不注重对客户关系的有效管理，势必会加速客户的流失。因此，企业应对客户关系管理给予充分的重视，认真分析客户流失的原因并着手改善和解决。

（9）企业自身业务衰退或倒闭

任何企业在发展中都会遭受震荡，企业的波动期往往是客户流失的高频段位。如企业出现暂时的资金紧张，造成市场出现波动，这时候“嗅觉”灵敏的客户也许就会选择其他企业。

2. 外部原因

（1）竞争对手夺走客户

任何一个行业的客户都是有限的，优质的客户更是弥足珍贵。为了能够迅速在市场上获得有利地位，竞争对手往往会不惜代价，采取优惠、特价、折扣等措施来吸引客户，将原先属于其他企业的客户挖走。

（2）客户忠诚度低

客户忠诚是实现客户不断重复购买行为的保证，客户忠诚度低也是跨境电子商务企业容易流失客户的一个原因。

任务二　跨境电子商务客户挽回策略

在跨境电子商务领域，客户挽回是一项至关重要的任务。当客户流失时，企业需要采取一系列综合措施。通过识别流失的原因、及时沟通、改进产品和服务、提供个性化解决方案、给予优惠和奖励以及建立长期关系，企业可以增加挽回客户的成功率，并保持客户的忠诚度。

一、跨境电子商务客户关系的维护管理

（一）客户关怀管理

1. 客户关怀的含义

客户关怀就是通过对客户行为的深入了解，主动把握客户的需要，通过持续的、差异化的服务手段，为客户提供合适的产品或服务，最终实现客户满意度与忠诚度的提高。

扫一扫

跨境电子商务客户关系的维护管理

为了提高客户满意度和忠诚度，企业必须完整地掌握客户的信息，准确地把握客户的需求，快速响应个性化需求，为客户提供便捷的购买渠道、良好的售后服务与经常性的客户关怀。

2. 客户关怀的特点

客户关怀的主要特点是针对性、体贴性、精细化，这其中有多个关键点需要把握。

（1）通过客户的行为了解客户的需求

客户的需求不是仅靠简单地询问客户就可以得到的，企业必须在日常工作中注意观察客户的行为，主动了解客户，识别客户的真实需求。

（2）客户关怀不是市场活动，不是一段时间内的短期行为

一旦企业明确了客户差异化的体验标准，就必须使之成为企业日常组织习惯的一部分，而不能仅仅停留在规则里。

（3）客户关怀不是营销

客户关怀并不是为了让客户买一件产品或一种服务，而是在让客户长时间留下来的基础上，通过客户的整个生命周期价值来提升获益。

3. 客户关怀的内容

客户关怀的应用开始主要是在服务领域，目前，它正在不断地向实体产品销售领域扩展，贯穿了市场营销的所有环节，主要包括售前服务、售中服务和售后服务。也就是说，目前企业的客户关怀活动已经贯穿了企业市场营销的全过程。

（1）售前的客户关怀

售前的客户关怀能加速企业与客户之间关系的建立，为鼓励和促进客户购买产品或服务起到催化剂的作用，能够帮助客服人员发现客户的需要并向客户提供产品信息和服务建议等。售前的客户关怀主要就是在销售产品前让客户观看或体验，其主要形式包括产品推广、展示会、广告宣传和知识讲座等。例如，上海交大昂立股份有限公司走的是一条知识营销的道路，它在产品销售前的主要客户关怀手段就是在市场上向客户传授知识，在产品知识科普的推广上投入大量的人力和财力，这为打开产品销路奠定了良好的基础。

（2）售中的客户关怀

售中的客户关怀与企业提供的产品或服务紧紧地联系在一起，包括订单的处理及各种相关的细节都要与客户的期望相吻合，满足客户的需要。好的售中服务可以为客户提供各种便利，如手续的简化、尽可能地满足客户的要求等。

（3）售后的客户关怀

售后的客户关怀主要体现在高效地跟进和圆满地完成产品的维护和修理的相关步骤以及围绕着产品、客户，通过关怀、提醒或建议等最终达到企业与客户互动的目的，促使客

户产生重复购买的行为。向客户提供更优质、更全面、更周到的售后服务是企业争夺客户资源的重要手段。做好售后服务首先要记住客户，然后要及时解除客户的后顾之忧，要经常走访客户，征求意见，提供必要的特别服务。要把售后服务视为下一次销售工作的开始，积极促成再次购买行为，使产品销售在服务中得以延续。

4. 客户关怀的方法

客户关怀方法指企业与客户交流的手段，主要有呼叫中心网站服务、主动电话营销等。企业应该根据自身产品的特点制定自己的关怀策略，同时应该根据客户的不同规模、贡献、层次、地区、民族、性别采取不同的策略，从关怀频度、关怀内容、关怀手段、关怀形式上制订计划，落实关怀。例如，企业可每年为金牌客户安排一次旅游，为银牌客户安排节日礼品，为普通客户发送贺卡等，以体现关怀的区别。

（1）主动电话营销

主动电话营销是指企业充分利用营销数据信息，通过电话主动联系客户和推荐产品，以便达到充分了解客户需求的服务目标，同时也有助于获得销售机会，挖掘潜在客户。

主动电话营销必须注意两个问题：第一，要有针对性。通过其他渠道精心挑选客户，针对不同客户的具体情况，推荐可能符合其需求的产品与服务，不能千篇一律；第二，要实现信息共享。如果客户对营销电话有回应，而接电话的不是原来的那位销售人员，甚至是其他部门的人员，不应该说不知道或做出与前面不同的解释。这就要求企业各部门之间要协同工作，通过信息共享完善客户服务工作。

（2）网站服务

通过网站和电子商务平台，企业可以提供及时且多样化的服务。企业可以根据客户点击的网页、在网页上停留的时间等信息，实时捕捉客户需要服务的信息。企业将客户浏览网页的记录提供给服务人员，服务人员可通过不同的方式服务客户，包括电话、影像交谈、与客户共享服务软件等。同时，企业应利用文字、语音、影像等多媒体的实时功能与客户进行互动和网上交易。

（3）互动中心

互动中心是一种利用现代通信网和计算机网进行集成并与企业整体流程巧妙融为一体的、完整的交互式综合信息服务系统，其通过高素质的座席代表，使用一个公开的电话特服号码提供对客户的电话服务。互动中心突破了时间和空间的限制，在人工座席和自动语音应答设备的配合下，利用强大的数据库功能可以方便地提供24小时和分布式呼叫服务，可极大地提高企业的服务效率和管理水平，帮助企业了解客户、服务客户和维系客户。

互动中心集成了人工座席、自动语音、传真、互联网、E-mail网络电话等多种服务形式，可对企业售前、售中、售后服务的各个环节实施有效监管。

5. 客户关怀的实施步骤

（1）全员贯彻客户关怀的理念和宗旨

因为服务本身具有无形性，它体现在企业每一位员工的具体行为中。每一个面对客户的环节和机会都是提供客户服务、实施客户关怀的渠道。只有将客户关怀理念贯穿于企业上下，激发全员参与，才能保证客户关怀制度切实可行并行之有效。

（2）建立差别化客户关怀体系

由于客户对企业的贡献率是有差异的，为平衡收益与客户关怀的成本支出，应该建立差别化的客户关怀体系。企业应该先对所有的客户交易数据进行系统的研究和分类并按照客户的贡献度将客户分层，然后按照20/80原则建立差别化的客户关怀体系。

（3）设计客户关怀计划

客户关怀的实施必须是持续性行为，所以需要整体规划。

（4）执行计划

统筹安排客户关怀计划的实施，从细节着手，从小处实施，以周到而细微的服务打动客户，从而提升客户的满意度和忠诚度。

（5）监测反馈信息

建立沟通渠道并保持渠道畅通，企业必须重视引导客户表达不满的方式。及时对客户的不满进行化解才能真正做到以客户导向为中心，同时也可以提高客户的满意度。当然，建立沟通渠道的同时，必须适当地对一线员工授予解决问题的权限，以做到及时处理客户的投诉。

（二）客户互动管理

1. 客户互动管理的内涵与重点

（1）客户互动管理的内涵

客户互动管理是指为了在市场上为客户提供能够为其带来优异价值的产品和服务，企业需要充分利用信息的潜在内涵和各种互动技巧，努力在客户的购买流程中发展与客户的合作关系。

（2）客户互动管理的重点

① 双向互动，客户互动不是与客户仅交流一次就结束，而是循序渐进地反复多次交流。

② 客户体验，客户体验从客户注意到企业的那一瞬间开始并随着多种不同的互动逐步深化，包括提供咨询、受理投诉、服务营销、产品销售、主动服务、客户培训等。

③ 员工促进，每一位员工都是企业的管理者，相互协作、分享知识才能激发每一个员工的活力。

④ 组织改善，组织改善包括资源连结、快速反应产品创新、节约成本、最大化营销

机会、促进品牌形象、客户流失预警等。

2. 客户互动管理的要素与前提

（1）客户互动管理的四大要素

① 数据库支持，以电话销售为例，需要数据库支持的主要包括电话营销呼出管理、主动营销列表管理、监听监视管理、智能脚本支撑、销售记录管理和客户接触记录管理。

② 统一的沟通平台，企业沟通平台一般包括领导答疑、投诉信箱呼叫中心等，现在常用的就是呼叫中心。

③ 多种沟通渠道，互动管理的核心就是通过网站、博客、E-mail、介绍文章、行业事件、产品宣传册、广告、样品、白皮书、产品展示、销售演示、会议、交货、售后服务以及后续的客户忠诚计划等一系列活动、流程和途径增强与客户的互动并实施有效的管理。呼叫中心也需要采用多媒体技术，丰富沟通方式。

④ 及时准确的服务，在前面三项都满足要求的前提下，企业通过互动管理软件和服务人员来实现随时随地为客户服务，帮助客户解决问题，使客户满意。

（2）客户互动管理的前提

客户互动管理的预期目标是高效、直接、循环往复的沟通。为了确保客户互动管理目标的实现，企业应做好以下三个方面的有效性管理。

① 员工的有效性

企业员工管理对客户互动的效果有重要的影响。具体而言，员工管理直接影响着员工对客户互动技术和流程的了解程度。

员工有效性衡量标准中的一个重要因素就是给企业的客户服务代表（customer service representative，CSR）授权，这有助于员工在工作中掌握客户互动的自由度。没有被转给专家或者高级管理人员的客户互动所占的比例越高，说明对 CSR 的授权水平越高。CSR 辞职会导致企业增加重新招聘和培训的成本。此外，非接触时间也是员工有效性管理需要考虑的要素，它是指一个 CSR 在不与客户进行互动时在文件处理和培训上所花费的时间。

② 流程的有效性

企业的内部流程对客户互动质量也有着强烈的影响。流程的设计与实施应该做到有效地利用互动过程中的每一个要素。例如，如果流程设计具有感应客户态度、需求、认知变化的能力，企业就可以对这些改变做出反应，从而获得竞争优势。类似地，企业对变化做出反应的速度会反映出流程的柔性。在呼叫中心、客户接触中心、客户互动中心等客户互动系统中，互动主要表现为两个方面：一是系统或者 CSR 记录客户同自己的联系并加以响应的过程，称为入站（call in）；二是 CSR 主动联系客户并记录其响应过程，称为出站

（call out）。有效流程的衡量标准基本上都涉及入站和出站接触。其中，入站接触与互动需求相关，而出站接触则关系到销售、电话销售及与客户挽留相关的流程。

③ 信息技术的有效性

信息技术具有能够给企业带来竞争优势的潜力，可以让企业调整行为，使之适应客户的需求，还可以显著改善企业的流程和人事制度。正确使用信息技术可以让流程和人事制度更富有柔性，更加快捷和有效。

有效的信息技术的衡量标准通常需要考虑以下因素：信息技术的复杂性，包括信息技术的使用和学习难度；信息技术是否以客户为中心，即能用信息技术完全掌握的客户接触在整个客户接触中所占的比例，这个比例越高，说明技术设计越能满足客户的需要。此外，企业在信息技术上的投资越多，系统的复杂性就会越高，信息系统的复杂性越高，客户与企业接触时遇到的阻碍可能就越大，从而会降低客户与企业互动的驱动力。因此，管理者必须在是否进行大量投资之前做出权衡。

企业之所以要对员工、流程、信息技术等进行有效的管理和改进，其最终目的就是通过这种管理和改进来提升效率并促使它们相互之间产生积极的作用，最终对客户互动效果产生积极的影响。

3. 客户互动管理的内容

（1）确定互动对象

毫无疑问，客户是互动对象。企业面临的客户包含多种类型，这些不同类型的客户各自具有不同的需求。例如，按照客户是组织还是个人，可以划分为组织客户与个人客户。同样是购买计算机，组织客户购买计算机希望获得更好的安装、配送及售后服务，对价格并不是很敏感；相反，个人客户则对配送没有要求，更期望在保证一定质量的情况下有更低的价格。

（2）确定互动目标

在明确互动对象之后，企业就需要考虑与客户互动的目标。一般而言，企业与客户互动的目标包括如下两个方面。

① 加深与现有客户的联系

企业与现有客户的联系包括两个方面：一个是经济联系，主要是客户从企业采购商品或者服务的金额及数量；另一个是情感联系，主要体现为客户对企业的信任和企业对客户的关怀。在设定互动目标时，上述两个方面并不冲突，企业可以期望客户不仅增加采购量，同时也增进相互间的感情。当然，也可以只关注其中的一个方面。

② 吸引潜在的客户

潜在客户包括两种：一种是同一市场中所有企业面临的未来可能的购买者；另一种则

是企业竞争对手的客户。吸引潜在客户意味着企业希望扩大自身的客户群体。相比较而言，吸引竞争对手的客户更为艰难，因为这需要企业付出更多的努力。

吸引潜在客户包括不同的方面，可以进一步细分为扩大企业在潜在客户中的知名度、增强潜在客户对企业产品或者服务的认同感和鼓励潜在客户购买等。

（3）设计互动内容

企业与客户之间的互动涉及产品、服务信息、情感、建议等方面。企业在确定互动内容时，需要考虑如下内容。

① 主题

在设计互动内容时，企业首先需要考虑互动目标客户的需要与行为特征。换言之，企业首先需要明确目标客户有哪些要求，他们希望获得什么样的信息。企业必须在明确互动目标客户需求的基础上设计相应的主题。

② 结构

在内容结构方面，需要关注的是：第一，重要的信息是放在最后还是最开始。放在最开始的优势是能让客户在第一时间明白并留下深刻的印象，但有可能会造成虎头蛇尾的现象。放在最后可以起到总结的作用，但有可能被客户忽略。第二，是否需要给客户一个明确的结论。换言之，企业是否需要在互动的时候就告知客户关于产品或者服务的结论。告知客户的优势在于能让客户清晰地了解产品的特点，劣势在于可能会引起客户的反感。因此，目前许多企业都认为不应当告诉客户结论，而应通过互动的内容让客户自己判断，这样可以增强客户对企业的信任。

（4）确定互动预算

企业在确定互动预算时有多种方法可以选择。例如，根据企业目前的状况，可以将所有可能的资源都用于客户互动，还可以根据企业的销售额或者利润确定一个固定的比例来设定用于客户互动的资金。除了上述两种方法，还可以根据竞争对手用于客户互动的资源来确定本企业用于互动的费用。

除了上述办法，比较符合企业实际的方法是根据客户互动目标来确定预算。这种预算方法的步骤是：首先，将互动目标进行细分，确定具体的目标；其次，分析达到这一目标所需要完成的任务；最后，估计完成这些任务所需要付出的成本。这些成本的总和即为企业互动预算，该方法的优势在于能够让企业清楚地知道所付出的资源与取得的成果之间的关系。

（5）确定互动渠道

① 选择互动渠道时企业要注意的三个问题

a. 客户期望的渠道。选择互动渠道一定要从客户的需求出发，明确客户期望通过什么渠道与企业互动是实现有效互动的前提。因为如果企业选择的渠道并不符合客户的预期，就会遭到客户的排斥，无法实现预期的目标。

b. 不同渠道的优势和劣势。不同渠道的优势和劣势是不同的，企业应该扬长避短，根据客户的期望和企业的目标确定合适的渠道。因此，需要综合考虑客户需求、企业互动目标和渠道特征来确定最终选择哪些渠道进行互动。

c. 要注意对不同类型渠道的组合使用。在不同类型渠道的组合使用上，企业要清楚目标客户的不同及自身的特点。在日新月异的市场上，单纯依靠一种互动渠道已经难以实现既定目标，因此企业需要综合运用多种渠道，通过“组合拳”来实现目标。企业在选择渠道类型的时候，需要注意不同渠道的组合方式，即是各种渠道平均使用？还是以某一种渠道为主，其他渠道为辅？

② 多渠道客户互动的整合

随着 IT 技术的发展，企业中的客户互动正在朝着多渠道整合的方向迈进。当面会谈、电话交流、E-mail、短信、微信、网络交流、通过合作伙伴进行信息交流以及多媒体呼叫中心等多种方式都已经深入客户互动中，对以上多种互动渠道的整合已成为企业的重要任务。

多渠道客户互动管理就是指运用一个以上的渠道或媒介来与客户开展互动活动，而且在多渠道互动中，这些互动活动能表现出协调一致性。需要强调的是，这里说多个渠道应该协调一致，但并没有说一定需要采用同样的方式，这是因为不同渠道有着不同的使用目的，而且使用方式也存在差异。多种互动渠道综合运用往往可以发挥每一种渠道的优势。一般而言，多渠道客户互动战略可以为许多客户提供多个接触点，客户可以通过这些接触点与企业进行更有效地互动。

（6）确定互动时间与频率

企业要从客户的需求出发，确定什么时间与客户互动，间隔多长时间与客户互动。例如，有些企业通过电视广告与客户互动时并没有考虑到客户的期望，而是希望借助高密度的广告来迅速增加客户对企业产品的认知。这种方式尽管能够让客户加深对企业产品的熟悉程度，但同时也会破坏客户对企业产品的良好印象。在考虑客户需求的同时，也需要顾及企业的互动目标，要在综合考虑的基础上确定合适的时间与频率。

（7）评估互动效果

当企业完成一个阶段的客户互动之后，就需要对客户互动的效果进行评估。在对互动效果的评估中，必须结合互动目标主要回答以下三个问题。

① 互动效果是否实现了既定的目标？

② 在与客户的互动过程中，哪些问题需要改进？

③在与客户的互动过程中，发现了哪些新问题或者新现象？

4. 建立客户互动中心

（1）客户互动中心的概念

客户互动中心本质上是客户服务中心，它是在传统呼叫中心的基础上发展起来的。客户互动中心充分应用计算机电话集成技术和互联网技术，能够真正高效地实现企业与客户间的双向互动。

客户互动中心可以最大程度地整合整个企业的呼叫中心资源，有利于企业的统一管理和资源共享。它不仅具有传统呼叫中心的各项功能和以电话为主的接入方式，还支持 Web 方式的客户服务。用户可以通过多种设备，从多个网络（包括有线、无线或 IP）访问客户互动中心。

（2）客户互动中心的基本功能

客户互动中心不仅提供不同的接入模式，包括语音、电子邮件、传真、视频，而且还增加了许多技术功能服务，使客户能够以一种更为方便和满意的方式进行互动。除了具有传统客户服务中心的基本功能，客户服务中心还具备以下功能，如图 7–1 所示。

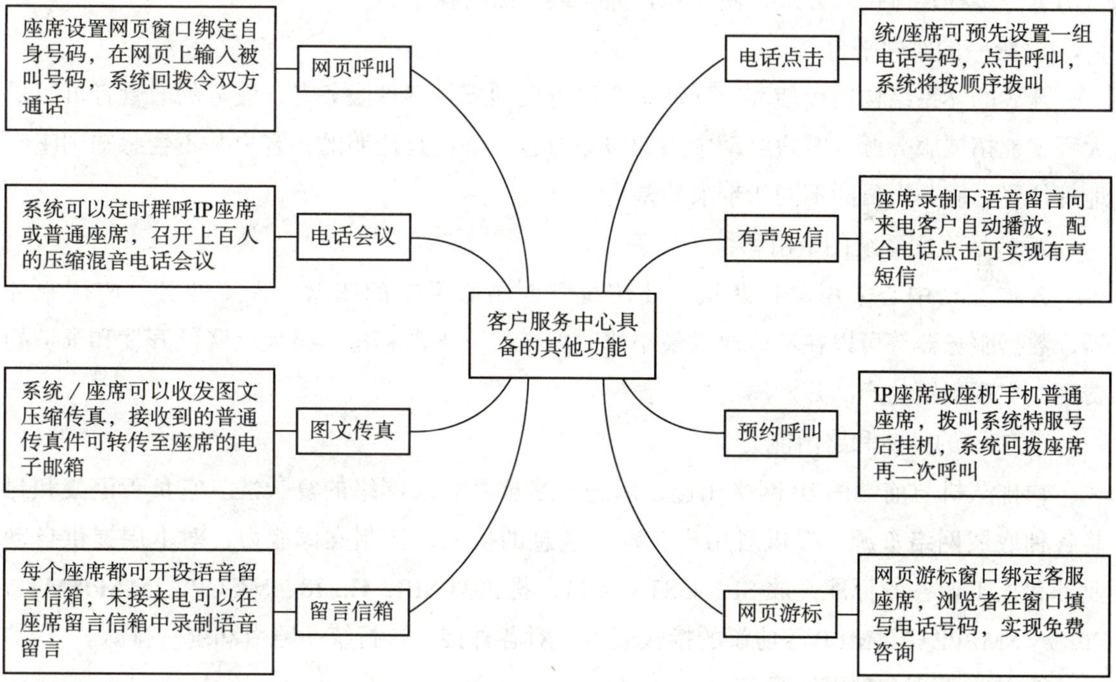

图 7–1　客户服务中心具备的其他功能

（3）客户互动中心的主要特点

尽管客户互动中心是在传统的呼叫中心的基础上发展起来的，但客户互动中心和传统客户服务中心有一些本质区别，客户互动中心具有以下特点。

① 呼叫分布受理与集中管理

基于软交换的客户互动中心能够为客户提供更为丰富的服务，而且提供的服务更贴近客户的实际生活；能够为企业组建分布式的呼叫中心系统，使客服人员能在任何时间和地点为客户提供方便、快捷、高效的服务。

② 强大的业务处理能力

客户互动中心采用高速包交换数据网络，其目标是以一个统一的宽带多媒体平台最大程度地承载现有和将来可能的业务，其实现途径是数字、语音、多媒体信号走同一网络，主要目的是充分利用现有资源，以避免重复投资。

③ 独立的网络控制功能

呼叫平台与媒体网关相分离，通过软交换技术实现基本呼叫功能，使业务提供者可以不受网络的控制，自由地组合业务与控制协议，也可以选择呼叫与数据业务，从而具有更广泛的接入方式。

④ 支持多样化的网络和媒体接入

客户互动中心适应通信网不断融合的发展趋势，提供语音、传真、IP、Web、E-mail、短消息等多种媒体接入方式，使经营者拥有最广泛的客户群。

⑤ 统一的座席平台

开放的体系结构设计使客户互动中心可方便地支持多种服务者，业务的经营者可以最大程度地拓展服务源。客户互动中心的服务对客户来说是透明的，客户并不会感知到座席地理位置、服务人员的不同所带来的差异。

⑥ 传统客服系统的平滑移植

客户互动中心采用软排队机，使传统呼叫中心系统的座席、人工业务、应用服务器、数据服务器等可以在不修改或最小修改的情况下平滑移植，极大地降低开发和维护的费用，实现更短的产品开发周期。

⑦ 统一的排队和路由能力

软排队机与前端的 IP 网络相连，以进一步屏蔽底层网络的复杂性。它负责汇集和封装各种底层网络资源，提供对用户多媒体消息的接入、控制支撑能力，对上层提供自动业务和人工业务的标准开放 SP、CSTA 接口，提供对 SIP、H.248、MGCP、IMAP/SMTP/P0P3、SMPPPAP、MLP 等协议的接入能力，对各种接入进行统一路由和统一排队。

⑧ 统一受理多种媒体服务

客户互动中心融合了多种通信技术，使媒体接入和处理的形式更加广泛，在继承传统媒体处理方式的同时，还可以处理网络电话、E-mail、短消息、语音信箱、传真、网络传真以及扩展的客户端。从用户的角度考虑，可以选择任意方便、经济的方式访问呼叫中心或者根据用户不同的年龄层次来选择比较习惯的沟通方式来访问呼叫中心。同样，对于座席来说，接收业务的手段也增强了，不仅可以处理传统的电话业务，也可以处理来自E-mail、短消息、视频等的业务请求。由于融入了更多的信息资源，客户互动中心可以更加直观、准确地接受客户请求并向客户反馈信息。

⑨ 提供灵活的个性化服务

客户互动中心除了提供传统的对话到用户的语音通信，还可以提供大量的个性化服务，可以由客户选择接入方式，选择要谁为其提供服务。

（三）客户知识管理

1. 客户知识概述

（1）客户知识的概念

客户知识是企业与客户在共同的智力劳动中所发现和创造的并进入企业产品、服务和管理创新的知识。目前，客户知识的定义主要强调客户知识的两个特性：一是客户知识是在企业与客户的交流和互动中产生的，是动态的，即客户知识不仅仅是对客户信息的单向提取，更强调在与客户主动交流中所获取的知识；二是关注客户的隐性知识，即客户拥有的知识，在客户知识管理中所要管理的客户知识不单是客户消费行为特征等显性知识，还包括客户对产品的评价、客户消费心理、购买决策方式等隐性知识。

客户知识是绝大多数公司进行市场开拓和创新所需的最重要的知识，它最有可能为公司带来直接的经济回报。企业能否使自己区别于其他企业的一个潜在的关键因素就是能不能充分收集和利用客户知识。如果企业能够同客户建立密切的知识交流与共享机制，及时了解客户的情况及客户所掌握的知识，无疑会使企业更紧密地贴近市场，大大提高企业决策的准确性和在市场上的竞争能力。

（2）客户知识的分类

客户知识包括客户的消费偏好、感兴趣的接触渠道、个人的消费特征等许多描述客户的知识。客户知识是人们通过实践认识到的、与客户有关的规律。根据不同的分类依据，可以将客户知识分成不同的类型。

① 根据客户知识的性质分类

根据匈牙利哲学家波兰尼（Polany）将客户知识按其可视性分为显性的客户知识和隐性的客户知识，如图 7-2 所示。

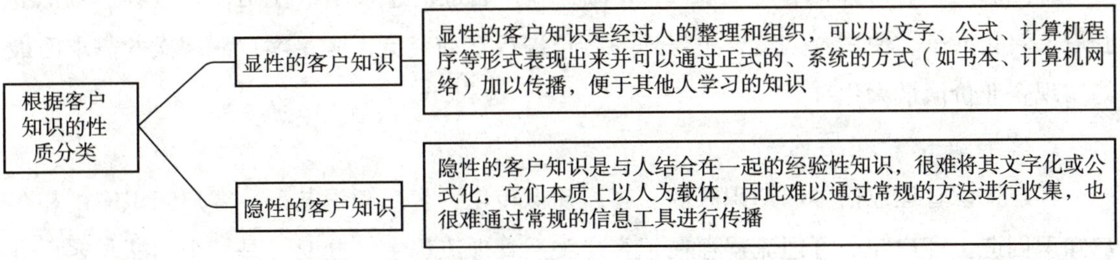

图 7-2　根据客户知识的性质分类

②根据客户知识的内容分类

根据客户知识的内容分类如图 7–3 所示。

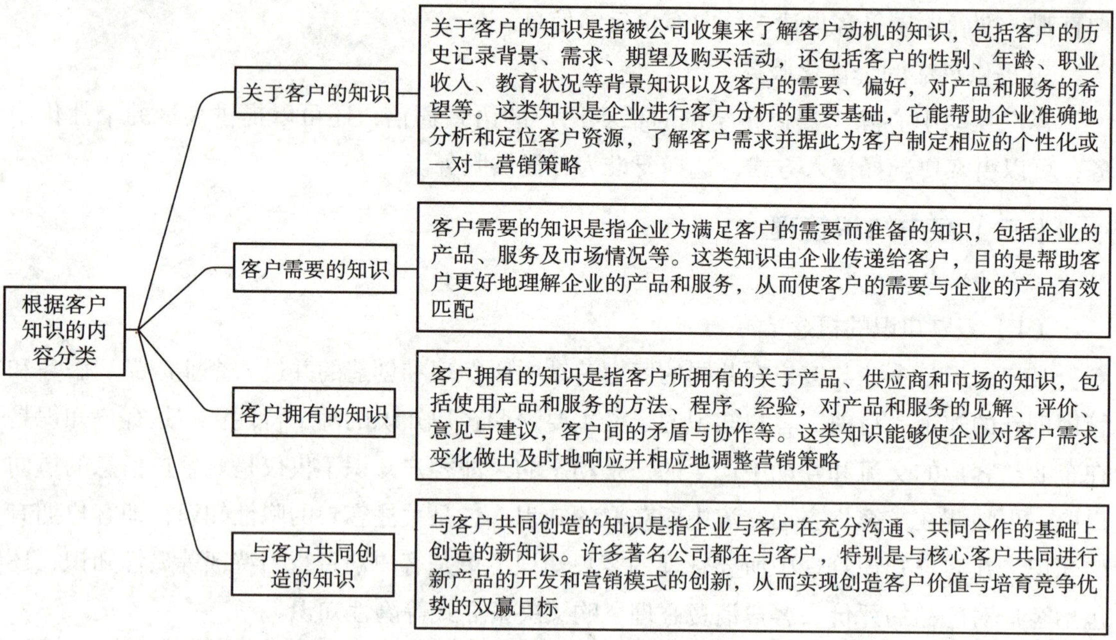

图 7–3　根据客户知识的内容分类

（3）客户知识管理的概念

20 世纪 90 年代后期，随着电子商务的兴起，CRM 与知识管理呈现相融合的趋势。韦兰（Wayland R.E.）和科尔（Cole.P.M.）在 1997 年合作出版的 *Customer Connections* 中首次完整地提出了客户知识管理这一概念并把客户知识管理定义为“客户知识的来源与应用及怎样运用信息技术建立更有价值的客户关系，它在获取、发展及保持有利可图的客户组合的过程中起到有关信息和经验的杠杆作用”。此后，国内外许多学者对客户知识管理展开研究，尽管没有统一的定义，但是共同的思想是：客户知识被视为企业最重要的资源之一，也是客户知识管理的核心；客户知识管理是一个不断与客户进行互动与交流的过程；信息技术的应用是客户知识管理过程中一个重要的组成部分；客户知识管理的目标是最终最大化地创造企业的价值。

综上所述，客户知识管理是在 CRM 流程中，通过信息技术的使用，促进客户知识的获取、转化共享、使用及创造，更好地与客户进行互动交流，满足客户深层次的需求而最终实现企业价值最大化。

2. 客户知识管理的内容

客户知识管理包括客户知识获取、客户知识转化、客户知识共享、客户知识应用和客户知识创造。客户知识管理流程存在于客户关系管理流程中，同时又是一个不断与客户进行交流与互动的过程，可使企业与客户的关系更为紧密。客户知识管理战略和客户知识管理系统都是对客户知识管理流程的支撑。

客户知识管理的效果取决于企业的客户知识管理能力。客户知识管理能力在与客户互动过程中协助企业内所有成员共同整合客户知识、转移客户知识并且分享客户知识，产生满足客户需求的产品和服务，以达到企业满足客户的目的。

（1）客户知识获取

客户知识获取是知识管理中一个极其重要的部分，虽然目前对于知识获取的理论和方法已经进行了大量的研究，但对客户知识获取方面进行的有针对性的研究还比较少，系统性地论述该问题的就更加缺乏。

客户知识的获取是指分析客户信息，发现存在于客户信息中的模式、规则、概念、规律，同时以机器能识别的形式表示出来并存储到计算机中，以确定客户的需要，帮助企业发现市场商机。在客户知识获取阶段，对不同的客户知识要采取不同的方法。

① 获取关于客户的知识——知识发现

知识发现（knowledge discovery in database，KDD）是从各种媒体表示的信息中，根据不同的需求获得知识，是确定数据中有效的、新颖的、潜在有用的、基本可理解的模式的特定过程。知识发现的目的是向使用者屏蔽原始数据的烦琐细节，从原始数据中提炼出有意义的、简洁的知识，然后直接向使用者报告。

② 获取客户拥有的知识——与客户之间的交互

企业通过知识学习过程来获得隐性的来自客户的知识，在这个过程中要有效地获取客户拥有的知识，关键是建立与整合客户与企业之间的联系渠道。

③ 获取客户需要的知识——信息技术的使用

客户需要的知识是决策性客户知识，决策性客户知识是在知识整合阶段产生的。产生过程是由企业通过设计合理的知识传播与扩散途径，使企业的营销决策人员及其他管理人员获得显性的描述性客户知识，结合专业知识对描述性客户知识进行编辑与整合并在此基础上制定营销策略。这些营销策略就表现为客户需要的知识。因此，客户需要的知识的获取过程就是领域内专家或企业管理者的决策过程。

（2）客户知识转化

关于客户的知识、客户拥有的知识及客户需要的知识这三类客户知识是客户知识管理的主要对象，客户知识管理过程就是这三类客户知识相互作用与转化的过程。客户知识转化与客户知识获取不是独立的两个步骤，而是在知识获取的过程中进行了知识的转化，在知识转化的同时也获取了知识。目前，客户知识转化的方法有两种。

①企业拥有两类知识后的转化

企业获取客户拥有的知识与关于客户的知识后，通过对这两类知识的综合分析形成合理的营销决策并产生相应的产品和服务标准，这些决策和标准就表现为客户需要的知识。企业的价值就在整个知识转化的过程中得以实现。由日本学者野中郁次郎提出的且被广大学者认为是行之有效的研究组织知识的产生、转移、再造的知识创新模型（SECI）针对的就是这类知识转化方法。

②组织内部客户隐性知识和客户显性知识的转化

组织内部客户隐性知识和客户显性知识的转化有利于组织对客户知识的利用。学者开得纳（Kadatna）提出的战略联盟内的知识创新过程模式（SICA）主要是针对这类知识转化的。具体而言，在战略联盟初期，首先是分享阶段（sharing），即通过联盟伙伴之间深入的对话和了解，分享彼此之间的知识并进行初步学习，从而理解和领会联盟的宗旨与目标。在激发阶段（inspire），不同组织背景的伙伴能够在联盟知识的基础上达成对联盟目标和概念的统一理解。这些过程的解决就需要激发并增值联盟循环圈内的知识。接下来的创造阶段（creation）就是对激发和增值的联盟共同知识的基础上创造新的知识。积累阶段（accumulation）是指联盟伙伴通过一定的组织能力和方法，对分享阶段、激发阶段和创造阶段累积下来的各种方法知识，尤其是知道为什么的知识的累积。

（3）客户知识共享

知识共享指的是组织中知识个体的知识通过各种手段（如语言、图表、比喻、类比）和各种方式（如电话、网络、面谈）被组织中其他的知识个体所分享并通过知识共享过程将个体知识转化为组织知识。知识转化中即实现了知识的共享。

（4）客户知识应用

客户知识应用是指组织成员运用客户知识来指导其日常管理活动实践，以期发挥客户知识的增值效益。通过客户知识的运用实施，可以了解前面步骤中的不妥与偏差，从而为客户知识管理的下一个步骤（创造）提供指导意见。目前，对客户知识应用的研究主要是关于客户的知识和客户需要知识的应用两个方面。关于客户的知识比较容易获得，这种知识应用的解释性比较强，主要用于获取新客户、提高客户关系价值、客户保持等方面。随着个性化推荐系统的提出，个性化推荐服务成为客户需要知识应用的一个重要方面。

（5）客户知识创造

客户知识创造可以从两个方面进行定义。从知识联盟的角度，客户知识的创造是企业自身或借助知识联盟对客户知识的创新过程。从流程和关系的角度来说，组织中的客户知识创造是组织创造、共享新的知识并把这些知识转化到产品、业务和系统中的能力。客户知识创造是动态性的、交互性的、面向流程的。

3. 客户知识管理系统

（1）客户知识管理系统的目标

客户知识管理的战略设计不是出于生产能力与效率方面的考虑，而是要加强能够提高客户保持率与忠诚度的客户知识的管理。也就是说，客户知识管理不是为了单纯地减少企业的开支，而是要获得更多的客户知识，更快地对客户需求做出反应。客户知识管理系统就是对客户知识管理进行技术支持的信息系统。

（2）客户知识管理系统的技术

支持客户知识管理系统的信息技术工具有许多种，各有不同的支持功能。普遍采用的是以客户知识管理的主要流程步骤对支持客户知识管理的信息技术进行分类。有很多信息技术（如互联网）同时支持信息获取、共享等多种功能，因此难以清楚并明显地区分每个客户知识管理步骤的支持工具。

① 支持客户知识的获取

支持客户知识获取的技术主要是支持企业对关于客户的知识、客户拥有的知识及客户需要的知识的获取。支持这方面的主要信息技术工具包括互联网、搜索引擎、知识发现、专家系统、协同商务等。

② 支持客户知识的转化

支持客户知识转化的技术主要是支持企业对客户隐性知识和客户显性知识的转化、企业外部知识和内部知识之间的转化。支持这方面的主要信息技术工具包括互联网、企业内部网、企业外部网、BBS、聊天室、文件管理系统等。

③ 支持客户知识的共享

支持客户知识共享的技术主要是通过网络系统支持各地成员间的讨论、聊天、开会及交换各种心得。支持这方面的信息技术主要是互联网、企业内部网、企业外部网、工作流系统、电子视频会议、BBS 等。

④ 支持客户知识的应用

支持客户知识应用的技术主要是支持企业对客户知识的应用。支持这方面的信息技术是互联网、企业内部网、企业外部网、专家系统、群体决策支持系统等。

⑤ 支持客户知识的创造

支持客户知识创造的技术主要是支持企业对客户知识的创造。支持这方面的信息技术主要是知识发现模式模拟、BBS、聊天室、案例推理系统等。

（3）客户知识管理系统的架构

架构的底层是企业的信息系统，包括企业的 ERP 系统、CRM 系统以及其他一些前台或者后台办公系统。

中间层是活动发生的场所，是前台和后台系统中客户知识管理的发生场所。例如，在借助外网进行的交易活动中，可以运用客户知识管理技术创建、共享和运用相关知识进行连锁管理和过程分析。

最高层代表了实际的前台系统，客户员工或商业伙伴可以利用它进行交流。前台系统可以分为三个部分，每一部分都是基于网络的。第一部分是互联网，它是用网络将客户与企业连接的逻辑结构。企业与客户的沟通渠道有网络浏览器（HTML）、语音（电话）、手机、与客户直接访谈等；第二部分是内网，它是员工在公司内部进行交流的媒介，当然可能是分散的；第三部分是外网，它的访问者是企业的伙伴公司和商务合作者，访问权限由最底层控制。

（四）大客户管理

1. 识别大客户和建立客户档案

大客户又称关键客户、重点客户，是企业的伙伴型客户，具体是指对企业的长期发展和利润贡献有着重大意义的客户。一般认为，大客户就是指那些产品流通频率高、采购量大，客户利润率高、忠诚度相对较高、对企业有重大贡献的客户。

（1）大客户的特征

大客户的特征包括购买次数频繁、单次购买数量多；是企业销售利润的稳定来源，占据企业利润中的很大一部分；服务要求高、涉及面广。大客户对企业的服务水准一般要求较高且往往需要企业提供一站式服务，特别关心配套和服务。大客户不仅仅对产品或服务的特征和标准要求严格，更注重企业技术创新和制订整体解决方案的能力，强调全局性和全天候的服务以及售后服务跟踪；大客户具有较强的谈判能力和讨价还价能力，企业必须花费更多的精力来进行客情关系的维护；大客户的发展如果符合企业未来的发展目标，将会与企业形成战略联盟关系，当时机成熟时，企业可以进行后向一体化战略，与客户结成战略联盟关系，利用大客户的优势促进企业的发展。

（2）识别大客户的方法

① 二八法则

二八法则是意大利经济学家维尔弗雷多·帕累托提出的，这个规则应用到客户管理中表明企业 80% 的销售收入和利润来自 20% 的重要客户，通常情况下，企业中销售排名最靠前的承担了 80% 销量的 20% 的客户会被列为大客户，很多企业都会按照销售额这个指标来区分客户的重要性。

② ABC 分析法

管理学家戴克将二八法则应用于库存管理并将其命名为 ABC 分析法，美国著名的管理大师彼得·德鲁克将这一方法推广到全部社会领域，使 ABC 分析法成为企业普遍应用的提高效益的管理方法，从而使企业的各项投资与支出都用在“刀刃”上。在企业管理中，客户 ABC 分析法是以销售收入或利润等重要客户行为为基准的。

ABC 分析法的一般步骤如图 7–4 所示。

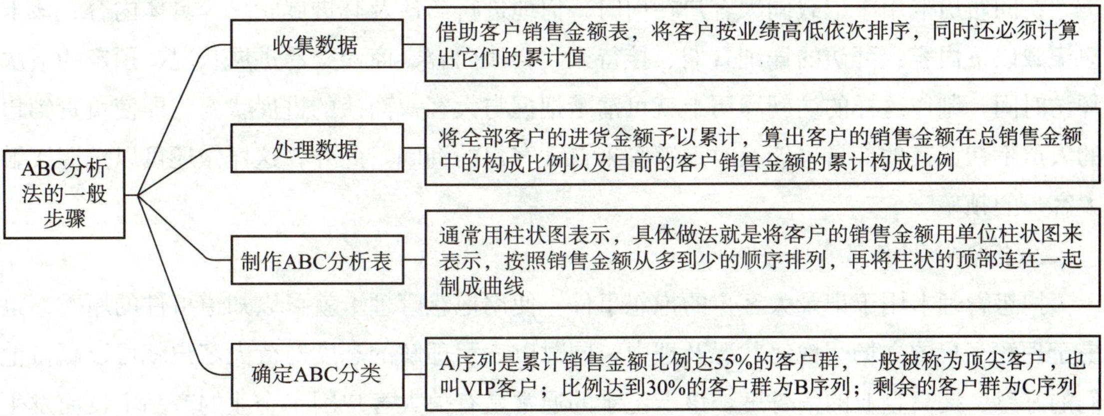

图 7–4　ABC 分析法的一般步骤

（3）大客户档案卡

① 必须记载的项目

大客户档案卡必须记载的项目如图 7–5 所示。

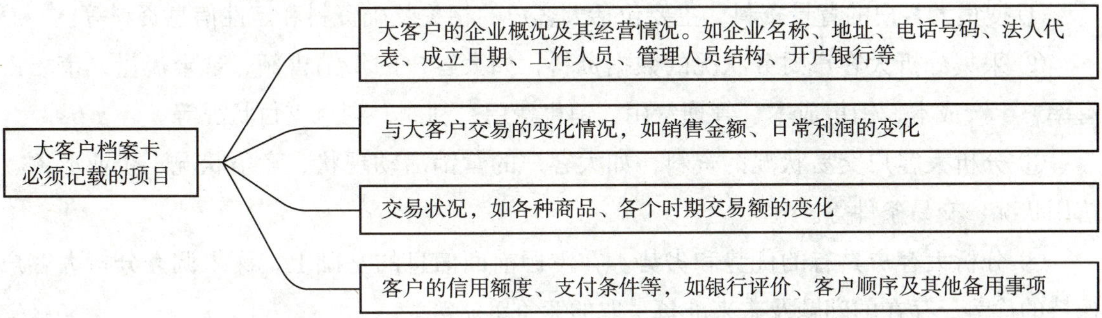

图 7–5　大客户档案卡必须记载的项目

② 管理原则

大客户档案卡管理原则如图 7–6 所示。

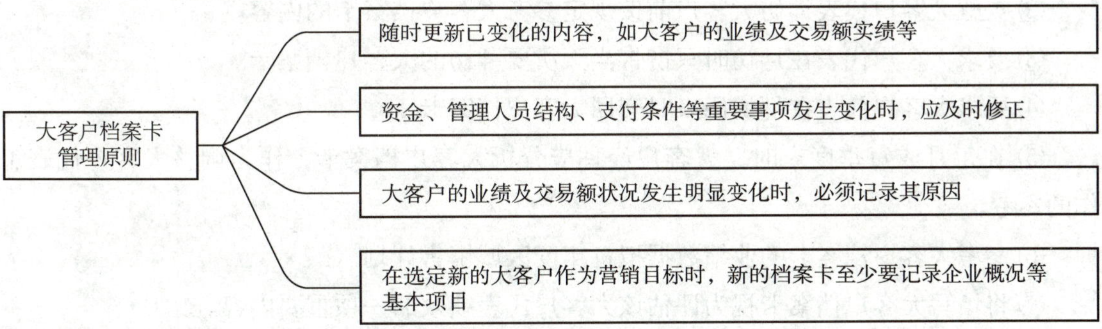

图 7–6　大客户档案卡管理原则

（4）附加的大客户管理卡

① 访问履历卡

访问履历卡用于记载同大客户在何时、何地进行商谈及其进展状况等具体内容，该卡应记载以下内容：拜访的详细日期、接待人、会谈内容、商谈交易进展状况、预定的下次拜访时间。制作这样的访问履历卡就可清楚把握与大客户商谈的进展状况，即使负责销售的人员不在，其他人员也能及时地解答来自大客户的询问。此外，这样做还可以把握接触大客户的频率。

② 抱怨管理卡

抱怨管理卡用于记录大客户的抱怨事件。使用抱怨管理卡就可以知道事件的原委，也易于理解客户的立场、抱怨状况及理由，同时以表示理解的态度对待大客户就可以赢得他们的好感，提高企业的信誉度。该卡记录的通常是有关大客户因本企业的产品不良而发生的事故，具体包括事故发生的时间、内容、经过及处理结果等。一般情况下，大客户会记住因产品不良而引起的事故，对事故的后果也是不会忘记的，使用抱怨管理卡就可以方便地了解到与大客户之间发生的纠纷及其解决的情况。

（5）大客户档案卡的制作步骤

① 搜集大客户的背景资料，主要包括大客户的相关基础资料和定性信息资料等。

② 采集分析大客户财务状况的数据资料，如大客户的年销售额、现金流量、市场占有率、生产成本、销售成本、管理费用、销售费用、利润、利息支付状况等。

③ 分析大客户交易状况的资料，如大客户的营销活动现状、竞争状况、企业形象、信用状况、交易条件等。

④ 分析大客户具有的优势和劣势。在掌握前面信息的基础上，深入调查分析大客户保持的优势、存在的问题及未来准备采取的竞争策略等。

⑤ 根据以上分析所得的信息绘制大客户分析表并完成大客户档案卡的建立。

（6）大客户档案卡的管理

① 每位大客户代表每周至少检查一次大客户档案卡。

② 提醒大客户代表拜访大客户前按规定参考大客户档案卡的内容。

③ 要求大客户代表在拜访时只携带当天所要拜访的大客户档案卡。

④ 要求大客户代表在拜访回来时交回大客户档案卡。

⑤ 在每月或每季度末时，大客户经理应分析大客户档案卡，作为调整大客户代表工作的参考。

⑥ 参考大客户档案卡的业绩数据拟订年度区域销售计划。

⑦ 将填写大客户档案卡视为评估该大客户代表绩效的一项重要内容。

⑧ 检查销售、收款是否平衡，有无逾期未收货款。

（7）与大客户建立关系

① 建立大客户经理制

大客户经理制是为实现经营目标所推行的组织制度，由客户经理负责客户的市场营销和关系管理，为客户提供全方位、方便快捷的服务。大客户只需面对客户经理，即可得到全部的服务及问题解决方案。客户经理可以通过数据分析出某类大客户是什么类型偏好的消费群，其消费热点是什么，然后设计出营销代表针对该用户群的营销活动。客户经理还应为大客户提供免费业务、技术咨询，向大客户展示和推广新业务，根据客户的实际需要向大客户提供适宜的建设性方案。

② 努力抓紧大客户

努力与大客户签订合作意向书，保持统一的价格和一致的服务水平，为大客户提供“门对门、桌到桌”的服务；养成走访习惯，最好是分层次对口走访。拜访对象应包括大客户单位的决策者、经办人及财务负责人等。拜访内容要因人而异，要注意选择适当的拜访时间，做好充分的准备，不断提高拜访技巧，使每次拜访都比前一次完善，尤其在态度上要做到比竞争对手更好。逢年过节可以送去小礼物或寄贺卡，不仅为大客户送去优质服务，更送去一份关心和挂念，从业务和情感两方面让大客户感受“零距离”服务。抓紧大客户的方法有以下步骤。

第 1 步：初步接触。初步接触时，首先应进行自我介绍，然后选择正确的谈话方式，这里需要注意以下四点。

a. 清楚你是谁？你来这里干什么？你的目的是什么？

b. 问合理的背景问题（不谈产品）。

c. 尽快切入正题。

d. 不要在还没有了解客户时就拿出解决方法。

第 2 步：了解客户，挖掘明确需求。几乎所有的生意都是通过提问的方式来开始的，在所有的销售技巧中，了解客户可谓是精华中的精华，在大客户的会谈中同样至关重要。顶级的谈判专家曾做过研究，所有成功的销售，了解客户的工作都占 70%，销售签单的工作占 30%，而失败的销售刚好相反，了解客户并挖掘明确需求的提问主要有背景问题、难点问题、暗示问题和利益问题。

第 3 步：证明能力，解决异议。证明策略对客户是有帮助的方法有以下三个。

a. 特征说明：描述一个产品或服务的事实，如“我们有 40 个技术支持人员和 5 辆配送车”。

b. 优点说明：说明一个特征能如何帮助客户，如“我们专业的维修人员可以减少机器故障的出现”。

c. 利益说明：说明一个利益能解决客户通过谈判挖掘出来的明确需求，如“我们可以提供像你所说的每周六送一次货”。

第 4 步：找出影响采购的客户。同样的产品，每个人的角度不同，对它的判断也就不同，所以在做产品介绍的时候，要有针对性。

第 5 步：建立互信关系。美国的一家调查公司做过一次问卷调查，选取相当数量的商业机构的采购主管，向他们询问了以下一个问题：“在电视机的采购中，你最看重的要素是哪一个？”

A. 性能价格比

B. 最能满足我的要求

C. 是值得信赖的品牌

D. 曾经用过这个品牌

在以上四个答案中，只能选择一个觉得最能接受的答案，结果有 35% 的主管选择的是 C（是值得信赖的品牌）。

互信关系是一道桥梁，这个桥梁上，能够挖掘客户需求，可以介绍和宣传企业，一旦这个桥梁断了，那么其他的销售活动就无法进行下去了。

建立互信的方法有两种：一种方法是先成为朋友，跟客户个人建立互信关系，然后再成为他的合作伙伴；另一种方法是先利用产品的性能价格比赢得这个客户，满足客户机构的利益，再跟客户个人建立互信关系，然后成为合作伙伴。

以上两种方法都可以建立互信，但是最好的方法是在销售过程中，同时满足客户机构利益和个人利益，这样才能击败竞争对手，取得竞争优势。为什么除了关注客户机构的利益，还应关注客户个人的利益呢？客户个人利益包括他的喜好和兴趣，因为客户的本质是人，人都愿意和自己喜欢的人打交道。如果一见面就让客户产生厌烦的心理，根本就不可能卖出产品。

综上所述，建立互信的原则是既关注客户机构的利益，又关注客户个人的利益，与客户建立互信是与机构建立互信的基础。

2. 大客户回访

（1）大客户回访的目的和意义

大客户回访是大客户服务的重要内容，做好大客户回访是提高大客户满意度的重要方法。企业通过大客户回访不仅可以得到客户的认同，还可以创造大客户价值。做好大客户回访是一件十分重要的工作，其目的明确且意义深远，具体表现在以下几个方面。

① 树立良好的企业服务形象，利用大客户做好口碑宣传。

② 了解并满足大客户需求，为他们解决实际问题。

③ 收集大客户需求信息，传播良好的企业文化。

④ 拉近与大客户的距离，增强其对企业服务的信心，建立良好的合作基础，借助老

客户的口碑带来新的业务增长。

⑤ 能发现企业在大客户需求服务及专业水平上存在的不足，并且能得到及时改进和完善。

（2）大客户回访的要点

① 大客户回访前的准备工作

进行大客户回访前，一定要对其进行详细的分析。根据前面所建立的大客户档案，摸清他们所处的行业、规模及对商品的需求状况、单位负责人、具体采购决策人、经办人惯常销售渠道、购买价格、社会关系等基本情况及动态变化等资料，并针对实际情况采用不同的服务方法，从而提升服务的效率。同时，要准确了解大客户单位中关键人员的个人信息，如生日、重要纪念日、性格、兴趣、家庭、学历、年龄、经历及与企业交往的态度等。如果基础资料不全或不准确，不仅会给大客户回访工作增添困难，而且会丧失许多机会。所以，必须及时掌握大客户单位关键职务的人事变动情况，及时更新大客户单位的资料，以便使企业的服务更加准确。

② 明确大客户需求

掌握了大客户的基本资料以后，在回访前一定要了解大客户在想什么、最需要什么并提供相应的支持，这样才能更好地满足大客户。最好在大客户需要找你之前，及时进行回访，这样更能体现对大客户的关怀，让他们感动。大客户回访的目的是了解大客户使用企业提供的产品的情况，对企业提供的服务是否满意，对企业有什么评价以及继续合作的可能性有多大。企业回访的意义是要体现企业的服务，维护好老客户。实际上，企业需要大客户的配合、提供相应的支持来提高自身的服务能力，这样将大大提高大客户的满意度。

③ 确定合适的大客户回访方式

大客户回访方式有电话回访、电子邮件回访及当面回访等，从实际操作效果看，电话回访结合当面回访是最有效的方式。从销售周期看，回访的方式主要有定期进行回访、交易后回访及节日回访等。

④ 抓住大客户回访的机会

在大客户回访的过程中，要了解大客户在使用企业产品过程中的不满意之处，找出问题所在；了解大客户对企业的一系列建议；有效处理回访资料，从而改进工作、改进产品、改进服务；准备好对已回访大客户的二次回访。通过大客户回访，不仅能解决大客户反馈的问题，而且能改进企业形象和维护与大客户的关系。

⑤ 利用大客户回访促进重复销售或交叉销售

最好的客户回访是通过提供超出客户期望的服务来提高他们对企业或产品的美誉度和忠诚度，从而创造新的销售可能。售后关怀和销售一样都是需要持之以恒的，通过客户回访等售后关怀使产品和企业行为增值，借助客户的口碑来提升新的销售增长，这是客户开发中成本最低的也是最有效的方式之一。

开发一个新客户的成本是维护一个老客户成本的 5 ～ 6 倍，可见维护老客户何等重要。企业建立客户回访制度的一个很重要的方法就是建立和运用数据库系统，如利用客户关系管理的客户服务系统来完成客户回访的管理。将所有客户资料输入数据库，如果可能，还要尽量想办法收集未成交客户的资料并进行归类，无论是成交客户还是未成交客户都需要进行回访，这是提高业绩的捷径。

制订回访计划，确定何时对何类客户做何回访及回访的次数，其核心是“做何回访”，不断更新数据库并记录详细的回访内容，如此循环便可使客户回访制度化。

⑥ 正确对待大客户的抱怨

在大客户回访过程中，遇到大客户抱怨是正常的，要正确对待这种现象，不仅要平息大客户的抱怨，更要了解他们抱怨的原因，把被动转化为主动，可以建立意见收集中心来收集更多的大客户抱怨并对其进行分类，如抱怨来自对产品质量的不满意（产品在质量上有缺陷、规格不符、技术规格超出允许范围、产品故障等），来自对企业客户服务人员的不满意（客服人员不守时、服务态度差、服务能力不够等），通过解决大客户抱怨，企业不仅可以总结服务经验，提升服务能力，还可以了解并解决相关的问题，更好地满足大客户的需求。

（3）大客户回访的工作流程

大客户回访的工作流程如图 7-7 所示。

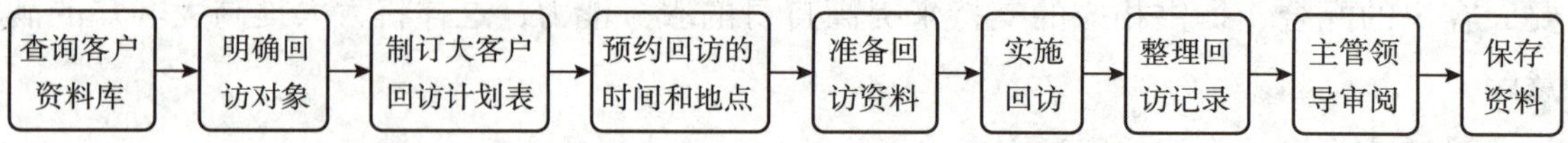

图 7-7　大客户回访的工作流程

3. 大客户维护

（1）组建专门的大客户部

大客户是企业主要的利润来源，因此必须组建一个专门的大客户部门负责大客户的维护工作。这个部门的工作主要是界定大客户和建立大客户档案，制定大客户的服务标准、服务手段和服务项目，接受大客户咨询和投诉，着手研究大客户的心理需求、消费习惯和服务要求，积极为市场部门提供有价值的信息资料，同时应为大客户配备固定的客户经理。每位大客户的客户经理要以书面的方式将自己的姓名、联系电话等相关资料告知大客户；要认真管理大客户，为他们提供各种便捷的服务，如咨询服务、应急服务、电话提醒服务等；要定期上门了解情况、拓展业务，拉近彼此之间的距离，对大客户反映的问题要及时给予答复及解决。

（2）为大客户提供个性化的差别服务

为大客户提供个性化的差别服务，最主要的是要开发多种个性化服务手段。客户不是千人一面，因此企业需要向其提供个性化服务，重点在于该服务在满足大客户的需求的同时要注重产品或服务的稳定性，长期稳定的产品或服务质量是维护大客户的根本。这里的质量不仅仅是指产品符合标准的程度，更应强调的是企业要根据大客户的意见和建议不断开发出真正满足大客户个性化需求的产品或服务。保证为大客户提供的产品或服务物有所值、物超所值，不仅仅体现在产品或服务的价格优惠上，更重要的是能向大客户提供他们所认同的价值，如增加产品或服务的技术含量、改善品质、增加功能、提供灵活的付款方式和资金的融通方式等。企业还可以通过为大客户承担经营风险以确保其利润继而留住老客户。

（3）树立良好的品牌形象

大客户的需求层次随着日益繁荣的市场而有了很大的提高，他们越来越重视品牌形象的塑造，大客户对企业品牌的认可是通过优质的产品或服务而逐步建立起来的。

（4）建立快速反应的纠错机制

产品或服务不可能做到面面俱到、十全十美，一旦出现不足或疏漏，很容易造成大客户的流失。企业应通过迅速地纠错，努力将客户尤其是大客户的损失降到最低，使负面影响减到最少，必要的时候要推出配套的赔偿制度。

（5）加大对大客户的感情投资

与大客户的感情交流是企业用来维系客户关系的重要方式，企业客户关怀活动应该包含客户从交易前、交易中到交易后的客户体验的全部过程中，日常的拜访、节日的真诚问候、婚庆喜事、大客户生日、厂庆纪念日等重要日子的一句真诚祝福、一束鲜花都会使大客户深为感动。同时，对大客户，企业负责人要亲自接待和走访并邀请他们参加企业的重要活动。交易的结束并不意味着客户关系的结束，还必须与大客户保持长期联系，进行售后跟进和提供有效的售后关怀，以确保他们的满意度持续下去并向周围的人多做有力的宣传，形成口碑效应。大客户的服务包括以下操作。

① 对客户表示热情、尊重和关注

只有做到充分尊重客户，关注客户每一项需求，并以热情的工作态度去服务客户，客户才有可能对服务感到满意，企业才能在竞争中取得有利的地位。

② 帮助客户解决问题

客户能找到你，接受你的服务，最根本的目的就是要你帮助他妥善地解决问题。

③ 迅速响应客户的需求

大客户服务的一个重要环节就是能迅速地响应客户的需求，对于服务工作来说，当客户表达了需求后，企业应在第一时间就立刻对他的需求做出迅速反应。

④ 始终以客户为中心

始终以客户为中心不是一句口号或只是贴在墙上的服务宗旨，而应是一种实际行动和带给客户的一种真实感受。

⑤ 持续提供优质服务

对企业来说，为客户提供一次优质的服务，甚至一年的优质服务很容易，难的是能为客户提供长期的、始终如一的高品质服务。但如果真的做到了这一点，企业会逐渐形成自己的品牌，长此以往，企业在同行业的竞争中就能取得相当大的优势。

⑥ 设身处地为客户着想

能经常换位思考非常重要，要站在客户的角度去思考问题，理解客户的观点，了解客户最需要的和最不想要的是什么，只有这样才能为客户提供优质服务。

⑦ 提供个性化的服务

每个人都希望能获得“优待”，如果能让客户得到与众不同的服务和格外尊重，这会有助于企业更顺利地开展工作。

⑧ 如何面对客户服务挑战

能保持一种以客户为中心的态度，始终如一地关注客户的需求；理解客户和支持他对服务的观点及他的想法；掌握有效的服务技巧，让客户知道你的服务行为，而不是完全凭自己的感受去做事情。

二、跨境电子商务客户挽回策略

（一）拉力策略

1. 提高网站产品价格的竞争力

无论对于实体企业还是如网站这样利用互联网经营的企业，产品价格都是关乎生死存亡的问题。相较于传统的实体商店而言，网上商店可为客户呈现更为直观的商品及服务，这使得交易和服务可以突破传统的时间和空间限制，客户随时随地能够精心挑选和货比三家，所以网站更应关注产品价格，在制定所售产品价格时必须考虑的因素将更多。追求物美价廉的消费心理使得价格始终是消费者最敏感的因素。如果价格不够诱人将会很快被互联网所淘汰，但过低的价格尽管在有些时候有吸引力，从长远来看，利用低价销售将减少网站赢利，使网站后续的产品及服务质量降低，而且网络上过低的价格将使用户对产品质量产生怀疑，基于此吸引来的客户很容易流失，忠诚度相对较低。因此，网站在实施有效的价格策略之前，必须对市场进行分析，以市场为导向的同时考虑本身网站经营成本，建立合适的价格机制。同时可以通过明确产品价格优惠权限，通过产品和服务差异化转移网站客户对价格的敏感。

2. 巩固网站安全信任机制

与传统零售相比，网络市场是一个开放的市场，用户可以足不出户就买到所需品，但在网络提供便捷服务的背后，因为其资金、产品、交易者时空相分以及需要客户在交易中提供敏感的个人信息和财务信息，增加了交易的风险和不确定性，安全及信任问题一直是网站与用户共同关注的问题。通过对网上交易存在的问题进行调查发现，大部分用户认为目前网上交易存在的最大问题之一就是网站本身的安全性及用户对网站不够信任。目前，对于用户交易过程中的隐私保证、安全保证、网站信息是否实事求是等问题，网站可以采取一系列的措施，如引进相关技术来确保网络安全。国家也要针对电子商务网站制定相关法律条文，规范网络环境，规范电子商务活动，降低用户网购风险。

3. 增强网站品牌效应

与在传统卖场中购物一样，用户在网购时更多还是购买品牌商品。网站也应意识到产品品牌的重要性，实行品牌经营，树立品牌意识，将品牌建设列入工作范畴。网站品牌的建设更多的是要结合消费者的需求，不能拘泥于理论，这样才能设计出更为合理的网站结构。事实上，通过数据调查表明，从男女在网站购买品牌商品的类别来看，女性的选择会涉及很多类别，而男性只对体育商品进行品牌消费，男性更多地关注实用型商品。因此网络营销可以针对男女不同的特点，引导用户消费，在网站中分别设置男士区和女士区，在不同区域设置不同的品牌空间，这就是一个很好的营销理念。

4. 实行差异化、个性化营销

网络消费品市场发展到今天，多数产品无论在数量上还是质量上都极为丰富，从而使网络用户能够以个人心理愿望为基础挑选和购买商品或服务。现代网站用户往往富于想象力，渴望变化，喜欢创新，有强烈的好奇心，对个性化消费提出了更高的要求。他们所选择的已不单是商品的实用价值，更要与众不同，充分体现个体的自身价值，这已经成为他们消费的首要标准。在用户对不同领域的创新倾向和行为有明显差异的情况下，网站想提高整体的水平就必须对客户实行差异化对待，为他们提供个性化服务。必须对不同的客户先进行分析，了解他们的需求，在这个基础上电子商务企业可以为他们量身定做个性化的信息和产品及服务工作。当客户需求量比较大、需求业务种类繁多的时候，电子商务企业必须能够提供给他们多样化的解决方案以满足他们的需求。

5. 提高网站服务质量

网站服务是指品质保证、对客户的回复、送货速度、售后维修等与产品相关的服务项目。其中，用户选择网络购物很大程度上是因为其方便快捷，交易生成后送货的速度显得尤为重要，保证畅通的物流成为提高网站服务质量的一个重要指标。除物流外，售后服务、及时回复用户需求等也是网站必须高度关注的问题。

6. 加强网站数据分析功能

目前，多数的网站早期都只是注重建站，并没有添加一些网站数据分析工具进行网站的数据分析。然而，随着网络这一无形事物不断增强的社会和市场影响力，网站的用户访问量逐渐攀升，访客来源也日渐多样化，一系列网络数据都已经发生根本性的变化。对网站运营核心数据进行分析已经成为网站经营过程中不可缺少的工作，它与网站的经营管理及业绩有着很大的关联性。网站利用数据分析工具，通过对网站用户、日常数据、销售数据等进行分析，进一步对网站用户进行描述定位、对用户需求进行预测，保证网站的运营工作正常发展。

国际视野

客户挽回

某跨境电子商务平台用户购买了一件名牌衣服，但当他收到货品后，发现衣服有质量问题，便立即联系平台客服要求退换货。然而，客服回复很慢，让用户感到非常不满意，于是他决定取消订单，并发布了一条消极的评论。此时，平台的市场部收到了这条消极评价并立即行动起来，他们决定采取以下措施。

第一，立即联系该用户，并为他提供解决方案，并承担退货的运费和衣服的费用。

第二，安排专人跟踪和处理退货的过程，并在退货到达后第一时间进行检查，为用户提供更好的服务。

第三，将这件事情作为教训，并对客服团队进行培训，以提高客服团队的服务水平和响应速度。

最终，用户感到平台的服务非常专业和周到，对衣服更换也非常满意，于是他重新购买了一件衣服，并在平台上留下了积极的评价。

通过及时的联系、专业的处理和负责任的态度，平台成功地挽回了这位客户的消费和口碑，并且在后期也受益于反复购买和积极地宣传。

（二）阻力策略

电子商务环境下的阻力策略主要是建立网站客户流失壁垒，以提高网站客户流失的成本，主要措施如下。

1. 提高网站客户转移成本，减少机会成本

转移成本对于网站客户及网站本身都是需要考虑到的一个问题。作为网站用户，如果轻易地重新转换目标网站投入新的时间和精力，对原有网站会员来说，一系列的优厚政策将会丧失。网站可以基于此采取一些会员优惠、积分兑换礼品、售后服务延长等活动来保持客户对网站的忠诚度。转移成本通常会随着时间而增加，而流失壁垒也将越来越高。

机会成本是网站客户及网站本身需要考虑到的另一个问题。机会成本可以理解为选择一种方式使用所牺牲掉的其他所有方式带来的益处。用户选择网上购物意味着他们放弃了实体商店购物，而在实体商店购物中享有各种好处就构成了用户此次购物的机会成本，如可以直接接触到产品，清楚地知道产品的质量，享受实体商店提供的一系列优惠活动等。所以，减少用户购物的机会成本也是使流失壁垒增高必须考虑的因素。网站可以为用户提供丰富的网站链接和更多的关怀，让客户能够在购前、购中、购后都能感到满意。

2. 提高网站客户的心理流失成本

心理成本是情感因素导致的成本感受，如对未知产品的预期收益和损失、对风险的态度等。心理成本属于一个主观变量，一般难以衡量并且不可比较，所以不同用户针对同种交易可能表现出不同的流失成本反应。从网站与用户所建立起来的结构性关系看，长期用户更具有价值，这使得用户向竞争者流失的心理成本提高，从而在某种程度上可以限制他们的流失。

项目小结

通过本项目的学习，读者不仅掌握了客户流失原因分析和客户挽回策略的要点，也培养了预防客户流失、提升客户忠诚度的意识和能力，使读者能够在未来的工作中灵活运用所学的知识，有效应对客户流失问题，实现企业客户管理的长期稳健发展。

巩固与训练

思考练习

1. 跨境电子商务客户流失的概念是什么？
2. 跨境电子商务客户流失的分类标准有什么？
3. 跨境电子商务客户流失的内部原因有哪些？
4. 跨境电子商务客户挽回策略有哪些？

拓展实训

假如你在 eBay 英国站开了一家手工饰品的店铺，想要了解客户流失问题，就如何挽回客户写一篇报告。

参 考 文 献

[1] 陈进 . 跨境电子商务基础与实训 [M]. 北京：人民邮电出版社，2024.

[2] 张帆 . 跨境电商客户服务 [M]. 2 版 . 北京：中国人民大学出版社，2023.

[3] 蒲宏，董蓉，李美清等 . 跨文化沟通与客户服务 [M]. 武汉：华中科技大学出版社，2023.

[4] 易静，杨庆云 . 跨境电子商务英语 [M]. 北京：人民邮电出版社，2023.

[5] 白秀艳，汤叶灿 . 跨境电商 B2C 运营实战 [M]. 北京：电子工业出版社，2023.

[6] 万国海，梁娟娟 . 跨境电子商务客户服务管理 [M]. 北京：电子工业出版社，2023.

[7] 刘敏 . 跨境电子商务沟通与客服 [M].2 版 . 北京：电子工业出版社，2022.

[8] 隋东旭，邹益民 . 跨境电子商务客户服务 [M]. 北京：清华大学出版社，2021.

[9] 徐婷，仝玺 . 跨境电商客户服务 [M]. 天津：天津社会科学院出版社，2021.

[10] 樊金琪 . 跨境电子商务客服与沟通 [M]. 北京：电子工业出版社，2021.